고종의 인사정책과 리더십

망국의 군주, 개혁군주의 이중성

고종의 인사정책과 리더십

망국의 군주,
개혁군주의 이중성

장영숙 지음

역사
공간

일러두기 | 명성황후는 1897년 11월 6일에 황후로 추존되었다. 이 책에서는 시호를 기준으로 '황후'라고 표기하는 한편, 원문과 문장 맥락에 따라 '왕후'로도 표기하였음을 밝혀둔다.

책을 내면서

한국 근대사상의 '죄인' 취급을 받아온 고종을 중심에 두고 리더십이라니! 고종에게도 리더십이 있었던가? 리더십의 잣대로 그를 평가하는 것이 합당하기나 할까? 이 곤란한 질문 앞에서 리더십의 양단을 생각해볼 때 성공한 리더십이 있다면 역사를 후퇴시킨 실패한 리더십의 전형도 있을 것이다. 한일병합으로 우리의 역사를 단절시킨 '망국의 군주'라는 점에서 고종은 분명 실패한 리더군에 속하는 인물이다. 그렇다면 고종이 발휘한 리더십은 어떤 점에서 문제를 안고 있었는지, 시대의 흐름과는 어떤 부조화 속에 있었는지 살펴보는 것도 같은 역사를 반복하지 않기 위해 필요한 일이 아닐까? 그런 점에서 고종 리더십의 성격과 본질을 규명하는 게 최소한의 의미는 있으리라는 데서 문제의식은 시작되었다.

친정을 시작한 이후부터 대한제국기에 광무개혁을 추진한 시기까지 고종의 일관된 정치개혁 논리는 동도서기적 개혁론이다. 위정척사적 사회 분위기가 우세한 가운데 고종이 표방한 동도서기적 정치개혁론은 조선의 틀과 체제는 유지하면서 제한적으로 서기를 도입하려는, 보수적인 논리이다. 이는 서기 수용의 문제를 감히 입 밖으로 꺼낼 수도 없는 강고한 사회 분위기 속에서 과감하게 서양문물과의 교류와 절충을 주장한 것으로 볼 수도 있다. 이 개혁론에 대한 해석의 양면성은, 고종이 정치적 환경의 변화와 필요에 따라 때로는 동도를 중시하고 때로는 서기 도입의 폭을 확대하는 이중성으로 연결된다. 그에 따라 보수적 군주와 개명군주의 양면성을 지닌 인물로도 해석되었다. 보기에 따라서는 국왕으로서의 정치적 목표를 달성하기 위해 현실 상황에 맞춰 적극적 리더십을 구현한 것으로 평가할 수 있으나, 결과적으로는 시대의 요구에 적절하게 부응하지 못한 채 비극으로 점화되었다.

고종은 집권 시기마다 순수무인 출신, 민씨척족, 개화파, 근왕세력 등 다양한 인물군을 골고루 등용하며 인재를 활용해나갔다. 고종의 인사정책의 특징은 다양한 인물을 교차적으로 등용하면서 재직 기간을 짧게 순환시켰다는 점이다. 이는 지지기반의 폭을 넓힌다는 면에서 긍정적 효과로 이어질 수 있다. 다만 권력의 뿌리가 확고해야 한다는 전제가 필요하다. 고종의 경우, 집권 후기로 가는 동안 '회전문 인사' 원칙을 이어가면서 새로운 인재 영입에 실패하고, 내부의 권력쟁탈전과 이와 연계된 외세의 영향에 쉽게 좌우되었다. 황제의 권력기반이 군건하지 못한 데 원인이 있었다. 미약한 권력은 국내 관료세력을 외세로 향하게 하고, 외세를 둘러싼 친미·친러·친일파 간의 대립과 갈등은 고종의 운신 폭을 좁게 만들면서 황제 권력의 불안으로 이어지는 악순환을 노정시켰다. 열악한 정치상황을 타개하기 위해 고종은 '믿고 의지할 만한' 인물들에게 권력을 배분했고, 그 최대 수혜자는 여

홍민씨 척족세력이다. 그런 점에서 민씨척족에게는 고종 정권을 끝까지 뒷받침해줘야 하는 핵심관료로서의 의무가, 고종에게는 역사적 책무에 충실한 국왕으로서의 리더십을 보여줄 의무가 있었다. 이후 한일병합을 맞게 된 것은 국왕을 포함한 관료세력이 본연의 책무를 다하지 못한 원인이 크다.

고종은 역사의 전환점마다, 중대한 사건의 고비마다 현실을 회피하거나 방관하거나 속수무책으로 인내하는 소극적인 리더십의 전형을 보여주었다. 빠르고 정확한 판단력과 강력한 결단력을 요구하는, 나라의 운명이 걸려 있는 중차대한 을사조약의 사안 앞에서조차 침묵이라는 매우 소극적인 저항 방식을 택했다. 고종의 인사정책을 비롯한 국정 운영 자세와 리더십은 때로는 탐색하고 인내하며 적절한 시기를 기다리는, 조용하고 온유한 리더십의 전형이 될 수 있다. 이는 평화로운 정세에서는 원만하게 국정 수행을 해나갈 수 있는 외유내강형 리더십으로 분류될 수 있다. 그러나 20세기 초 제국주의 침략의 파고를 뛰어넘으며 근대사회로 전환, 발전해나가기 위해서는 변화의 시대에 걸맞은 탁월한 리더십이 요구되었다. 국가적 위기가 닥친 상황에서는 더더욱 여러 관료세력을 조정하면서 국가의 당면과제를 인식시키고, 적합한 위치에서 일을 할 수 있도록 조직하며, 위기가 도래할 때는 설득하며, 국왕의 통치행위가 영향을 미칠 수 있도록 보다 적극적인 리더십을 발휘했어야 했다. 불행하게도 국가적 위기로 이어질 수 있는 절체절명의 순간에 표출된 고종의 방관적·회피적·소극적 리더십은 급변하는 시대의 조류와 조응하지 못함은 물론 실패로 귀결될 수밖에 없는 요인이었다.

'망국의 군주', '우유부단한 군주', '무능한 군주' 등으로 기억되는 고종을 다면적으로 분석해보고 싶다는 생각으로 연구를 시작한 것은 아주 오래전의 일이다. 그동안 박사논문을 확장하여 『고종의 정치사상과 정치개혁론』을 펴냈고, 또 이를 바탕으로 대중적 글쓰기를 시도하여 『고종 44년의 비원』을 출간했다. 어언 10년 전의 일이다. 10년이면 기왕의 주제에 대한 폭넓은 지식과 성찰, 해석이 곁들여져 농익게도 될 터이건만 다시 마주한 고종은 여전히 난감한 주제이다. 따라서 다면적이고 중층적이며 복합적인 고종의 모습을 전면적으로 다루기보다 그의 인사정책의 실상을 조명하면서 리더십의 본질을 논하고자 했다. 그럼에도 불구하고 44년의 긴 통치기간에 생긴 정치적 굴곡을 소략하기는 어려웠다. 지나온 과정을 알아야 정치사상을 이해하고, 정치적 국면을 알아야 통치행위를 이해할 수 있다는 전제에 매몰되었다. 그 결과 인사정책과 리더십의 문제만 특별히 부각시키기에는 다소 어려운 점이 있었다. 능력의 미진함과 한계를 고백한다.

이 책은 그동안 '망국의 군주', '실패한 개혁군주'라는 이유로 조명되지 않았던 고종의 리더십의 특징과 성격에 대한 이해와 분석을 시도해본 글이다. 시대적 다양성, 상황의 변수를 뛰어넘어 최고 통치자의 리더십은 오늘을 사는 우리에게 여전히 유효한 시사점을 남기고 있다. 역사의 거울 속에서 무엇을 취하고 버릴 것인가 고민하는 지금, 고종의 리더십에 대한 해석이 신선한 반향을 불러오기를 희망한다.

2020년 10월
장 영 숙

차례

5   책을 내면서

고종시대를 어떻게 볼 것인가

12   화려하게 호명된 두 인물
13   유약하고 어리석은 군주
15   망국의 군주, 개혁군주의 이중성

1. 고종이 구상한 국가

23   유년시절과 국왕 즉위
23   잠저에서의 소양교육과 갑작스러운 즉위
31   역사서를 좋아했던 고종

35   고종의 롤모델, 동치제와 정조
35   수양의 길, 성군의 길
42   선의의 경쟁관계, 동치제
47   통치의 모범, 정조

54   동·서양 문명의 이상적 절충
54   친정체제를 구축하다
62   새롭게 눈뜨기 시작한 국제정세
73   동·서양 문명의 이상적 절충을 도모하다

2. 고종의 인재 발탁과 경영

87	집권 초기, 순수무인 세력과 민씨척족
87	순수무인 세력의 등장과 활용
100	권력기반의 배후세력, 민씨척족
110	집권 중기, 개화파와의 제휴와 민씨척족
110	개화파와의 제휴
132	개화자강 정책의 실무 세력, 민씨척족
140	집권 후기, 근왕세력의 발탁과 민씨척족
140	근왕세력의 발탁과 갈등
160	고락을 함께한 운명공동체, 민씨척족
168	고종의 인사정책과 불안정한 리더십

3. 내아문 중심의 국정 운영 방식

177	내아문 체제를 통한 국정 운영
177	내아문 1기, 통리기무아문 시기
180	내아문 2기, 통리군국사무아문 시기
185	내아문 3기, 내무부 시기
192	내아문과 의정부의 역할 구분
202	이중적 행정체제에 따른 결과와 영향
202	의정부와 내아문의 혼란 속 공조관계
208	원세개의 전횡과 내아문의 위축

4. 왕권 약화 위기에 따른 대응 방식

- 217 **임오군란기, 인내와 참회**
- 217 대원군에게 온 두 번째 기회
- 224 국정 수습보다 시급했던 왕후의 안위
- 230 대원군의 오만과 돌이킬 수 없는 실수
- 237 고종의 인내와 참회

- 245 **갑신정변기, 방관과 회피**
- 245 정변으로 가는 길
- 251 긴박했던 3일간의 행로
- 258 고종의 방관과 회피

- 266 **갑오개혁기, 관망과 반격**
- 266 안일한 현실 인식과 농민항쟁의 확산
- 270 왕권 위기와 대원군에게 온 세 번째 기회
- 280 군주권 수호를 위한 반격

- 289 **대한제국기, 개혁과 저항**
- 289 광무개혁의 장으로 나아가다
- 304 러일전쟁의 위기와 소극적 대응
- 314 침묵의 저항과 리더십의 약화

- 330 **글을 맺으며**

- 342 참고문헌
- 350 찾아보기

고종시대를 어떻게 볼 것인가

화려하게 호명된 두 인물

한국의 근대가 시작된 개항 이후의 공간에서 중심 역할을 했던 인물들은 단연 최고 권좌에 있던 고종과 명성황후, 그리고 흥선대원군이라 할 수 있다. 고종은 1863년에 즉위해 헤이그 밀사 사건으로 순종에게 국왕의 자리를 양위하게 된 1907년까지 약 44년간 국정의 최고위에 있던 인물이다. 명성황후와 흥선대원군은 한국 근대사의 숱한 정치적 사건들과 직·간접적으로 관계된 인물들이다. 특히 고종의 최측근으로서 고종과 함께 정치의 핵심적 역할을 수행하며 개항 이후 한국의 역사를 이끌어간 주역들이라 할 수 있다. 따라서 고종시대를 이야기할 때 이들을 제외하고 설명하기는 어렵다.

    이들 두 사람의 존재와 역사무대에서의 역할은 고종의 배후세력으로서의 긍정적인 효과를 주기보다는 오히려 고종을 유약한 정치 지도자로 자리매김하는 데 일정한 영향을 미쳤다. 이에 더하여 대한제국이 무너지고 한일병합이 진행되면서 그에 대한 정치적 책임 소재를 가리는 데 있어서도 최고 집권자에 대한 내외의 평가는 실로 가혹했다.

흥선대원군은 서양제국의 침략 속에 바람 앞의 등불 신세이던 조선을 지켜낸 민족주의자의 원형으로서 카리스마 넘치는 리더십을 발휘하여 고종 집권 초반기의 개혁을 이끈 핵심 정치인으로 평가되어왔다. 명성황후는 민씨 일족의 구심점으로서 고종을 능가하여 국정을 농단해왔고, 지나치게 권력지향적이어서 대원군과 갈등을 빚다가 나라를 망친 여인으로 평가되었다. 명성황후에 대해서는 일제에 의해 부정적인 평가가 내려지다가 최근에는 탁월한 외교역량을 바탕으로 정치적 활동 폭을 넓혀 나가면서 고종의 정치적 동반자 역할을 충실히 했다는 평가도 있다. 이처럼 대원군은 강력하고 호방한 리더십의 소유자로, 명성황후는 일제의 제국주의적 침탈 앞에 온몸을 던지며 고종을 보좌한 구국의 영웅으로 화려하게 부활했다.

유약하고 어리석은 군주

이에 반해 고종은 엄부(嚴父)와 엄처(嚴妻) 사이에서 자신의 색깔을 제대로 드러내지 못한 채 유약한 모습을 보이다가 결국 나라를 망국에 이르게 한 장본인이라는 것이 그를 평가하고 기억하는 수식어가 되었다. 조선왕조를 통틀어 영조와 숙종에 이어 세 번째로 장기 집권한 고종의 재위 기간은 대내외적으로 예측불허의 변화무쌍한 시대였다. 조선은 19세기 중반 이래 프랑스, 독일,

미국 등 서양의 문호개방 요구에 시달리고 있었다. 개항 이후 서구문물의 거센 파고 역시 조선을 근대화의 길목으로 몰아내고 있었다. 조선으로서는 그 어느 때보다도 국왕의 정치적 결단력과, 성향이 다른 여러 정치세력들의 합의와 단결이 요구되는 시기였다.

그런데 즉위 당시 고종은 12세의 어린 나이였다. 운현궁 잠저에서 기초적인 유교 교육을 받았을 뿐, 국왕 수업도 받은 적이 없었다. 흥선대원군이 고종을 대신해 정치전면에 나서는 것은 지극히 당연한 수순이었다. 1873년 고종이 친정(親政)을 시작한 뒤, 대원군 10년 섭정기의 영향과 잔재를 털어내기 위해서는 그만큼의 고통과 노력이 필요했다.

대원군 시대를 거치면서 정계에는 친대원군 세력들이 포진해 있었다. 고종으로서는 친정이 곧 정치적 출발이었던 만큼 자신의 정치세력을 키우는 것이 급선무였다. 명성황후와 처족인 여흥민씨들을 정권의 기반세력으로 활용하는 것은 비교적 쉬운 길이었다. 이들은 막강한 정치적 배후세력이 될 수 있었다. 그 결과 고종은 대원군과 명성황후 사이에서 자신의 목소리를 내지 못한 '유약하고 어리석은 군주'라는 소리를 듣게 되었다.

고종은 집권 기간 동안 개화와 척사를 주장하는 여러 정치세력 간의 정쟁에 휘말렸다. 때로는 제국주의적 침략을 도모하는 청과 일본, 러시아 등 외세의 영향 때문에 단호한 정책을 펴나가기가 어려웠다. 여기에 국권 상실이라는 최악의 정치적 과오가 더해지게 되었다. 고종에 대한 비판적 평가는 도를 더해갈 수밖에 없었다. 일본의 식민사학자들이 서술한 한국 근대사에서는 정치의 주역인 고종의 모습은 보이지 않는다. 오직 대원군과 민비의 정치적 갈등, 사대당과 개화당의 대립, 농민들의 반정부적 민란 등이 19세기 후반의 한국 역사를 장식하고 있을 뿐이다. 해방 후에도 한동안 식민사학은 한국 사학계에 절대적인 영향을 미쳤다. 고종이 무기력한 군주로 각인된 경위와 이유는 이렇듯 우리 내부의 인식과 외부의 시선이 결합된 결과였다.

  1990년대로 접어들면서 학계에서는 그동안 관심을 두지 않았던 고종을 재평가하고자 하는 분위기가 일기 시작했다. 대개는 집권 44년 동안 무기력하게만 권좌를 유지하고 있지는 않았을 것이라는 소박한 생각과 의문에서 출발한 것으로 보인다. 여기에다 고종이 국권 회복을 위해 기울인 외교적 노력이나 의병에게 밀지를 내려 독립운동을 독려한 활동 등이 점차 드러나면서 적극적으로 재조명되기 시작했다. 그 결과 고종은 그동안 우리가 간과하고 있던 또 다른 면모를 지닌 군주였다는 사실이 하나씩 밝혀지게 되었다.

망국의 군주, 개혁군주의 이중성

대원군이 섭정을 할 시기에 고종은 강학 기간을 충분히 가지면서 정치 지도력과 국정을 수행하기 위한 능력을 충실히 키워나갔다. 운요호 사건(1875)을 계기로 서양문물의 우수성을 체득한 후에는 오랑캐라며 거부하던 서양과의 교류를 적극적으로 추진했다. 고종과 교감하고 그의 정치적 지원과 후원을 받으며 성장한 세력이 개화파였다. 고종은 개화파와의 교류 속에서 우리에게 필요한 서양의 우수한 문물을 받아들이는 동도서기적 개혁정책을 추진해나갔다.

고종보다 더 어린 6세의 나이로 즉위한 청나라 동치제(同治帝)의 정치적 성장과 자신을 비교하며, 선대 왕 정조를 통치의 전범으로 삼았다. 정조가 했던 방식대로 규장각을 활용하면서 개화 관련 서적을 수집하여 규장각에 내려주고, 동도서기에 토대를 둔 정치개혁론을 지식인 계층으로 확산시켰다. 개화정책을 추진하기 위해 통치기구도 여러 차례 개편했다. 통리기무아문, 통리군국사무아문, 내무부에 이르는 내아문 체제의 개편과 확립을 통해 부국강병 정책을 추진해나갔다. 친정 초기부터 대한제국기까지 순수무인 출신, 서양 경험이 풍부한 개화 실무진, 근왕세력을 교차적으로 등용하는 인사정책을 폈다. 여기에 처족세력인 민씨 일족은 집권 초기부터 대한제국기까지 정권의 핵심적 지지기반이 되었다.

고종은 친정 초·중기 이후 동도서기 논리에 기반한 개혁정책을 도모했다면, 대한제국기에는 구본신참(舊本新參)의 논리로 광무개혁을 추진해나갔다. 양전지계사업을 통해 근대적 소유권 제도를 마련해나갔고, 섬유·농업·운수·광업 등 전 분야에 걸쳐 근대적 상공업을 진흥하고 육성했다. 철도와 전화를 개설하고, 우편 전신선을 확충했으며, 실업교육을 강조하는 가운데 상공학교와 광무학교 등 많은 공립 실업학교를 세웠다. 광무개혁은 정치체제 면에서 서양의 입헌군주제만 수용하지 않았을 뿐, 각종 사회·경제적 제도상의 근대적 변화를 수반했다는 점에서 내재적 근대화의 계기로 평가될 수 있다.

그러나 개혁의 결과와 성과를 볼 때 민중의 삶은 더 나아지기는커녕 오히려 고통과 불만을 안겨주었다. 개화정책 추진 기구로 확립된 내아문은 의정부의 역할과 중첩되면서 행정의 비효율화와 국정의 난맥상을 초래하는 옥상옥이 되고 말았다. 근대화 개혁은 추진했으나 왕권 강화에 대한 의지가 지나쳐 국정을 쇄신하는 데까지 나아가진 못했다. 개혁을 추진하는 단계에서 가장 중요한 경제적 재원 마련과 그 과정에서 파생된 과도한 수세로 인해 직접적으로 수탈 대상이 된 민중은 개혁의 희생자일 수 있었다. 인사정책에서도 다양한 인물을 등용하여 지지기반의 폭은 넓혔으나, 어느 세력도 정권을 마지막까지 수호하는 역할을 다하지 못했다. 국왕의 리더십 부재는 상존하는 문제였고, 외세라는 변수는 늘 정권을 위협하고 있었다.

이처럼 고종 집권 44년 동안 개혁을 둘러싸고, 외세를 둘러싸고, 숱한 사건들과 정치세력 간의 부침과 갈등이 이어졌다. 따라서 고종 집권기를 평면적으로 살피면서 평가하기는 쉽지 않다. 그동안의 연구는 고종 집권 초·중반기의 개항 및 개화와 관련한 정치적 역할을 다루는 가운데 주로 대한제국기에 추진한 개혁의 방향과 성과에 초점을 맞춰 많은 평가가 이루어져왔다. 광무개혁과 관련하여 개혁의 성과 여부, 개혁의 방향과 내용이 근대적인가 보수적인가 하는 데서 촉발된 대한제국의 성격 문제, 이와 연동하여 고종의 전제군주권의 성격과 강화 의지가 역사 전개에 미친 영향, 내재적 발전과 식민지근대화론의 어느 지점에서 평가할 수 있는가 등을 검토하는 연구들이 진행되었다.

그에 따라 왕권의 구축을 토대로 한 고종의 개혁이 근대 지향적이었으며 국권 회복의 주체로서 일정한 역할을 했음을 밝힌 연구가 있는 반면, 고종이 근대화와 국민국가 수립을 위해 노력하고 성과를 거두었다기보다 전제군주권 강화에 몰두한 결과 역사적 전환기를 유리한 방향으로 이끌지 못했다는 상반된 평가가 있다. 양자 모두 개화와 개혁에 대한 고종의 노력을 동도서기적 개혁론으로 평가하고 고종의 개명성을 일정 부분 인정하는 데에는 공통적인 인식을 가지고 있다. 다만 역사 진행 방향에 긍정적 기여를 한 측면이 있는지, 결과적으로 역사적 후퇴를 초래했는지에 대한 시각의 차이가 있으나 어느 쪽도 일도양단하기에 어려운 점이 있다.

고종은 선대의 국왕들처럼 성리학에 기반하여 유교적 이상사회를 꿈꾼 군주는 아니다. 통치규범과 윤리는 유교의 정신적 가치에 의존하면서 서양문명과의 절충을 도모하고자 했던, 동도서기적 틀 안의 과도기적 군주였다. 따라서 한편으로는 유교에 기반한 전제군주의 모습을, 다른 한편으로는 서기를 수용하는 개혁군주로서의 모습을 교차적으로 드러냈다. 고종을 바라보는 시각이 다중적이면서도 중층적이 될 수밖에 없는 이유이다.

그럼에도 불구하고 이 책에서는 고종의 리더십을 논해보고자 한다. 고종 집권 44년을 친정 이후 크고 작은 정치적 사건이 일어난 때를 기점으로 삼아 1873년부터 갑신정변이 일어난 1884년까지를 집권 초기로, 1885년부터 갑오을미개혁기라 볼 수 있는 1896년까지를 집권 중기로, 대한제국을 선포한 1897년부터 순종에게 양위한 1907년까지를 집권 후기로 구분해보았다. 이러한 시기 구분 위에서 고종 치세 기간 동안 인재 발탁은 어떤 방식으로 했는지, 국정 운영의 특징은 무엇인지, 정치적 위기를 맞을 때마다 최고 집권자로서 어떻게 대응했는지 같은 문제를 고찰하며 고종 리더십의 본질을 분석하고자 한다.

한국의 근대 전환기는 한말과 일제시기를 겪으면서 전통사회에서 근대사회로 이행해나가는 사회 변동의 시기였다. 또한 그러한 사회 변동에 대해 한국인들이 주체적으로 대응한 격동의 시기였다. 한국 사회는 개항 이래 외세의 침탈과 세계 자본주의 체제로의 편입 과정에서 자주적 근대화를 이루려는 시도가 지속되었음에도 불구하고 근대국가로 전환하지 못한 채 식민지로 전락하고 말았다. 그 결과 일제에 의해 강압적·타율적 방식의 근대화를 경험해야 했다.

전통과 근대의 전환기에 국정의 최고 지도자인 고종이 보여준 리더십과 위기 대처 능력은 역동적으로 변화하는 시대와 어떤 상관관계를 갖고 있는가? 우리의 경우 동북아시아의 지정학적 위치 속에서 국가적 위기를 극복하는 데에는 여러 정치세력을 조직화하고 통솔하고 조정하는 능력을 발휘하는 지도자의 역량이 무엇보다 중요하다. 그런 점에서 근대로의 진입을 성공적으로 마무리하지 못한 채 식민지로 귀결된 원인을 당대 정치 주역이었던 고종의 리더십과 관련하여 분석할 필요가 있다. 격변하는 근대 이행기의 군주였던 고종의 역할을 분석함으로써 근대국가로 전환하는 과정의 명암을 효과적으로 규명할 수 있을 것이다.

구상한 국가 고종이

1

유년시절과 국왕 즉위

잠저에서의 소양교육과 갑작스러운 즉위

1863년 12월 8일, 철종이 33세의 나이로 승하했다. 재위한 지 14년 만이다. 후사는 없었다. 단지 혈육으로 궁인 범씨(范氏) 소생의 영혜옹주(永惠翁主)가 있을 뿐이었다.[1] 철종은 사도세자가 궁녀와의 사이에서 얻은 은언군의 손자였다. 정조 이후 왕계를 이은 순조에 이어 즉위한 헌종이 후사 없이 죽음으로써 사도세자의 서자 가운데 맏이였던 은언군의 혈육인 변(昪)이 계통을 이었던 것이다. 이제 철종마저 후사 없이 사망하면서 남은 왕계 혈족 가운데 왕통을 이을 후보자를 물색해야 했다.

사도세자의 둘째 서자인 은신군은 혼인도 않은 채 17세에 죽

---

1 영혜옹주는 수원유수 신석희의 소개에 이어 우의정으로 있던 박규수의 천거를 받은 박영효와 1872년 백년가약을 맺었으나, 결혼 후 4개월 만에 사망했다. 『고종실록』 고종 9년(1872) 2월 22일; 『潘南朴氏世譜』 5권(반남박씨 대종중 족보편찬위원회), 2012; 이광린, 「春皐 朴泳孝」, 『개화기의 인물』, 연세대학교 출판부, 1993, 94쪽.

었고, 마지막 서자인 은전군 역시 19세인 1778년(정조 2)에 역모 사건에 연루되어 후사 없이 죽임을 당했다. 사도세자의 남은 혈족으로는 은신군의 양자로 들어간 남연군 이구(李球)가 있었다. 남연군은 흥선대원군의 아버지로 인조의 셋째 아들인 인평대군의 6대손 병원(秉源)의 둘째 아들이다. 1815년에 은신군이 제주도로 귀양 가서 후사 없이 죽자 그에게 입적되어 남연군으로 봉해졌다. 남연군에게는 흥녕군(興寧君), 흥완군(興完君), 흥인군(興寅君), 흥선군(興宣君) 네 아들이 있었다.[2]

남연군의 넷째 아들인 흥선대원군은 15세인 1834년(순조 34) 흥선부정(興宣副正)에 임명되면서 처음 관직에 진출했다. 1843년(헌종 9) 군(君)에 봉작되었으며, 종친부 유사당상, 오위도총부의 도총관 등의 직을 지냈다. 도총관은 정2품, 종친부의 유사당상은 정3품에 해당하는 직급으로, 경제적으로나 사회적으로 어려운 처지는 아니었다. 다만 시절이 혼란스러웠다. 왕실에서는 순조비의 아버지인 김조순으로부터 시작된 안동김씨 세도가 순조, 헌종, 철종 3대 60여 년에 걸쳐 이어지고 있었다. 안동김씨는 조선왕조 최대의 외척으로서 왕의 목숨도 그들 손안에 있었다. 왕실의 종친인 대원군에게도 어떤 위험한 일이 생길지 알 수 없는 상황이었다.

따라서 대원군은 비록 왕실 종친이기는 하나 후계에 미련이 없다는 것을 스스로 보여줄 필요가 있었다. 시정잡배로 여겨지던 천하장안(千河張安: 천희연, 하정일, 장순규, 안필주)과 스스럼없이 어울려 다니며 나름대로 처세해나갔다. 혹시라도 닥칠 위험

2 『璿源系譜紀略』(奎2306).

표 1 황실 계보

영조 英祖
1694~1776
│
정성왕후 서씨 貞聖王后 徐氏
1692~1757
│
정순왕후 김씨 貞純王后 金氏
1745~1805
├─ 진종 眞宗 (효장세자)
│ 1719~1728
정빈 이씨
靖嬪李氏
1694~1721
├─ 장조 莊祖 (사도세자)
│ 1735~1762
영빈 이씨   ├─ 정조 正祖 ─ 순조 純祖 ──── 문조(익종)
暎嬪李氏   │ 1752~1800   1790~1834   文祖(翼宗)   헌종 憲宗
1696~1764   헌경왕후 홍씨   (효명세자)   1827~1849
              獻敬王后 洪氏   1809~1830
              1735~1815
              │
숙빈 임씨   ├─ 은언군 ─── 전계대원군 ──── 철종 哲宗
肅嬪林氏   │ 恩彦君   全溪大院君   1831~1863
?~?   │ 1754~1801 1785~1841
              │
              └─ 은신군 ─── (계)남연군 南延君   흥친왕 희(재면) ──── 영선군 준(준용)
                 恩信君   1788~?   興親王 熹(載冕)   永宣君 埈(埈鎔)
                 1755~1771 (인평대군 6대손)   1845~1912   1870~1917
                           여흥군부인 민씨   │
                           驪興郡夫人 閔氏   문용 文鏞
                           ?~1831   1882~1901
                           │
                           흥선대원군
                           興宣大院君
                           1820~1898
                           │
                           여흥부대부인   **고종 高宗**
                           민씨   **1852~1919**
                           驪興府大夫人   │   순종 純宗
                           閔氏   명성황후 민씨   1874~1926
                           1818~1898   明成皇后 閔氏   │
                                                          1851~1895   순명효황후 민씨
                                                                              純明孝皇后 閔氏
                                                                              1872~1904
                                                                              │
                                                                              순정효황후 윤씨
                                                                              純貞孝皇后 尹氏
                                                                              1894~1966

                                                          순헌황귀비 엄씨   영친왕 英親王
                                                          純獻皇貴妃 嚴氏   (의민황태자)
                                                          1854~1911   1897~1970
                                                                              │
                                                                              영친왕비 英親王妃
                                                                              (방자 方子)
                                                                              1901~1989

                                                          귀인 이씨 貴人 李氏   완친왕 完親王
                                                          1843~1928   1868~1880

                                                          귀인 장씨 貴人 張氏   의친왕 義親王
                                                          ?~?   1877~1955
                                                                              │
                                                                              의친왕비 義親王妃
                                                                              1878~1964

                                                          귀인 양씨 貴人 梁氏   덕혜옹주 德惠翁主
                                                          1882~1929   1912~1989
                                                                              │
                                                                              소 다케유키 宗武志
                                                                              1908~1985

을 피하기 위한 방비책이었다. 이러한 상황에서 대원군이 파락호(破落戶) 같은 생활을 했고, 상갓집의 개처럼 안동 김문(金門)을 찾아다니며 구걸하기도 하여 궁도령(宮道令)이라는 비웃음을 샀다는 이야기가 나오게 된 것이다.

그렇다면 대원군에게는 왕통을 이을 계산과 속셈이 전혀 없었을까? 그에게 왕계를 이을 꿈이 없었던 것은 아니다. 아버지 남연군의 묘를 2대에 걸쳐 왕을 배출한다는 길지 중의 길지로 이장한 것은 그렇게 볼 수 있는 근거가 된다. 즉 대원군이 형제들을 설득해 경기도 연천에 있던 남연군의 묘를 예산군 덕산면의 가야산 기슭으로 옮긴 것은 그 자신이 풍수지리설을 믿었고 이에 일가견이 있었기 때문이다.[3] 따라서 왕가의 일원으로서 시세가 바뀌면 기회가 올 수도 있다는 생각을 자연스럽게 했으리라 여겨진다.

익종(효명세자)의 비인 신정왕후(조대비)와 긴밀한 관계를 지속하고 있었던 것도 철종의 뒤를 의식한 포석이었다. 풍양조씨의 세력 확대를 도모하고 있던 조대비는 궁중의 최고 어른이었기에 왕위 승계는 그녀의 의사에 달려 있었다. 조대비는 왕위 승계 문제를 풍양조씨의 입지를 강화하는 포석으로 활용하고자 했다. 이러한 속내를 파악한 대원군은 그녀와의 돈독한 관계를 이용해 결정적인 교섭을 이끌어냈다. 고종을 익종과 조대비의 양자로 들이게 한 후 철종의 뒤를 이어 권좌에 오르게 함으로써 조대비의 정치적 욕심은 물론, 자신의 야망도 이루어낸 것이다.

고종은 이렇듯 여타의 국왕들과 달리 세자 교육도 받지 못한

3 황현 지음·김준 옮김, 『매천야록』, 교문사, 1994, 20~22쪽.

고종. 1884년 3월에 촬영한 것으로, 보빙사의 통역을 맡았던 미국의 퍼시벌 로웰의 저서 『조선, 고요한 아침의 나라』(1885)에 실린 사진이다.

채 12세의 어린 나이로 왕위에 올랐다. 어머니는 부대부인 여흥 민씨이다. 할아버지인 남연군의 부인과 명성황후, 순종의 비까지 모두 여흥민씨이니 여흥민씨와는 기막힌 인연이라 할 수 있다. 여흥민씨는 태종의 부인인 원경왕후와 숙종 부인인 인현왕후를 배출한 집안으로, 가문의 격이 높았다. 조선 초기부터 시작하여 고종과 순종대까지 지속적으로 왕비를 배출했으니 조선의 대표적인 명가 중 하나였다.

대원군의 아들로는 고종 외에도 첫째 아들인 재면(載冕)과 서자인 재선(載先)이 있었다. 재면은 고종보다 일곱 살 연상이니 고종이 왕위에 오를 때 19세의 나이였다. 이미 성년이 된 재면을 후계자로 정하면 대원군은 섭정할 명분을 찾기 어렵게 된다. 여기에다 재황을 국왕감으로 점지한 관상가의 예언도 있었다. 「고종황제행장」에는 고종이 어려서부터 비범하여 멋대로 뛰어놀지 않았고, 관상가가 지나가다가 한 번 보고 놀라 뜰아래 엎드려서는 "다른 날에 나라의 주인이 되시리라"[4] 하며 예언했다는 기록이 있다. 이를 종합해보면 대원군은 둘째 아들 재황의 장래에 상당한 기대를 걸며 자신의 권력욕을 이뤄줄 통로로 생각했을 것으로 보인다.

왕도(王道) 교육을 받지 못하고 즉위한 고종이지만, 운현궁 잠저에서 생활할 때는 여느 사가에서처럼 유교 교육을 받으며 성장했음을 알 수 있다. 그에게 글을 가르친 스승은 홍천 현감과 임천 군수를 역임했던 고석현(高奭鉉)이다. 고종은 왕위에 오른 뒤 운현궁 영화루에서 소대(召對)를 행하면서 스승을 소견하기도

---

[4] 『순종실록부록』 순종 12년(1919) 3월 4일.

했다.⁵ 또한 고석현의 아들이 감영 회시에 응시하자 특별히 방목(榜目) 끝에 붙여서 스승에 대한 고마움을 잊지 않고 있음을 보이도록 했다.⁶ 스승이 회갑을 맞이했을 때에는 특별히 가자(加資)하라는 전교를 내리기도 했다.⁷ 이처럼 스승에 대한 고마움을 수시로 표현하고 관계를 지속해나갔지만, 정작 유년기에 그로부터 무엇을 어떻게 배웠는지는 알려지지 않았다. 다만 나이가 어렸으므로 유교 교육의 기초인 『효경』과 『소학』 등의 과정부터 수학했으리라 여겨진다.

고종이 사가(私家)에서 받은 유교적 기초 교육은 안동김씨 세도가나 정계 신료들이 보기에는 별로 특별한 것이 아니었다. 그들이 보기에 고종은 "입신의 개념이 무엇인지도 모르고, 삼경과 오경이 어떻게 구성되어 있는지도 모르는"⁸ 어린아이에 불과했다. 학문의 정도뿐만 아니라 정세 판단 또한 미숙한 상태였다. 더구나 당시에 국왕과 신하들이 자신들의 정치권력을 강력하게 유지하는 토대로서 군사와 경제 외에 역점을 두었던 분야가 바로 왕도정치를 어떻게 실현해나갈 것인가 하는 문제였다.

국왕이 왕도정치를 행하기 위해서는 경연과 서연을 통해 꾸준히 학문과 덕성을 함양해야 한다고 보았다. 또한 왕실 제사를 비롯하여 각종 전례를 지키고, 교육을 중심으로 한 교화사업을 전개하여 유교적 도덕성과 명분을 확립하는 것이 중요했다. 이는 곧 고종이 즉위와 동시에 대원군의 섭정하에 강학기를 우선적으

---

5 『승정원일기』 고종 1년(1864) 9월 24일.
6 『고종실록』 고종 4년(1867) 2월 4일.
7 『승정원일기』 고종 7년(1870) 1월 10일.
8 『승정원일기』 고종 1년(1864) 1월 14일.

로 갖게 되는 이유와 배경이 된다.

이외에도 왕위 계승에서는 종법적 정통성을 확보하는 문제 역시 매우 중요했다. 학문과 덕성을 함양하고 전례를 준행하는 일은 국왕의 노력으로 어느 정도 달성할 수 있는 요소이다. 그런데 왕위 계승의 정통성 문제는 출생성분이나 가계 또는 서열에 따라 결정되는 것이어서 인위적인 노력으로 개선할 수 있는 사안이 아니었다.[9]

그런데 고종은 왕위 계승 후보군에도 없는 상태에서 즉위했으므로 정통성에 결정적인 문제가 있는 상황이었다. 남연군의 가계는 이미 남연군의 할아버지인 진익(鎭翼)이 왕실의 친족에게는 금지된 참판 벼슬을 했던 것으로 보아 왕실종친의 범위에서 벗어나 있었다. 왕실의 방계혈족에 불과한 남연군의 손자였기 때문에 고종은 혈통상 왕위 승계의 명분이 약할 수밖에 없었다. 이를 극복하고 헤쳐 나갈 수 있는 길은 역시 인격과 지식 연마에 힘써서 군주로서의 자질과 능력을 갖추는 것이었다.

더욱이 조선왕조는 전통적으로 홍수나 가뭄 같은 자연재해가 발생하면 국왕이 덕을 잃었거나 정치를 잘못했기 때문이라고 여겼다. 천명을 수행함에 있어서도 국왕이 도덕을 쌓고 기르는 것을 최우선 과제로 삼았다.[10] 이처럼 정치지형이나 혈통의 정통성 문제 때문에 고종은 그 무엇보다도 강학에 먼저 힘써야만 하는 절실한 상황이었다.

---

9 李迎春, 『朝鮮後期 王位繼承 研究』, 集文堂, 1998, 82~83쪽.
10 平木實, 「朝鮮史の展開における王權-朝鮮王朝時代を中心に」, 『朝鮮學報』138集, 1991, 14쪽.

역사서를 좋아했던 고종

대원군과 신정왕후(조대비)는 고종이 즉위한 직후 국왕의 교육을 위해 제일 먼저 강학을 담당할 관료를 임명했다. 이에 김병기(金炳冀), 김병국(金炳國), 김병학(金炳學), 김보근(金輔根), 김학성(金學性), 정기세(鄭基世)가 권강관(勸講官)에 임명되었다. 주로 안동 김씨들에게 고종의 왕도교육을 맡긴 셈이다. 국왕 된 자의 일천한 교육과 수학 수준을 직접 내보이며 고종의 스승이 되게 함으로써 그들을 정권과 가장 밀착된 관료세력으로 포섭하기 위한 전략이라고 볼 수 있다. 왕조의 운명을 함께 이끌고 나가겠다는 의도도 있었을 것이다.

강론 규정도 마련했다. 강론할 책은 『효경』으로 정했다. 『효경』이야말로 유교국가에서 가장 중시하는 충과 효를 가르치는 기초 경전이었기 때문이다. 6명의 권강관 이외에도 홍문관 수직, 규장각 대제학과 제학 역임자 가운데 한 사람이 돌아가며 참가하기로 했다. 강론은 임금이 먼저 배운 글자의 음들을 외운 후 강관들이 새로 배우는 글자의 음을 읽어 올리면 임금이 열 번 읽고 배운다. 5일마다 대신 한 명이 돌아가며 글 뜻을 진술하고 강관들이 각각 글 뜻을 해석하여 강론하기도 하고 의문이 나는 점은 질문을 한다. 이렇게 매일 강론을 권하고 접견도 진행하는 것으로 정했다.[11] 강론 외에 임금이 신하들을 접견하는 순서까지 포함시킨 것을 보면 국왕 역할에 대한 직접적인 훈련과 세세한 지도까지 상정했음을 알 수 있다.

---

11   『고종실록』 고종 1년(1864) 1월 15일.

이러한 규정에 따라 정식으로 강학이 시작된 시기는 1864년 1월 17일이었다.[12] 1863년 12월 8일 철종이 승하하자마자 곧바로 입궐했으니 입궐 후 40일 만에 왕도수업을 받기 시작한 셈이다. 고종은 정식 경연을 하기에는 나이가 너무 어렸기 때문에 권강의 예로 대신했다. 권강은 순조 즉위 직후 등장한 경연의 한 방식으로, 형식과 절차를 간소화한 것이다. 경연관의 인원만 하더라도 권강은 4~5명 정도였지만, 정식 경연은 10명 이상이었다. 또한 경연은 새로운 글을 배우고 뜻을 생각하는 데 치중되어 있었다. 반면 권강은 새로운 글을 배워 해석하고 10번씩 읽어 암기하는 것을 중시했다.

권강 다음에는 진강(進講), 일강(日講)의 순서로 교육 절차가 정해져 있었다. 이외에도 소대(召對)가 있었다. 소대는 경연의 하나인데, 특히 고종은 정식 경연보다 약식이라 할 수 있는 소대를 자주 시행했다. 소대는 하루에 여러 차례 진행할 수 있었고, 밤에 경연관을 불러들여 의견을 구하는 야대(夜對)도 가능했다. 소대의 경연관은 승지와 각신, 홍문관 상·하번, 주서, 한림 상·하번이 각각 1명씩 입시했다.[13]

역대 국왕들은 어떤 책으로 수학했을까? 대체로 학문에 열정이 많았던 세종과 영조, 정조 등 다른 국왕들보다 강학 기간도 길고 수학한 교재도 훨씬 다양했다. 대부분의 국왕들은 『소학』과 『효경』을 시작으로 사서삼경과 『동몽선습(童蒙先習)』, 『국조보감(國朝寶鑑)』 등을 배우는 데 머물렀다. 이에 반해 학문하는 데 열

---

12 『승정원일기』 고종 1년(1864) 1월 17일.
13 경연의 종류와 차이점에 대해서는 김세은, 『고종초기(1863~1876) 국왕권의 회복과 왕실행사』, 서울대학교 박사학위논문, 2003, 56~58쪽 참고.

정을 보인 국왕들은 이러한 교재 외에도 『성학집요(聖學輯要)』, 『동국통감(東國通鑑)』, 『주자어류(朱子語類)』, 『자치통감(資治通鑑)』 등 정치의 모범이 되는 중국의 역사서나 유학의 경전들까지 다양하게 수학했다.

고종의 경우에는 진강을 진행하면서 수시로 소대를 통해 강학하는 시간을 가졌다. 『열성조계강책자차제(列聖朝繼講冊子次第)』를 통해 고종이 수학한 교재를 보면 13세 때 『소학』과 『효경』을 시작으로 『통감』-『대학』-『논어』-『갱장록(羹墻錄)』-『맹자』-『논어』-『중용』-『시경』-『서경』-『강목』-『국조보감』 등의 순서로 강학했음을 알 수 있다.14 유교의 기본 경전인 『소학』과 『효경』부터 사서삼경은 물론, 국가를 다스리는 데 귀감이 될 만한 『국조보감』과 『통감』까지 폭넓게 독서하며 가르침을 받았던 것이다.

특히 『국조보감』과 『통감』은 역대 군왕의 정치적 전범이나 모범적 통치 사례를 배울 수 있는 책이다. 또한 이러한 사서류는 역대 왕조에서 국난을 다스린 교훈적 내용과 흥망성쇠에 관한 기록이 실려 있어 본받고 경계할 점이 많다. 이러한 이유로 수신(修身)은 물론, 인간의 기본 윤리와 도덕을 강조하는 사서삼경과 같은 유교경서들 못지않게 중요하게 취급되었다.15

고종은 옛날 왕조와 통치에 관한 이야기로 구성된 재미있는 역사서를 선호하는 편이었다. 소대의 형식을 빌려 31세까지 틈틈이 『통감』을 강독한 것은 이러한 사실을 뒷받침한다. 강관들은

---

14 『列聖朝繼講冊子次第』(奎3236).
15 『승정원일기』 고종 4년(1867) 10월 26일.

역사를 통해 현실정치 감각을 익히게 하기 위해 사서류(史書類)를 권하기도 했다. 『국조보감』또한 역대 군왕들의 치적에서 귀감이 되는 역사적 사실들을 엮어놓은 책이다. 고종은 임오군란과 갑신정변의 크나큰 정치적 격변을 겪은 후인 1886년, 그의 나이 35세가 되는 해에 이 책을 강독하기 시작했다. 정치적으로 혼란한 사건들을 겪은 뒤 사서류를 통해 선왕들의 치적에서 교훈과 경험을 얻고자 한 고종의 고뇌를 짐작할 수 있다.

고종의 롤모델, 동치제와 정조

수양의 길, 성군의 길

강학 초기 고종에게 강조되었던 것은 역대 훌륭한 군주처럼 성군(聖君)이 되어야 한다는 것이었다. 성군이 되어 백성들에게 어진 정치를 펼치는 것이 왕도요, 왕도정치를 행할 때 백성들에게 칭송과 존경을 받으며 국왕의 위상도 높아진다고 본 것이다. 고종보다 몇 대 전의 국왕들은 성군은커녕 국왕의 존재감조차 찾을 길이 없는 상태였다. 특히 순조 이후의 왕들은 어린 나이에 등극함에 따라 왕권이 말할 수 없이 약화되어 있었다.

순조는 재위 27년 되던 해에 아들 효명세자에게 대리하도록 했으나, 세자는 대리한 지 3년 만에 갑자기 사망했다. 그 뒤 네 살밖에 안 된 헌종이 왕세손으로 책봉되고 8세에 즉위했으니[16] 왕권의 약화는 물론, 왕의 정치적 위상 또한 보잘것이 없게 되

---

16 『列聖誌狀通紀』(한국정신문화연구원 한국학자료총서, 2003); 『璿源系譜紀略』(奎2348).

었다. 후사 없이 죽은 철종의 뒤를 이어 즉위한 고종 역시 어린 나이였고 정통성 시비에 휘말릴 소지가 있었다. 때문에 학문을 부지런히 익히고 왕도교육을 받으면서 성군이 되기 위한 제반의식을 갖추는 일은 급선무 중의 급선무였다.

즉위 후 고종은 국정 운영에 관심을 기울일 여지가 없었다. 정치를 알 수 있는 나이도 아니었거니와, 덕성과 성군의식을 갖출 것을 강요받고 있었기 때문에 현실정치에 발을 들여놓을 상황이 아니었다. 정치는 자연스럽게 조대비인 신정왕후와 대원군의 몫이 되었다. 대원군은 정책적으로 왕실 재건의 노력을 먼저 기울였고, 고종은 학문에 전념하며 훗날 실권을 위임받기 위해 성군의식을 수련하는 데 힘썼다.

당시 집권층은 위정척사 사상에 입각하여 사도(邪道)를 막고 정도(正道)를 밝히기 위한 일차적 수순으로서 국왕의 유교 교육을 중시하고 있었다. 이들은 정도를 밝히는 근본이 곧 강학에 있다고 믿었다. 강학은 국왕으로서 학문을 연마하고 덕성을 함양하기 위해서도 필수적인 것이지만, 국왕이 성군의 역할을 다할 수 있도록 돕는 과정이다. 왕이 성군의 역할을 제대로 해낼 때 국가는 곧 안정을 도모할 수 있다고 보았다. 이러한 이유로 국왕의 강학은 중대한 사안이었다.[17]

강학 초기의 고종은 날마다 강연장에 나와 열심히 공부했다. 학문을 연마함에 있어서도 매일 매일의 과정을 중시하면서 후일로 미루지 않는 자세로 임했다.[18] 혹시라도 자신이 글을 잘못 읽

---

17 『승정원일기』 고종 1년(1864) 5월 6일.
18 『승정원일기』 고종 1년(1864) 8월 10일.

을 때에는 주저하지 말고 따끔하게 지적해줄 것을 요구하기도 했다.[19] 강학의 과정을 거치면서 고종은 입신(立身)의 도는 효에서 시작하고, 어버이에게 효도하는 자는 임금에게도 충성하기 마련이라는 스승의 강론을 크게 깨닫게 되었다. 나아가 충효와 근검한 자세로 생활하는 것이 곧 집안을 일으키고 나라를 일으키는 근본임을 체득하게 되었다.[20] 그의 나이 15세, 즉위한 지 3년이 되어가던 때였다.

이처럼 왕도를 수련하는 과정을 통해서 고종은 국가의 체제와 기강을 바로잡고, 신료를 관리하며, 백성을 통치하는 일에 대해 확실한 사고체계를 정립해나갔다. 강관 가운데 강로(姜㳣)와 홍원식(洪遠植) 같은 인물들은 "임금이 어진 이를 등용하는 것은 가장 큰 일이며, 식량을 풍족히 하고 외세를 방비하는 것이 백성을 다스리는 최고의 상책"임을 강조했다. 또한 "선왕의 도를 이어받아 백성을 어질게 사랑하는 정사를 펼친다면 저절로 어진 백성이 될 것"[21]이라고 강조했다. 이에 대해 고종 역시 "인(仁)에 입각한 정치는 천하의 백성을 두루두루 요순의 백성이 되게 하는 이상적 정치이다"라며 화답했다. 이는 곧 고종 스스로 어진 정치를 베풀겠다고 다짐하는 것이나 마찬가지였다.

그런데 고종이 강학에 임하는 태도는 시종일관 진지하기만 했던 것은 아니다. 고종은 궁궐 처마 아래에 비둘기 집을 두고 감상하다가 강관인 강로에게 '정신을 산만하게 하는 행위'라며 질

19 『승정원일기』 고종 2년(1865) 5월 7일.
20 『승정원일기』 고종 3년(1866) 11월 26일.
21 『승정원일기』 고종 3년(1866) 9월 10일.

책을 받기도 했다.[22] 스승에게 꾸지람을 들은 고종은 "고위직에 있는 사람이 검소한 생활을 솔선수범해야 한다는 것을 알고는 있지만, 사치스러운 물건을 보면 어쩔 수 없이 좋아하는 마음이 생긴다"[23]라며 자신의 잘못을 솔직하게 시인했다. 작고 귀엽고 아름다운 것에 쉽게 빠지며, 마음이 여리고 감상하는 취미가 있었음을 알 수 있다.

이에 더하여 고종은 심한 경우 강학을 여러 달 열지 않기도 했다. 여름에는 덥다는 이유로 두 달 동안 강학을 폐하고, 겨울에는 춥다는 이유로 강학을 열지 않았다. 그러다 보니 1년에 강학하는 날짜를 합쳐봐야 3~4개월에 지나지 않은 적도 있어서 강관들로부터 따끔한 질책을 받기도 했다.[24] 이를 보면 왕도수업을 전적으로 충실히 받으며 학문에 열성을 기울인 군주라고 평가하기는 어려운 측면이 있다.

고종이 성군의식과 왕도를 수양하던 시기는 병인양요와 신미양요를 비롯하여 오페르트 도굴사건이 일어나는 등 서양이 조선을 상대로 문호개방을 요구하고 있을 때였다. 대외적으로 위기가 고조되던 시기였던 것이다. 따라서 고종의 강학 태도에 대해 우의정 홍순목(洪淳穆)은 "서양 오랑캐를 퇴치하는 데에는 조선이 군주를 중심으로 성덕을 높임으로써 오랑캐로 하여금 사모하고 존경하는 마음이 우러나게 하는 길뿐입니다"라면서 따끔한 충언과 질책을 했다. 그의 충언은 고종에게 큰 자극제가 되었고, 고종은 강학기를 보내는 10여 년 동안 왕도에 필요한 덕목을 꾸

---

22 『승정원일기』 고종 6년(1869) 8월 21일.
23 『승정원일기』 고종 8년(1871) 9월 30일.
24 『승정원일기』 고종 9년(1872) 5월 14일.

1871년 강화도 앞바다에 나타난 미국 아시아함대의 콜로라도호

준히 수련해나갔다.

　당시 신료들은 백성이 나라의 근본임을 강조하면서, 국가의 기틀을 굳건히 다지기 위해서는 백성들에게 정성을 다해야 한다는 점을 자주 언급했다. 고종은 이러한 신료들의 진언에 영향을 받아 특히 민생 문제에 많은 관심을 보였다. 함경도나 평안도 등 북쪽 지방 관리나 암행어사를 소견하면 다음과 같이 항상 그곳 지역의 농사 작황이 어떠한지를 물으면서 관심을 기울였다.

국왕 백성들이 관의 행정을 편하게 여기는가? 불편하게 여기는가?
신하 백성들이 편하다고 하는 말을 신은 아직 들어보지 못했습니다.
국왕 그렇다면 선정을 베푼 것이 아님을 알 수 있다.
신하 백성들이 소요하고 있고 흩어져 도망 다니는 자들도 없지 않습니다.

국왕 분명히 탐학하는 폐단이 있어서일 것이다. 민정이 불쌍하다. 이와 같은 이서(吏胥)들의 다스림을 어찌 그대로 둘 수 있겠는가?[25]

즉위한 지 1년도 안 된 시기임에도 관리들의 탐학으로 고통 받는 백성들을 생각하며 지방관들의 선정을 독려하는 모습이 엿보인다. 그런데 고종은 위민정치를 해야 한다는 것을 책으로만 체득하고 있었을 뿐, 직접 정치력을 행사할 수 있는 상황이 아니었다. 다만 기회가 있을 때마다 백성들에게 감사하고, 강학의 과정 속에서 백성의 삶에 관심을 표하는 정도였다.

고종이 민생에 관한 생각을 체계화한 것은 강학 10년째로 접어들면서부터였다. 즉위 직후인 1865년(고종 2) 강관 이우는 배를 임금에, 물을 백성에 비유하며 "물은 배를 띄우기도 하지만 능히 배를 전복시킬 수도 있다"[26]고 말한 적이 있다. 국왕이 민심을 따르면 나라가 편안해지지만, 민심을 거스르면 위험해질 수 있다는 뜻이다. 고종은 이 말을 가슴에 새긴 후 즉위 10년차에는 "백성들로 하여금 제자리를 찾게 하여 편안하고 즐겁게 생업에 종사할 수 있도록 하는 것이 국왕 된 자의 도리이다"[27]라며 자신의 백성관을 피력했다. 세도정치의 폐해로 인해 민란이 끊임없이 일어나는 것을 보면서 관리들의 부정부패 척결과 백성의 안업을 우선적으로 해결해야 할 과제로 생각했던 것으로 보인다.

신료를 대하는 방법과 인재 등용에 대한 고종의 생각은 어떠했을까? 고종은 『소학』에서 '천자에게 간쟁하는 신하가 일곱 명

---

25 『승정원일기』 고종 1년(1864) 11월 9일.
26 『승정원일기』 고종 2년(1865) 2월 6일.
27 『승정원일기』 고종 10년(1873) 5월 26일.

이 있으면 천하를 잃지 않고, 제후에게 간쟁하는 신하가 다섯 사람이 있으면 그 나라를 잃지 않고, 대부에게 간쟁하는 신하가 세 사람이 있으면 그 집을 잃지 않는다'라는 대목에 깊이 공감했다. 고종은 조정 신료들에게 간쟁을 해줄 것을 완곡하게 요구하면서,[28] "모든 관리들이 신하로서 충직되게 간쟁하고 벗으로서 충고하면 그 횟수가 잦더라도 해로울 것이 없다"[29]라는 생각으로 언로를 항상 열어두었다. 신하들의 직언이야말로 상하 의사소통의 지름길이라 보고, 이러한 관행이 충성과 시비를 가릴 수 있는 요소라고 생각했던 것이다.

그에 따라 고종은 왕도정치의 선결과제를 인재 등용에 두면서 신하를 통솔하는 능력을 가장 중시했다.[30] 맹자와 같은 어진 사람을 등용하고자 했지만, 결국 그런 사람은 찾기 어렵다고 실토하기도 했다.[31] 인재를 골라내어 등용하고 양성하는 문제는 고종의 최대 관심사요, 고민이었다. 나아가 고종은 "정치를 잘한다면 관리를 등용함에 있어서 문벌을 따질 필요가 없다"[32]라고 생각하기도 했다. 이러한 문벌 타파 의식은 정조가 규장각에 서얼 출신 검서관들을 기용하여 활용했던 점과 유사하다고 볼 수 있다.

고종은 강학 기간 내내 신하의 직언과 간쟁을 싫어하지 않았다. 오히려 간쟁하는 분위기를 좋아했다. 동시에 자신의 뜻에 맞는 어진 인재를 등용하려 했다. 그러한 요소를 바탕으로 관료 간의 화합도 이끌어낼 수 있기 때문이다. 그런데 정부 관료의 화합

28 『승정원일기』 고종 2년(1865) 5월 7일.
29 『승정원일기』 고종 5년(1868) 1월 22일.
30 『승정원일기』 고종 5년(1868) 9월 21일.
31 『승정원일기』 고종 7년(1870) 10월 24일.
32 『승정원일기』 고종 10년(1873) 5월 18일.

은 생각만큼 쉬운 일이 아니었다. 훗날 고종은 합력이라고 하지만 의견을 합하는 것이 어렵다는 생각을 자주 밝혔다. 따라서 이 시기의 고종은 왕과 관료 간의 문제, 신료 상호 간의 화합이 가장 중요한 사안이면서도 풀기 어려운 문제라는 것을 인식하고 있었다.

이처럼 고종은 강학기에 왕권의 안정과 국가의 기반을 공고히 하고 이를 실천하기 위한 제반 소양을 연마했다. 유교적 도학정치를 이루어 민생 안정을 도모하고, 외세의 공략에 대응하기 위한 방법으로 내수(內修)를 시행할 수 있도록 정치적 자질을 쌓아나갔던 것이다. 이는 곧 외세의 침입을 받을 때마다 이에 대응해나가기 위한 위정척사적 논리였다. 따라서 고종은 강학의 시기를 거치면서 현실정치에 직접 발을 들여놓기 위한 정치적 소질을 쌓아나가는 동시에 위정척사적 사고의 틀을 내면화했다고 볼 수 있다.

선의의 경쟁관계, 동치제

고종은 강학기를 통해 성군이 되기 위한 정치적 수련과 자질을 쌓는 한편으로, 대외적으로는 국제정세에 대한 정치적 식견과 안목도 키워가고 있었다. 대외정세는 주로 청이 조선 정부에 보내온 예부의 자문이나 청 황제의 칙사, 조선이 청에 보내는 견청사절(遣淸使節)을 통해 정보를 얻는 식이었다.[33] 이를 통해 고종은 전통적으로 내려오는 중화질서 속에서 청나라의 국내 사정은 물

---

33 原田環, 「十九世紀の朝鮮における對外的危機意識」, 『朝鮮史研究會論文集』21集, 1984, 74쪽.

론, 그 주변국들과 서구세력의 강대함에 눈을 뜨고 있었다. 아직 그의 인식 범위는 중화체제에서 크게 벗어나지 못했으나 국제 질서는 공법에 의거하여 평등한 국가관계를 맺고 있다는 사실도 새롭게 인식하고 있었다.

견청사절단은 사행에서 돌아오면 국왕에게 청과 서양의 움직임을 비롯하여 각종 국외 정보와 그동안 있었던 일을 보고했다. 또한 국왕이 사행단원을 직접 대면하면서 궁금한 점을 묻고 답하는 자리를 가졌다. 따라서 이를 통해 국왕이 대외적인 변화나 국제정세에 어떤 인식과 관심을 가지고 있었는지를 파악할 수 있다.

연행사 소견은 1866년까지는 수렴청정하던 조대비가 맡아 하다가 이후부터 고종이 직접 소견했다. 소견 내용 가운데 빠지지 않고 등장하는 것은 곧 고종처럼 어린 나이에 황제가 된 동치제에 관한 질문이었다. 동치제는 1861년 5세의 나이로 즉위했다. 고종이 즉위한 1863년을 기준으로 보면 고종이 12세였을 때 동치제는 7세였으므로 불과 다섯 살 차이였다. 때문에 어린 나이에 한 국가의 최고 자리에 오른 두 사람의 모습을 관료들은 자주 비교했다. 물론 이외에도 서양 오랑캐(洋夷)에 대한 피상적인 내용, 청의 내정이나 주변국의 조공 여부도 주요 관심사였다.

조대비는 다음과 같이 청의 황제를 직접 접견했는지의 여부와 어린 황제의 체모나 강학의 정도, 총명함은 어느 정도인지를 묻고 있다.

"황상의 나이가 9세인데도 총명하여 기억과 암송을 잘한다고 하였는데 과연 그렇던가?"[34]

청나라 동치제. 고종보다 다섯 살 아래로
그 역시 어린 나이에 즉위했다.

"황제께서 강학을 부지런히 한다는데 그러한가?"
"황제께서 3백 행을 읽는다고 하는데 그러한가?"[35]
"금번 사행에 황제를 뵈었는가?"
"황제의 체모가 과연 숙성하던가?"[36]

이처럼 조대비를 비롯한 주요 인물들이 황제를 직접 접견했는지에 대해 관심을 가졌던 것은 청과의 종주관계 속에서 위계질서를 재확인하고, 청이 조선의 사신을 중요하게 대우하는지를 확인하고자 하는 의도였던 것으로 보인다. 또한 어린 동치제의 강학 문제에 관심을 가진 것은 유교적 덕치관에 입각해 황제가 강학을 부지런히 하고 덕을 쌓으면 청의 기틀이 튼튼해지고 곧 태평성세를 이룰 수 있다고 믿었기 때문이다. 즉 청나라가 태평성세를 이루어야 조선도 안정된다고 여겼기 때문에 청 황제의 강학 여부에 관심을 가졌던 것이다. 이는 결국 고종으로 하여금 강학에 더욱 열중하게 하는 자극제가 되었다. 고종 역시 동치제에 대한 관심을 다음과 같이 자주 표명했다.

"황제의 몸체가 과연 크고 우람하던가?"[37]
"황상이 정말로 총명한 자태를 지니고 있으며 경연은 날마다 홍덕전(弘德殿)에서 여는가?"[38]

34 『일성록』 고종 1년(1864) 5월 23일.
35 『일성록』 고종 2년(1865) 2월 6일.
36 『일성록』 고종 2년(1865) 4월 8일.
37 『승정원일기』 고종 9년(1872) 4월 30일.
38 『승정원일기』 고종 10년(1873) 4월 9일.

이렇듯 고종뿐만 아니라 조대비를 비롯한 대소신료들이 소견 때마다 동치제의 강학 정도에 대해 궁금해한 까닭 역시 청이 얼마나 유교적 덕화(德化) 속에서 변화하고 있는지, 청에 비해 조선은 유교적 덕화 면에서 어느 정도인지를 파악하려 했기 때문이다. 조정 신하들은 고종에게 국왕으로서의 인격적인 완성과 정도(正道)를 밝히기 위해 강학을 열심히 해야 한다는 이유 외에도 전통적인 중화의식 속에서 중국 황제를 본받기 위해 강학에 힘써야 한다는 논리를 펴고 있었다.[39] "중국의 황제는 강관들이 지쳐 병이 들 만큼 밤낮으로 학문에 힘썼기 때문에 백성들이 모두 칭송하고 있다"[40]라면서 고종과 동치제를 선의의 경쟁관계로 이끌어나갔다.

국왕이 얼마나 학문에 정진하는지는 경연관들의 최대 관심사였고, 고종의 학문에 대한 열성과 수양 태도는 늘 화제가 되었다고 볼 수 있다. 강학관과 신료들은 강학의 정도뿐만 아니라 일상생활에서도 유교적 윤리를 체득하며 생활화하도록 끊임없이 강조했다. 이에 고종은 즉위 직후부터 교만과 나태, 사치를 멀리하고 경서에서 밝히는 대로 '근학숭검(勤學崇儉)' 네 글자를 써서 항상 볼 수 있는 자리에 붙여놓고 마음에 간직하려 애쓰는 등[41] 신료들의 요구에 부응하고자 했다.

때로는 역대 중국 군왕들의 치적이 강학의 주요 교훈적 사례로 거론되기도 했다. 동지돈녕부사 기정진(奇正鎭)은 역대 중국 선왕들의 치적을 예로 들며 위나라 무공처럼 마음에 부끄러움이

---

39 『승정원일기』 고종 3년(1866) 11월 15일.
40 『승정원일기』 고종 9년(1872) 5월 14일.
41 『승정원일기』 고종 1년(1864) 10월 6일.

없게, 문공처럼 검소함을 생활화할 것을 충언했다.⁴² 이처럼 고종은 시종일관 인격적인 완성과 성인군자가 되어야 한다는 부담감 속에서 강학기를 보낸 것으로 보인다. 이는 결국 한 나라를 이끌어가기 위한 국왕 수업이요, 지도자 수업에 해당하는 것이다. 지도자가 지녀야 할 백성관을 비롯하여 지도자의 자질, 성실과 근면성, 신료들에 대한 예우와 관리, 소통하고 설득하는 능력, 역사의식 등을 포괄하는 지도자 수업을 받았던 것으로 볼 수 있다.

통치의 모범, 정조

동치제의 강학의 수준과 유교적 덕화의 정도를 언급하면서 고종을 자극하는 한편, 강관들이 강조한 것은 바로 선대 왕 정조를 통치의 전범으로 삼고 따르라는 주문이었다. 강학을 처음 시작할 무렵, 강관 가운데 정기세와 김영작(金永爵)은 고종에게 선왕들 중에서 특히 정조의 학문 연구 태도를 본받으라고 충언했다. 이들은 "정조가 궁리(窮理), 격물(格物)의 학문에 마음을 두고 깊이 생각했으며 학문에 힘쓰는 것을 정치의 근본으로 삼았기 때문에 100권이나 되는 『홍재전서(弘齋全書)』가 있게 되었다"⁴³라고 강조했다.

강관뿐만이 아니라 대소신료까지 고종에게 정조의 애민정신과 학문을 숭상하던 정신을 이어받아 정사를 돌볼 것을 주문

---

42 『승정원일기』 고종 3년(1866) 11월 15일.
43 『승정원일기』 고종 1년(1864) 12월 15일; 고종 4년(1867) 5월 3일.

했다. 정조대왕을 전범으로 삼으라는 직접적인 요구와 충언은 고종이 즉위한 직후부터 계속 이어졌다. 주로 경연을 하는 자리에서였다. 정조는 어떤 군왕이었기에 많은 신료들이 그를 통치의 전범으로 삼으라고 주문했을까?

정조는 역대 선왕들 가운데 영조와 더불어 학문 연구에 가장 열성적인 국왕이었다. 학문에 대한 그의 열정은 조선 후기의 찬란한 문화적 업적을 낳은 원동력이었다. 유교 교육과 사회 전반의 윤리의식을 고취하기 위해 만든 『오륜행실도』를 비롯하여, 정조 자신의 각종 저술과 강연을 엮어 만든 『홍재전서』 등은 정조의 학문적 열정을 보여주는 최대의 업적이라 할 수 있다. 이는 단연코 후대 왕들에게 전범이 될 만한 것이다.

정조를 정치의 모범으로 삼으라는 신료들의 요청은 이처럼 그의 학문적 업적을 열거하고 예시하는 가운데 거론되었다. 특히 학문적 수준이 일천하여 즉위 초부터 별도의 강학기를 가져야 하는 고종에게는 정조의 학문적 성취가 큰 영향을 미쳤을 것이다. 강학을 시작한 지 얼마 되지 않아서 강관 김영작은 "『오륜행실』은 정조대에 『삼강행실』과 『이륜행실』을 합하여 완성한 것으로, 일취월장하는 공부에 크게 도움이 될 것입니다"[44]라며 고종에게 독서할 것을 권유했다. 유교 교육의 기틀이 되는 문화를 완성한 정조를 본받고 모범으로 삼으라는 은근한 요청을 간접적으로 표현한 것이다.

강관 정기세 역시 다음과 같은 언급을 통해 정조의 학문적 업적을 칭송하면서 고종의 열성을 촉구했다.

---

44 『승정원일기』 고종 1년(1864) 5월 6일.

"정묘조(正廟朝: 정조)께서 자주 신하들을 접견하고 정사에 힘쓰고 백성을 근심하신 성덕은 오늘날 신하들이 직접 눈으로 보고서 전한 바입니다. (…) 학문에 힘쓰는 것을 정사에 힘쓰는 근본으로 삼으셨기 때문에 임금께서 직접 만들어 『홍재전서』라고 제목을 붙인 것이 1백 권이나 됩니다. 지금 전하께서도 정조께서 학문에 힘쓰고 정사에 힘쓰신 것을 법으로 삼으소서."[45]

정기세의 상주문에는 정조가 학문에 힘썼던 열정과 높은 지적 수양을 이룬 후에 정사를 돌본 사실을 통치의 모범을 넘어 '법'으로까지 삼으라는 요청이 들어 있다. 이처럼 강관들이 고종에게 학문에 힘쓸 것을 간곡히 주청한 것은 국왕의 성덕이 훌륭해야 나라가 바르게 설 수 있다는 오랜 관념에서 나온 것이다. 나아가 정덕이 굳건하게 세워져 있으면 어떠한 외부의 사악한 세력도 막아낼 수 있다는 위정척사 사상을 견지하고 있었기 때문이다. 이러한 점은 강관 김병학의 주청에서 더욱 명백하게 드러난다.

"사설이 유행하는 것은 정학이 밝지 못한 데에 연유하니 정학을 숭상하면 사설을 없앨 수 있습니다. 정학이라고 하는 것은 바로 『대학』 첫 장의 명덕(明德)과 신민(新民)일 뿐입니다. 전하께서는 오직 명덕과 신민을 자신의 임무로 여겨 큰 뜻을 세워 기질을 함양하시고 덕성을 훈도하십시오."[46]

---

45 『승정원일기』 고종 1년(1864) 12월 15일.
46 『승정원일기』 고종 3년(1866) 2월 27일.

김병학이 언급한 '사설(邪說)'은 곧 천주교를 의미한다. 천주교는 당시 체제 전복의 위험성을 가진 이단사상으로 간주되었다. 국내 지식인들은 서양의 지원으로 천주교가 공인되고 국내에 천주교도가 존재하는 한 서양은 언제든지 위험세력이 될 수 있다고 인식했다. 그러나 천주교에 대한 경계 속에서도 18세기 중반에 들어서면서 천주교가 본격적으로 전파되었다.

특히 1758년(영조 34)에는 황해도와 강원도 등지의 천주교 신자들이 사우(祠宇)를 훼손하고 제사를 폐하는 사건이 일어났다. 정조는 신주를 묻고 제사를 폐한, 정약용의 외사촌인 진사 윤지충(尹持忠)의 사건을 처리하는 과정에서 "무인년(戊寅年: 1758년)의 일은 촌백성과 노파들이 무지하고 부끄러움을 모르기 때문에 저지른 일이나 이번의 사건은 그들 천한 백성과는 다른 사류(士類)들이 저지른 일이라는 점에서 패륜성이 더욱 크다"[47]라며 탄식했다.

이는 곧 영조대의 사건이 시기를 뛰어넘어 회자될 정도로 사회적 파장이 컸음을 보여준다. 나아가 정조대에는 일반 백성뿐만 아니라 지식인까지도 천주학에 물들어 제사를 없애는 일이 생겼다는 점에서 조야가 심각하게 받아들이고 있었다. 결국 신해박해로 이어진 이러한 사건들은 조선 사회에 이미 천주교 전파가 시작되었음을 알려준다.

천주교가 전파되기 시작한 데는 이승훈(李承薰)이 북경에서 세례를 받고 귀국할 때 천주교 서적을 들여온 것이 큰 역할을 한 측

---

47   『정조실록』 정조 15년(1791) 11월 8일.

면도 있다.⁴⁸ 이를 시작으로 정조대에 이르면 천주교 서적이 이미 상당량 들어와 있었다. 천주교도인 이승훈과 권일신(權日身)을 문초하는 과정에서 나온 "『성교천설(聖敎淺說)』, 『만물진원(萬物眞源)』같은 민간의 요서(妖書)를 모아 관청의 아전에게 맡겼다"⁴⁹라는 기록을 통해 이미 많은 양의 천주교 서적이 퍼져 있었음을 추정할 수 있다.

이처럼 천주교 서적이 상당 부분 유포되는 가운데 천주교 신앙은 사회 불만세력을 흡수하여 변란으로 이어질 가능성까지 있었다. 관학 유생 박영원(朴盈源) 등의 상소에 따르면 천주교도들이 황건적이나 백련교도처럼 변란을 일으키지는 않으나 경기와 호남 사이에 서로 정보를 주고받은 결과 도성 안에서 패거리를 결성할 정도라고 했다.⁵⁰ 천주교의 확산은 2차적으로 사회 불만세력과 언제든지 연계할 가능성이 있었던 것이다. 때문에 조정에서도 비상한 관심을 가지고 주시하고 있었다.

이 같은 분위기 속에서 사학의 확산을 막기 위해서는 무엇보다도 정학의 고양과 국왕의 덕성 함양, 학문 증진이 필수적이라는 인식이 퍼졌다. 정조 역시 정학을 세우면 사학은 저절로 사라질 것이라는 견해를 내놓으면서 정학을 밝히는 일에 큰 비중을 두었다.⁵¹ 정조 자신이 학문을 좋아했던 군주이기도 하지만 재위 중에 엄청난 양의 저술을 남긴 데에는 혼란한 사회를 통치하려면 정학을 밝혀야 한다는 특별한 사명감이 작용했을 것이다.

---

48 국내에 천주교가 전파되는 가장 큰 경로는 서적이 매개가 된다는 시각이 있다.
    李能和, 『朝鮮基督敎及外交史』, 學文閣, 1968, 163쪽.
49 『정조실록』 정조 15년(1791) 11월 3일.
50 『정조실록』 정조 19년(1795) 7월 24일.
51 『정조실록』 정조 12년(1788) 8월 3일, 8월 6일; 정조 15년(1791) 11월 7일.

이렇듯 정조 연간에 이미 천주교 세력이 날로 증가하다가 순조 연간에 들어선 뒤로 교세가 더욱 확산되고 있었다. 1801년(순조 1) 신유사옥 후 천주교 신자들의 유배지를 정할 때 서북 지역만 지역색이 짙어서 천주교가 번성하지 않았다는 이유로 이 지역의 유배를 금했다고 한다.[52] 이는 천주교 교세가 이미 전국적인 범위로 확산되었음을 말해준다.

고종 연간에도 조정에서는 사설을 물리치기 위한 방법을 모색하고 있었다. 역대 왕조에서처럼 사회질서를 바로잡고 인륜을 해치지 않기 위해서는 위정척사를 바탕으로 정학을 바로 세우는 길이 우선이라고 여겼다. 그렇게 되면 천주교는 자동으로 소멸할 것으로 보았다. 정학을 바로 세우고 숭상하는 유일한 방법은 국왕이 학덕과 성덕을 가꾸는 것이었다. 이에 따라 학문적으로 뛰어난 군주였던 정조가 고종의 전범으로 제시되었던 것이다.

정조를 모범으로 삼으라는 신료들의 요청이 많기도 했지만, 고종 역시 정조대왕의 개혁정신과 철학을 계승하겠다는 의지를 수차례 밝힐 정도로 정조를 닮고 싶어 했다. 그는 정조를 자신의 정치적 전거로 삼고자 하면서, 사대부보다 서얼과 민생에 더 많은 관심을 보였던 정조를 정치적 모델로 삼고 숭배했다. 그는 정조를 존경하고 숭모하는 마음으로 정조가 즐겨 찾았다는 수원행궁에서 소대를 하기도 했다. 정조가 홍문관 관리들과 수차례 학문을 토론했던 장소에서 전임 및 현임 대신들과 회동하여 시를 짓고 강론을 펼치기도 했다. 특히 현판 위에 걸린 정조의 시를 차운하여 어제시를 내리고, 대신과 승지, 사관, 각신 등에게도 화

---

52   李能和, 『朝鮮基督敎及外交史』, 168~169쪽.

답시를 지어 바치도록 하는 등[53] 정조에 대해 각별한 숭모와 애정을 나타냈다.

고종의 정조에 대한 존숭과 흠모는 집권 기간 내내 이어졌다. 집권 중반기에 고종은 정조가 우수한 유생을 뽑아 학문을 장려한 일을 칭송하며 그 훌륭함을 본받고 싶다는 생각을 피력하기도 했다.[54] 집권 말기에 이르러 순종이 계비를 맞아들이는 혼례식을 거행하게 되자, 고종은 영조와 정조의 검소하고 절약했던 거룩한 덕을 본받고자 하는 마음을 나타내기도 했다.[55] 고종에게 정조는 곧 통치자의 역할 모델이자 최고의 법이었다.

53 『승정원일기』 고종 7년(1870) 3월 15일.
54 『승정원일기』 고종 30년(1893) 2월 7일.
55 『고종실록』 광무 10년(1906) 12월 30일.

동·서양 문명의 이상적 절충

친정체제를 구축하다

10년의 강학기를 거친 고종이 현실정치에 직접 발을 내딛게 되는 친정(親政)의 계기는 의외의 사건에서 시작되었다. 고종의 나이 22세(1873년)로 이미 청년기에 들어섰을 때, 장성한 국왕이 정사를 주재하지 못하는 것에 대한 불만이 내외에서 일어났다. 왕후를 비롯한 척족세력은 물론, 동부승지로 있던 최익현이 대원군의 실정을 비판하는 상소문을 올리면서 이와 같은 점을 지적하고 나섰던 것이다. 그는 "대신과 육경(六卿)들은 아뢰는 의견이 없고 대간(臺諫)과 시종들은 일을 벌이기 좋아한다는 비난을 회피하고 있습니다. 조정에서는 속된 논의가 마구 떠돌고 정당한 논의는 사라지고 있으며, 아첨하는 사람들이 뜻을 펴고 정직한 선비들은 숨어버렸습니다"[56]라며 대원군 치세의 조정 분위기를

---

56 『승정원일기』 고종 10년(1873) 10월 25일.

비판했다.

이는 곧 경복궁 중건을 비롯하여 양반들에게도 호포세를 거두는 등 강력한 정치를 시행하는 대원군의 권위에 숨죽이고 있던 관료들을 향한 질타이기도 했다. 상소 이후 좌·우의정은 물론, 승정원과 홍문관을 비롯하여 대소신료들은 나라의 일에 침묵했던 자신들의 책임을 통감하며 연이어 사직서를 올렸다.[57] 누구도 감히 말할 수 없었던 부분에 대해 최익현이 상소에서 아프게 지적했음을 짐작할 수 있다.

최익현은 이미 1868년(고종 5)에도 백성들의 삶이 너무 고통스러운 지경에 처했다면서 토목공사 중지와 원납전 징수 금지, 당백전 폐지, 도성문세 폐지를 건의하는 상소문을 올린 적이 있다.[58] 고종은 "토목공사는 내가 나서서 어쩌지 못하는 일이며, 문세를 거두는 것은 예전에도 있었던 일이다"라면서 본인이 적극적으로 개입하는 것을 주저했다. 당시는 고종 스스로 주체적이고 독립적으로 정치적 결정을 내리기 어려운 상황이었기 때문이다.

그런데 강학 10년이 지나는 시점인 1873년에 최익현이 두 번째 상소를 올린 것이다. 이때 최익현은 "토목공사를 시행하고 원납을 강요하며 서원을 철폐하고 호전(胡錢)을 수입해 경제적 질서를 훼손시켰음은 물론, 임금과 신하 사이의 윤리가 썩고 의리가 끊어졌다"[59]는 점을 들어 대원군을 간접적으로 비난했다.

영돈녕부사 홍순목, 좌의정 강로, 우의정 한계원(韓啓源) 등의 대신들은 상소문에서 '의리와 윤리가 파괴되었다'라고 표현한 데

---

57 『승정원일기』 고종 10년(1873) 10월 26일~10월 29일.
58 『승정원일기』 고종 5년(1868) 10월 10일.
59 『일성록』 고종 10년(1873) 11월 3일.

대원군의 실정을 비판하고 나선 면암 최익현

대하여 격분했다. 성인이 다스리는 성스러운 치세에 도에 어긋
나는 말을 일삼은 최익현에게 형벌을 내리라는 요구도 했다.[60]
성균관 유생들까지 권당(捲堂)의 형식을 빌려 집단 반발하면서
동맹휴업을 추진했다.[61]

고종은 이 같은 분위기에 별로 놀라지도 않고, 상소문에 별다
른 반응을 보이지 않았다. 다만 대신들의 지적에 어느 부분이 흉
측하고 패악하냐며 조목조목 묻다가 "의리와 윤리를 파괴했다는
말은 옛날에도 더러 쓰였던 말이고, 촌의 무지한 인물이 상소한
것을 가지고 더 이상 문제 삼지 말라"[62]는 전교를 내렸다. 국왕이
대수롭지 않은 일로 받아들이자 조정의 거의 모든 대소신료들이
최익현에게 벌을 내리라는 연명상소를 올리며 반발이 거세지는
지경에 이르게 되었다. 이에 최익현을 제주도로 유배 보내는 것
으로 사건을 마무리 지었다.[63]

동시에 고종은 대원군의 실정을 공격하는 최익현의 상소를 계
기로 자신이 집권할 수 있는 기회를 만들고자 했다. 곧이어 그는
대원군 정권하에서 요직을 맡아오던 대신들 가운데 영의정에 이
유원(李裕元), 우의정에 박규수(朴珪壽)를 등용하면서 국정을 장
악하려는 의지를 드러냈다.[64] 고종의 권력 행사 의지는 주요 대
신들이 최익현을 처벌하라고 요구하며 11월 9일까지 연일 성토
를 이어가자[65] 이를 강력히 제압하는 가운데 촉발된 것으로 보

60 『일성록』 고종 10년(1873) 11월 4일.
61 『일성록』 고종 10년(1873) 10월 28일.
62 『일성록』 고종 10년(1873) 11월 4일.
63 『일성록』 고종 10년(1873) 11월 9일.
64 『일성록』, 고종 10년(1873) 11월 13일.
65 『일성록』 고종 10년(1873) 10월 25일~11월 9일.

인다. 당시는 고종의 명을 받들어야 할 의금부에서조차 명을 거행할 수 없다는 입장을 나타내는 상황이었다.⁶⁶

이에 고종은 더 이상 문제 삼지 말라는 자신의 명령이 집행되지 않는 것에 격노하면서 대신 교체는 물론, 호조참판과 예조참의를 비롯한 대소신료들의 대대적인 교체를 명하며 국정을 장악해나갔다.[67] 이처럼 고종의 친정은 별도의 선포 형식을 통해 시작된 것은 아니었다. 최익현의 상소가 올라온 10월 25일부터 조정대신을 교체하면서 자연스럽게 국정을 장악해나간 11월 24일까지 한 달 동안 전격적으로 이루어진 것이다. 이때 고종이 강한 결단력과 국정 장악 의지를 보인 결과, 비로소 친정이 가능한 상황을 맞이하게 된 것이다. 고종의 전체 통치 기간 가운데 친정을 시작하는 이 계기야말로 강력한 의지와 결단력의 리더십을 가장 드라마틱하게 발휘한 순간 중 하나라고 평가할 수 있을 것이다.

대원군의 권력은 그가 국왕의 부친이라는 점, 그리고 대원군의 외교정책과 국내 정책을 지지하는 일치된 공론이 있다는 점에 기반하고 있었다.[68] 그의 통상수교 거부 정책과 양반의 광범위한 특권에 대한 개혁, 왕실 권위를 바로 세우고자 하는 개혁정치에 대한 백성들의 지지와 신료들의 합치된 의견이 있었다는 의미이다. 그러나 국왕의 부친이라는 지위는 고종이 권위를 의식하고, 자신의 권력을 확보하려 드는 순간 너무나 쉽게 무너질 수밖에 없는 허울에 불과했다. 곧 고종이 권력의지를 드러내는 순간, 대원군의 섭정은 명분이 없어지는 것이다. 따라서 고종의 친

66 『승정원일기』 고종 10년(1873) 11월 11일.
67 『승정원일기』 고종 10년(1873) 11월 24일.
68 James B. Palais 지음, 李勛相 옮김, 『전통한국의 정치와 정책』, 신원문화사, 1993, 330쪽.

나이 어린 국왕의 부친이라는 명분으로
섭정을 시작한 흥선대원군

정을 계기로 대원군은 자연스럽게 하야 과정을 밟게 되었다.

새롭게 임명된 대신들은 최익현의 상소에 대해 어떤 입장이었을까? 의금부 지사(義禁府 知事)였던 박규수 또한 "최익현의 상소 가운데 의리와 윤리가 파괴되었다는 말은 신하로서 감히 할 수 없는 언사"[69]라며 최익현을 처벌하라고 주장했다. 대원군 계열의 신료들이 모두 최익현의 처벌을 요구한 것과 별반 다르지 않다. 그럼에도 고종이 그를 우의정으로 중용한 이유는, 박규수가 두 차례에 걸쳐 완곡하게 국왕의 성찰을 요구하며 온건한 태도를 보였기 때문이다.[70] 고종은 홍순목 등의 강경한 입장에 있던 인물보다 비교적 온건한 박규수를 중용하면서 국왕으로서의 주도권을 확립해나간 것으로 보인다. 영의정에 제수된 이유원은 신병 때문에 대신들의 연합 성토에 참여하지 못했던 상태여서[71] 상소 건과는 상관없이 임명된 경우이다.

박규수가 국제정세에 밝은 점도 그를 중용하게 된 배경으로 보인다. 박규수는 1861년과 1872년 두 차례에 걸쳐 진하겸사은사로 청에 다녀오면서 서구 제국주의 국가들의 침탈 속에서 혼란을 겪고 있는 청나라의 실상을 알린 인물이기도 하다. 또한 대원군의 통상수교 거부 정책이 최선이 아님을 주장한 인물이기도 하다. 그는 청이 양무운동을 일으켜 화륜선 등을 직접 생산하게 된 결과 서양 오랑캐들이 더 이상 청에게서 실리를 취하지 못하고 있다는 사실을 고종에게 보고하기도 했다.[72]

---

69 『승정원일기』 고종 10년(1873) 11월 5일.
70 『승정원일기』 고종 10년(1873) 10월 29일, 11월 5일.
71 『승정원일기』 고종 10년(1873) 11월 11일.
72 『승정원일기』 고종 9년(1872) 12월 26일.

또한 박규수는 고종의 강학 스승으로서 서양과 청에 대한 대응책과 국정 수행에 대해 고종과 자주 의견을 주고받으며 가르침을 주었다. 고종은 평소 박규수에 대해 "지식이 밝고 학문에도 조예가 깊어 의지하는 바가 크다"[73]라며 그를 믿고 따랐다. 따라서 국제정세에 밝은 실무진의 한 사람으로서 박규수를 중용한 것은 박규수로 대표되는 대원군 세력을 무마하기 위해 그들을 끌어안는 시도였던 것으로도 헤아려볼 수 있다.

고종이 친정을 시작한 후 대원군은 운현궁을 떠나 경기도 양주의 직곡산장으로 은퇴했다. 정계는 경색되었고 분위기는 순조롭지 않았다. 대원군 측에서 일으킨 것으로 추정되는 경복궁 자경전(慈慶殿) 화재 사건(1873년 12월 10일)을 시작으로 고종에게 효를 강조하는 상소문들이 빗발치듯 올라왔다. 은퇴한 대원군을 다시 모셔와야 한다는 부사과(副司果) 이휘림(李彙林)의 상소에서부터[74] 경상도 유생들의 상소에 이르기까지[75] 모두가 국왕에게 정치적 부담을 주는 요소였다.

고종은 "대원군의 교외 행차는 오로지 보양하기 위한 것이니 오래지 않아 돌아올 것이다. 이휘림은 분수를 범하고 기강을 범했으며 아버지가 된 정분으로 오랫동안 멀리 떨어져 계시는 것이 마땅하지 않다며 현혹시키고 불안하게 하는 말로 제멋대로 글을 올렸다"[76]라며 다소 격앙된 반응을 보이기도 했다. 이어서 법도에 어긋나는 행동을 좌시할 수 없다면서 군신 간의 기강을 지키

---

[73] 『珠淵集』〈判府事朴珪壽隱卒敎文〉, 明文堂, 1983, 188쪽.
[74] 『고종실록』 고종 11년(1874) 10월 20일.
[75] 『고종실록』 고종 12년(1875) 3월 5일.
[76] 『승정원일기』 고종 11년(1874) 10월 20일.

기 위해서라도 멀리 귀양을 보내라고 전교했다. 유도수(柳道洙)를 소두(疏頭)로 하는 경상도 유생들의 상소에 대해서도 "무엄한 행동으로 통분스럽다"[77]라는 표현을 쓰면서 멀고 험악한 곳에 정배시킬 것을 명했다.

이처럼 정권의 불안정에서 벗어나기 위해 반대원군 세력으로 알려진 대원군의 형 이최응(李最應), 안동김씨 세력을 대표하는 김병국(金炳國) 등을 각각 좌의정과 우의정으로 추가 기용했다.[78] 이최응은 대원군의 친형이지만 두 사람은 다소 적대적인 관계였던 것으로 보인다.[79] 김병국을 우의정에 앉힌 것은 안동김씨 세력을 정권 기반에 활용하려는 의도가 어느 정도 작용한 것으로 생각된다. 이로써 고종은 대원군 은퇴 후 다소 불안할 수 있는 왕권을 안정시키고 권력 기반을 강화하면서 친정체제를 강력하게 구축하기 위한 노력을 기울이게 되었다.

새롭게 눈뜨기 시작한 국제정세

고종은 측근 인사들을 비롯하여 반대원군 입장의 인물들로 인사이동을 단행했지만, 내정에 있어서는 대원군의 정책을 계승했다. 서원을 복설하여 공의를 복구하고 『춘추』의 의리를 다시 세우라는 지방유생들의 상소를 받아들이지 않고, 대신 만동묘를 복설하

77　『승정원일기』 고종 12년(1875) 3월 5일.
78　『승정원일기』 고종 11년(1874) 12월 17일.
79　황현, 『매천야록』, 15쪽.

는 조처를 내렸다.⁸⁰ 만동묘 복설은 서원 복설을 꾸준히 주장하는 논의에 대한 상징적인 조처였다. 호포법이나 사창제도도 대원군의 정책을 그대로 실시했다. 대외적인 정책에서도 대원군의 통상수교 거부 정책을 그대로 유지하고자 했다.

그런데 1868년에 이어 1875년 2월, 일본이 메이지유신 후 조선과 새롭게 국교를 재개하려는 서계를 보내오면서 대외관계를 어떻게 풀어나갈 것인가에 대한 방법과 방향을 논의하는 상황이 되었다. 조정에서는 일본이 황제를 참칭하고 있기 때문에 그들의 무뢰함을 이유로 효유해 돌려보내기로 했다.⁸¹ 대원군 집권 때와 마찬가지로 고종 친정 이후에도 오랑캐처럼 예의에 어긋난 일본의 서계는 접수하지 않기로 국론을 정했던 것이다. 고종의 통치이념 저변에 대원군과 마찬가지로 서양, 더 나아가 서양화한 일본까지도 오랑캐로 간주하는 위정척사 사상이 자리하고 있었음을 보여준다.

이에 대해 다보하시 기요시(田保橋潔)는 조선의 종주국인 청이 일본과 1871년 수호조규를 맺으면서 일본의 황제 칭호 사용을 문제 삼지 않았고, 황제가 일본 글로 국서를 받은 이상 조선 측의 항의는 정당하지 않다는 주장을 펼치기도 했다.⁸² 청도 일본의 황제 칭호에 대해 왈가왈부하지 않는데 조선이 '황제 참칭'이나 '무뢰함'을 언급할 자격이 없다는 것이다.

그러나 일본의 황제 칭호에 대한 조선 내부의 인식은 심각했다. 조정 관료들도 고종과 같은 시각을 가지고 있었다. 1875년

---

80 『승정원일기』 고종 11년(1874) 2월 13일.
81 『승정원일기』 고종 12년(1875) 2월 9일.
82 田保橋潔, 『近代日鮮關係の硏究』, 조선총독부, 1940.

5월 10일에 열린 조정회의에서 영의정 이유원은 "일본이 문서를 고쳐 가지고 오면 조·일 간 우호관계의 회복이 가능하지만, 아직도 재야에서는 이 문제에 대해 의견이 일치하지 않고 있다"[83]라고 했다. 즉 조야의 강경한 척사론자들의 주장대로 일본과 서양을 같은 무리로 보는 시각이 있었다. 청에 들어가 있던 일본인들의 복색과 제도가 서양인을 닮아가자, 일본이 서양처럼 변모했다고 보는 시각이 생겨난 것이다.

한편으로는 일본을 조선과 전통적으로 교린을 해오던 존재로 보고자 하는 논의도 분분하게 일어나고 있었다. 일본을 교린관계 속의 이웃으로 간주하는 측의 대표적인 인물이던 박규수는 서계 문제가 발생하자 "일본이 자신들의 황실을 높여 '칙(勅)', '경사(京師)' 등의 말을 사용하고 조선에 대해서는 '귀국(貴國)'이라며 낮추어 호칭하는 등의 일은 그들 나름대로의 자존적 표현일 뿐, 이를 문제 삼아 국교를 단절하는 것은 잘못된 일이다"[84]라고 주장했다.

당시 조정의 거의 모든 신료들은 전통적 화이관에 입각해 왜양일체의 시각을 가지고 있었다. 따라서 박규수의 주장은 수용되기 어려운 분위기였다. 다만 일본과의 수교를 조심스럽게 언급함으로써 화이론적 시각에서 벗어나 일본에 대한 인식을 전환할 필요성을 제기하는 정도였던 것으로 보인다. 서계 접수를 주장한 이로는 박규수 외에도 좌의정 이최응이 있었다. 그도 역시 "일본이 황제국을 칭한 것은 일본의 내부적인 일이며 조선과는 교린관계에서 달라진 것이 없다"라며 서계 접수를 찬성했다.

---

83 『승정원일기』 고종 12년(1875) 5월 10일.
84 『박규수전집』 상, 아세아문화사, 1978, 749~750쪽.

박규수는 무뢰한 내용이 담긴
서계를 보내온 일본을 교린관계였던
이웃으로 보자고 주장했다.

　최고 결정권자인 고종이 논의를 쉽게 마무리 짓지 못하는 사이에 이최응의 주장은 강력한 반대론에 묻히고 말았다. 박규수는 대원군의 도움을 얻기 위해 그에게 편지를 보내 일본의 서계를 거부하면 어떤 곤란한 일이 잇따를지 알 수 없다면서 국교 회복의 필요성을 역설했다. 그러나 조정의 대세는 척화가 주류를 이루고 있었기 때문에 상황을 반전시키지는 못했다.
　8월 24일부터는 일본이 운요호를 앞세워 영종진에 침입하여 각종 소요를 일으키는 등 언제 내지까지 쳐들어올지 알 수 없는 상황이 되었다.[85] 조선의 공격으로 운요호가 피격되자 일본은 이

85　『고종실록』 고종 12년(1875) 8월 24일.

를 구실로 1875년 12월 군함을 보내 위협하면서 새로운 조약을 요구하며 강화도로 진입했다. 조선은 신헌(申櫶)을 접견대관으로 파견하는 동시에 일본의 의중을 파악하느라 분주했다. 대소신료들은 조정회의를 거듭 열어 일본의 요구가 단지 '서계 접수'에만 있는 것이 아니라 '설관통상(設館通商)'에 있는 것으로 결론지었다.[86] 이는 곧 조일 양국이 전통적으로 교린관계에서 행해오던 통상을 의미한다고 정리한 것이다.

이러한 결론이 나올 수 있었던 것은 박규수를 비롯한 소수파에 의해 왜양을 분리해서 인식하고자 하는 분위기가 조성되었기 때문이다. 운요호 사건 이후 일본과 수호조규를 체결한 접견대관 신헌의 보고는 일본과 예전의 교린관계를 회복할 뿐이라는 논리를 형성하는 데 일종의 쐐기 역할을 했다. 그는 조규 체결 당시의 상세한 보고를 통해 일본과 직접적으로 대결하는 것은 조선의 파멸을 가져올 뿐이라는 점을 강조했다.[87]

고종 또한 왜양일체론의 시각을 가졌으나 내부 논의를 지켜보는 동안 일본과의 수교를 조심스럽게 고려하기 시작했다. 고종은 일본 사신이 온 것은 서양과 연결된 것이 아니라 종래의 우호관계를 유지하기 위한 것이라는 데 점차 의견을 모아갔다. 즉 고종은 "일본을 제어하는 것은 일본을 제어하는 일이고, 서양을 배척하는 것은 서양을 배척하는 일이다. 이번에 왜구가 온 것을 양인과 합동해서 온 것이라 어떻게 단정하겠는가?"[88]라며 일본과 서양을 다르게 인식할 필요가 있음을 밝혔다. 결국 일본과는 전

---

86 『고종실록』 고종 13년(1876) 1월 21일.
87 『승정원일기』 고종 13년(1876) 2월 6일.
88 『승정원일기』 고종 13년(1876) 1월 27일.

일본의 월등한 군사력을 고종에게 보고하여
강화도조약 체결로 이어지게 한 무장, 신헌

통적인 교린관계를 회복하는 차원으로, 서양은 여전히 오랑캐로 간주하면서 통상을 거부하는 것으로 입장 정리가 되었다.

결과적으로 고종은 박규수와 신헌 등 일본과의 교류와 개국을 주장하는 인물들로부터 영향을 받아 왜양을 분리해서 보자는 논리를 만들어내면서 자주적으로 개국을 시도했다고 볼 수 있다. 현실적으로 일본의 무력을 무시할 수 없었던 데다가, 내적 필요성에 더하여 일본을 오랑캐로 보던 시각을 거둔 것이다. 이는 곧 우리 내부적으로 어떠한 변화의 동력도 없이 전적으로 일본의 강압에 의해 개항이 이루어졌다고만 보기 어려운 요소이기도 하다.

조정에서는 세계를 접수한 다음, 필요에 따라 오랑캐의 기술이라도 받아들여야 한다는 새로운 주장들이 흘러나왔다. 주로 운요호 사건을 처리하면서 일본의 무력을 직접 경험한 무장들로부터 시작되었다. 이들은 현장에서 일본이 생각보다 강성하다는 것을 직접 느꼈다. 일본은 서양의 무기 기술을 일찍부터 도입하여 강해졌고, 화륜선까지 제조하는 능력을 보유한 것으로 분석되었다. 접견대관 신헌은 고종에게 이 같은 내용을 보고하면서 조운의 편리함을 위해서라도 기기를 제작하는 기술을 도입해야 한다고 강조했다. 또한 병기 제작 기술을 습득하기 위해서 일본에 사절단을 파견할 것을 건의했다.[89]

운요호 사건을 겪으면서 고종도 일본의 새로운 군비에 대해 놀라움과 당혹감을 느끼고 있었다. 고종은 "조약 체결 후 일본이 가져온 병기는 예리한가? 회선포는 몇 보까지 갈 수 있는가? 화륜선의 제도는 어떠한가?" 등을 신헌에게 물으면서 일본의 신무

---

[89] 『승정원일기』 고종 13년(1876) 2월 6일.

기에 관심을 나타냈다. 또한 일본이 조선의 부국강병 정책에 도움을 주겠다는 의사를 내비치자 이를 고맙게 여기면서도 낙후된 조선의 군비와 국방을 크게 걱정했다.

개항 후 고종이 우선적으로 관심을 보인 것은 해외 각국에 대한 정보와 동향이었다. 그동안 주로 중국을 통해서 대외사정을 알아왔다면, 이제는 다른 경로를 이용해 일본을 활용하게 된 것이다. 고종은 1876년(고종 13) 6월 1차 수신사로 일본을 다녀온 김기수(金綺秀)를 접견하면서 일본의 군사와 병기, 일본이 근대화의 급선무로 여기는 전선과 화륜, 농사기기의 내용을 파악했다.[90] 김기수는 이 자리에서 일본이 이룩한 부강의 정도가 별다른 것이 아니라면서 고종에게 자신감을 불어넣어주었다. 그에 따라 고종은 우리도 기술을 익히면 부국강병을 이룰 수 있을 것이라는 의욕을 강하게 가지게 되었다.

1880년(고종 17) 5월 초에는 2차 수신사로 김홍집(金弘集)을 일본에 파견했다. 이보다 먼저 1879년 7월 중국은 일본의 조선 진출 위험을 미리 경고하면서 대비책으로 서양 각국과 수교할 것을 권고해왔다. 이홍장의 편지에 따르면 일본은 이미 류큐(琉球)를 편입시킨 상태이고, 러시아도 일본을 뒤따라 반드시 통상을 요구해올 것이라는 설명이었다. 그러나 만국공법이라는 국제법이 있으니 서양 각국과 통상수교를 맺어두면 한 나라가 침략해 오더라도 국제적 공조하에서 이를 물리칠 수 있다고 조언했다.[91] 즉 세계 각국과 적극적으로 외교관계를 수립하여 특정 나라가 조

---

[90] 『修信使記錄』卷I, 고종 13년(1876) 6월 1일 수신사 金綺秀 入侍筵說, 131~132쪽.
[91] 『고종실록』 고종 16년(1879) 7월 9일.

메이지유신 이후 일본이 이룩한 부국강병의 실상을
고종에게 보고한 김기수(위)와 1876년 1차 수신사 김기수 일행이
요코하마 거리를 통과하는 모습(아래)

선에서 세력을 키우지 못하게 하라는 주문이었다. 따라서 김홍집의 파견은 이와 같은 청의 경고에 따른 일본의 조선 침략 계획의 실상을 사전에 파악하기 위한 조처였던 것이다.

김홍집을 파견하는 과정에서 조선 조정에서는 일본보다 러시아의 동태에 더욱 주목했다. 또한 러시아는 동남 해로를 통해 조선에 닿을 수 있으니 그들의 남하와 침략에 대비하려면 자강이 무엇보다 중요하다는 사실도 깨달았다. 때마침 주일 청나라 외교관 황준헌(黃遵憲)은 『조선책략(朝鮮策略)』을 통해 조선이 자강할 수 있는 방법으로 친중국(親中國), 결일본(結日本), 연미국(聯美國)을 제안했다.[92] 조선이 살아남기 위해서는 중국과 친밀하고 일본과 결탁하며 미국과 연맹함으로써 자강을 도모해야 한다는 중국 측 의견을 제시한 것이다.

서양을 금수 같은 오랑캐로 여겨온 조선의 신료들은 『조선책략』의 내용을 둘러싸고 큰 혼란과 갈등에 빠졌다. 서양을 교역 상대국으로 받아들이라는 의미가 포함되어 있었기 때문이다. 화이론적 세계관을 가지고 있던 위정척사론자들은 이만손(李晚孫)을 대표로 상소를 올리며 『조선책략』의 파기를 요구하고 나섰다.[93] 고종은 『조선책략』이 주장하는 바에 대해 찬성도, 반대도 하지 않았다. 다만 조선이 앞으로 나아가야 할 방향을 생각한다면 막연히 반대만 할 일은 아니라면서 위정척사론자들을 은근히 비난하는 신중한 자세를 취했다.

곧이어 고종은 선진문물을 수용하기 위해 1881년 조사시찰단

---

92 黃遵憲, 『朝鮮策略』(『修信使記錄』卷II에 수록), 160~161쪽.
93 『승정원일기』고종 18년(1881) 2월 26일.

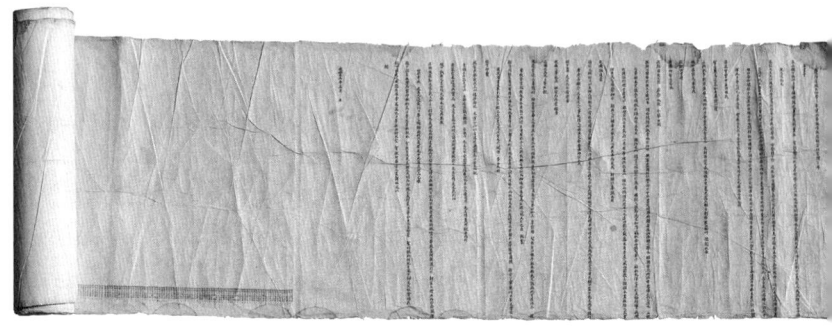
이만손 등의 영남 유생들이 올린 만인소. 상소의 길이가 100미터에 이른다.

과 영선사를 잇따라 파견했다. 일본에 조사시찰단을 파견할 당시에는 위정척사론자들의 반대를 의식하여 부산 동래까지 암행어사를 파견하는 것처럼 위장했다. 정치적 반대여론을 정면으로 돌파하기보다는 자신이 생각한 바를 은밀히 진행시킨 후 여론을 지켜보다가 정식으로 공표하는 통치 스타일의 한 면모를 볼 수 있다.

1차, 2차 수신사들의 보고를 통해 문명국가로서의 서구와 일본의 면모를 새롭게 알게 된 고종은 1882년 대미수교를 필두로 서양과의 수교를 추진해나가기 시작했다. 여기에는 1870년대 후반부터 김옥균을 위시한 소장지식인들이 국왕에게 접근해 개화에 대한 인식을 환기시킨 것이[94] 일정한 영향을 미쳤던 것으로 보인다. 이를 통해 고종은 부국강병에 대해 자신감을 가지고 화이론적 세계관을 바꾸는 계기를 마련하게 되었다.

고종은 부국강병과 개화의 필요성을 인식한 후 동도서기론(東

---

[94] 이광린, 「개화당의 형성」, 『개화당연구』, 일조각, 1973, 33~35쪽.

道西器論)에 입각한 통치사상과 노선을 공개적으로 표방했다. 동도서기 정책은 고종이 임오군란을 겪은 후 전국의 척화비를 제거함과 동시에 앞으로 서양과의 교류는 물론, 적극적인 부국강병책을 추진하겠다는 의지를 표명하면서 밝히게 된 것이다. 즉 서양의 종교는 배척하되 그들의 농사·의약·무기·배·수레 등의 제조기술은 수용하겠다는 주장이다. 더불어 조선이 체결한 세계 각국과의 통상조약 역시 상호 대등한 관계에서 공법에 근거하여 체결한 것이라는 사실도 밝혔다.[95] 이는 고종이 동도서기적 정책론에 바탕을 두고 개혁을 확실히 추진하겠다는 의지를 강력하게 시사한 것이라 볼 수 있다.

동·서양 문명의 이상적 절충을 도모하다

동도서기는 중화질서를 바탕으로 서기를 수용하자는 논의이다. 따라서 전통적으로 지녀왔던 위정척사 사상과 비교해볼 때 세계관과 우주관에 있어서 명확하게 구분점이 있거나 차이점이 있지는 않다. 새로운 사상으로 구분하기에 어려운 점이 있는 것이다. 위정척사 사상이 서양을 오랑캐로 여기고 서양과의 교류를 절대 불가하다고 보는 입장이라면, 동도서기론은 이 견고한 테두리를 깨고 개화를 모색하고자 하는 일종의 정책론이라 할 수 있다. 때문에 고종이 전통적인 위정척사 사상의 틀을 깨고 동도서기 정책을 구현하고자 한 것은 당대 지배 이데올로기의 방향을 바꾸는

---

[95] 『승정원일기』 고종 19년(1882) 8월 5일.

대전환이라고도 볼 수 있다.

서양에 대한 관심 속에서 서양문물을 도입하고자 한 것은 비단 고종 집권 시기에 들어와서 진행된 것만은 아니다. 연원을 거슬러 올라가면 1880년대에 일어난 동도서기 논의보다 근 2세기나 빠른 17세기부터 이미 서양문물을 수용한 적이 있었다. 이때 전래된 것은 북경을 통해 들여온 『천주실의(天主實義)』, 『교우론(交友論)』 등 서양의 종교, 윤리, 천문과 역산 관계, 군사, 지리 관계 서적들이다. 특히 『천문략(天文略)』, 『산학관계서(算學關係書)』, 『서양국풍속설(西洋國風俗說)』 같은 책들은 호기심의 대상이 되었으며, 18세기 실학 지식인들 사이에서 광범위하게 읽혔다.

서양문물의 소개와 전래는 지식인들의 인식을 확대하고 중화적 세계관에 일정한 동요를 불러일으켰다. 그러나 주자학적 가치 일변도의 집권세력이나 유교 교육을 받은 학자들이 이를 적극 수용할 만한 사상적 전환이 이루어지지 않은 상태에서의 부분적인 도입과 변화에 불과했다. 서양문물 도입에 따른 논의가 지속적으로 증대된 시기로는 제1·2차 아편전쟁이 일어나고 조선 연안에 서양의 선박이 빈번하게 출몰한 1840~1860년대로 보고 있다. 1840년(헌종 6) 12월에 제주 대정현(大靜縣) 가파도(加波島)에 영국선 2척이 나타나 소를 탈취해간 사건을 시작으로 통상 2년에 한 번 정도로 서양 선박이 출몰했기 때문이다.[96]

1801년 신유사옥 이후에는 한때 주춤했던 천주교의 전파가 다시 확대됨에 따라 조선 정부와 지식인들은 서학을 가장 위험하게 생각하고 있었다. 서학에 대한 부정적인 인식은 서양문물 전

---

96 노대환, 『동도서기론 형성 과정 연구』, 일지사, 2005, 155~160쪽.

반으로 확대되었다. 특히 서학은 리(理)의 통섭을 받지 않아 기적(氣的)인 성질이 강하다는 점이 당대 척사론을 주도한 기호산림들 사이에서 문제가 되었다.[97] 그에 따라 서학을 종식시킬 수 있는 방안을 강구하는 가운데 정학의 기치를 바로 세우는 문제가 대두되었다.

서학을 이론적으로 비판하는 한편으로 유학을 바로 세우는 2차 방략이 강구되기 시작했다. 대표적으로 박규수는 천주교의 문제점을 유교적 관점에서 비판했다. 그는 윤종의(尹宗儀)가 쓴 『벽위신편(闢衛新編)』을 평하는 글에서 유교에서는 형체로서 하늘을 일컫는 것과 주재하는 것으로서 제(帝)를 일컫는 것이 본래 한 가지이나 서양은 두 가지를 나누어서 본다고 했다. 즉 서학의 천주는 하늘을 주재하고 하늘을 주재하는 것은 하늘이 주재를 받는 것이므로, 서양인이 하늘을 존중한다는 것은 오로지 주재자로서의 천주만을 존중하는 것이라고 파악했다.

반면 유교에서는 형체와 주재가 하나이므로 서양의 천주교와 다르며 이러한 사설을 종식시키려면 정학을 밝히는 것이 주가 되어야 한다고 했다.[98] 결국 유학을 사상적으로 심화함으로써 서양을 방어할 수 있다고 본 것이다. 대표적인 위정척사론자인 화서 이항로도 서학에 대해 유교의 상대적 우월성을 강조했다. 그 역시 서양을 방어하기 위해서는 유학의 고양이 급선무라고 인식하고 있었다.[99]

---

97 위의 책, 116~131쪽.
98 朴珪壽, 『朴瓛齋文』〈闢衛新編評語〉.
99 오영섭, 「화서학파의 대서양인식-이항로·김평묵·유인석의 경우를 중심으로」, 『화서학파의 사상과 민족운동』, 국학자료원, 1999.

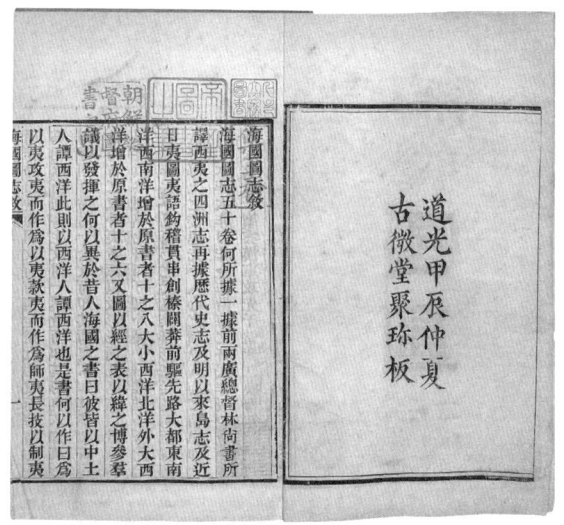

군사, 병기, 통상 등 서양의 우수한 측면을 소개하여
서양에 대한 이해를 높여준 『해국도지』

서양의 화륜선과 화포와 같은 군사적·물리적 힘이 직접적인 위협 대상이 되기 시작한 병인양요와 신미양요 후, 서양에 대한 이해와 공격은 천주교에만 국한되지 않았다. 당시는 청나라 학자 위원(魏源)이 쓴 『해국도지(海國圖志)』가 국내에 반향을 일으키고 있었다. 양이의 장기(長技)는 전함과 화기, 양병에 있다면서 연안을 방비하는 해방(海防)을 위해 그들의 장기를 도입하라는 내용을 담은 책이다. 1844년에 초간되어 1845년 동지(冬至) 연행사를 통해 전래되었고, 헌종이 열람한 후 국내에 이미 유포되어 있었다. 책에서는 천주교뿐만 아니라 서양의 우수한 측면이 다양하게 소개되어 있어 서양에 대한 이해를 높이는 데 도움이 되었다.

위원은 아편전쟁을 거치는 과정에서 서양세력을 방어하는 해방에 관심을 가졌다. 양광총독을 대리하던 친구를 통해 적의 실상을 가까이에서 본 그는 적을 이기려면 무엇보다 적의 사정을 잘 알아야 한다고 생각했다. 〈의전(議戰)〉과 〈의관(議款)〉 편에서는 양이들 간의 여러 모순을 이용한 이이제이(以夷制夷) 정책을 구사할 것을 언급하고 있다. "양이가 동방에 오는 것은 이익을 도모하기 위한 것이고, 이들을 복종시키려면 그들과 무역을 해야 하며, 무력을 갖추어 협상할 것"[100]을 제시했다. 위원은 '이이제이'를 통해 양이를 견제할 것을 주장했고, 해방(海防)과 적을 알기 위한 방편으로서 서양과의 통상도 필요하다고 보았다.

조선의 지식인들도 『해국도지』의 전래와 독서를 통해 서양을 이기려면 그들의 강성함의 정도와 우수한 기술을 알아야 하고, 그러

---

100 『海國圖志』 2권 籌海編 〈議戰〉·〈議款〉.

기 위해서는 서양과의 통상이 불가피하다는 점을 인식하기 시작한 것으로 보인다. 『해국도지』가 조선 사회에 유통되던 시기 대원군과 신헌은 이를 참고하여 수뢰포(水雷砲)를 개발했다.[101] 병인양요를 겪을 당시 화륜선을 타고 온 프랑스군이 사용한 화포 같은 무기와 비교해볼 때 우리의 조총은 너무나 열악했기 때문이다.

    그런데 대원군이 수뢰포를 개발한 것은 서양문물의 우수성을 인정하고 이를 수용하는 차원이 아니었다. 이 점은 고종이 개국 후 조사시찰단과 영선사를 파견하면서 서양의 문물을 적극적으로 수용하고 배우려 했던 것과는 분명한 차이가 있다. 대원군의 경우에는 서양을 이적(夷狄)으로 간주하면서 단지 방어 차원에서 서양 기술을 모방하는 수준이었다. 반면 고종의 경우에는 서양을 이적으로 간주하되 그들 문물의 우수성을 인정하고 필요한 것은 적극적으로 받아들여야 한다는 입장이었다. 이 점에서 해방의 논리와 동도서기 논리가 구분된다. 즉 동도서기 정책론은 서양을 단지 방어하는 단계를 넘어서서 서양과의 적극적인 교류를 시사하는 것이다.

    그렇다면 '동도서기'에서 동도는 무엇을 의미하는가? 고종이 동도서기 정책론을 밝히기 이전에 동도서기 논의는 없었는가? 1880년대 초에 신기선은 도(道)와 기(器)를 설명하면서 이미 동도서기론을 제기했다. 그는 안종수(安宗洙)의 『농정신편(農政新編)』 서문에서 도기론을 적용하여 서양 농법을 긍정적인 시각으로 소개하고 있다. 서문에 드러난 서기수용론의 논리를 살펴보기로 하자.

---

101 『승정원일기』 고종 4년(1867) 9월 11일.

동서고금을 막론하고 바뀔 수 없는 것은 도이고 수시로 변화하므로 고정적일 수 없는 것은 기이다. 무엇을 도라 하는가? 삼강·오상과 효제충신이 이것이다. (…) 무엇을 기라 하는가? 예악, 형정, 복식, 기용이 이것이다. (…) 진실로 때에 맞고 백성에 이로운 것이라면 비록 오랑캐의 법일지라도 행할 수 있는 것이다.

여기서 신기선은 도와 기의 속성에는 바뀔 수 없는 것과 고정될 수 없는 것의 차이가 있음을 지적하고 있다. 그에 따르면 도는 윤리적·규범적 측면의 것으로, 기는 이용후생을 위한 문물제도 등으로 구분된다. 나아가 도는 기와 분별되고, 서기를 수용한다고 하더라도 바뀌지 않는 것이므로 도의 발전을 위해 필요한 서기는 적절하게 받아들일 것을 주장하고 있다. 또한 사물에는 도와 기라는 측면이 동시에 있고, 도를 중심으로 기가 결합된다고 보았다.[102] 신기선이 밝힌 도와 기의 분별 논리를 통해 당시 지식인들은 도기를 구분해서 사유했고, 이러한 인식에서 동도서기 논리가 나올 수 있었던 것으로 보인다.

그러나 동도서기론자들이 주장하는 도와 기의 구분 또는 분리 논리는 위정척사론자들에게는 매우 위험한 발상으로 간주되었다. 동도서기 논리가 사회적으로 확산되는 가운데 홍재학(洪在鶴)은 "서구 물질문명의 유입은 곧 정신에도 변화를 가져올 수 있는 것이다"[103]라면서 위험성을 경고했다. 결국 동도서기론자들이 주장하는 도와 기의 분리론(道器分離論)과, 사물에는 도와 기

---

102 김문용, 「동도서기론의 논리와 전개」, 『한국근대 개화사상과 개화운동』, 신서원, 1998, 213~218쪽.
103 『고종실록』 고종 18년(1881) 윤7월 6일.

의 측면이 함께 있다는 도기상수론(道器相須論)은 논리적 모순이 있다는 것이다. 즉 물질 중심의 서기가 도입되면 정신에 해당하는 동도를 변화시킬 수도 있고, 정신과 물질이 서로 영향을 미치면서 섞여 있다는 점에서 모순이 발생한다. 위정척사론자들은 바로 이 점을 공격했다.

홍재학과 변옥(卞鋈)은 동도에 대한 개념을 삼강오상과 효제충신의 범주로 이야기하는 반면, 서양은 '이(夷)' 또는 '사(邪)'로 표현했다.[104] 이는 유교적 가치관을 가진 전제군주제에서는 영원한 진리였다. 동도는 동도서기 정책을 지지하는 상소를 올린 곽기락(郭基洛), 윤선학(尹善學)[105] 등에게나 위정척사를 주장하는 사람에게나 유교적 오륜의 도를 가리키는 것으로 이해되었다.

고종 또한 동도를 유교의 삼강과 오상의 윤리로 이해했다. 그는 교서에서 특히 "천주교의 전파에 대해서는 사교라 하여 멀리하고, 이용후생을 위한 것이라면 받아들여 부국강병의 원천으로 삼아야 한다"[106]라고 강조했다. 서기를 도입하더라도 유교의 근본적인 윤리를 어지럽히고 사회에 나쁜 영향을 미친다면 단호히 배격한다는 자세였다.

고종이 서양문물을 도입하는 근본 목적은 부국강병, 즉 백성의 편리함과 이로움을 도모하기 위한 것이었다. 국가의 기강을 어지럽히고 전제군주 체제를 위협하는 것은 받아들일 수 없었다. 조선이 지키려 한 동도는 유교적 강상윤리이지만, 그 안에는 유

---

[104] 『일성록』 고종 18년(1881) 윤7월 6일 洪在鶴의 상소; 『일성록』 고종 19년(1882) 10월 7일 卞鋈의 상소.
[105] 『일성록』 고종 18년(1881) 6월 8일 郭基洛의 상소; 『일성록』 고종 19년(1882) 12월 22일 尹善學의 상소.
[106] 『승정원일기』 고종 19년(1882) 8월 5일.

교에 입각한 사회제도와 전제군주제를 포함한 국가 운영 체제 등 모든 요소가 포함되어 있었다.

일본과 수교를 맺고 서양과 통상하는 등 서기의 수용이 이미 대세가 된 당시 상황에서 중요하게 인식되었던 것은 동도 그 자체였다. 그런데 동도를 지키고자 하는 태도는 결국 중화질서의 틀을 고수하려는 것이다. 서양을 받아들이고 서양과 교류하는 것을 가급적 제한하는 것이다. 세계와 자연스럽게 공존하는 길을 거부하는 것이다.

이는 개방보다는 오히려 부분적인 폐쇄에 가깝다. 열린 세계로 나아가기보다는 우리의 틀과 현상을 유지하려는 성향이 더 큰 것이다. 세계나 근대를 지향하기보다는 동도로 표상되는 세계 안에 머무르고자 하는, 진보적이기보다는 보수적인 성격에 가까운 것이었다. 세계화의 대세를 거스르고 최소한의 개방정책만 추진하는, 국수주의적인 자세나 마찬가지이다.

반면 위정척사 사상이 공고한 가운데 서기 수용의 문제를 감히 입 밖으로 꺼낼 수도 없는 사회 분위기 속에서 과감하게 서양 문물과의 교류와 절충을 주장한 것으로 볼 수도 있다. 고종이 집권 후반기에 서기를 대폭 수용하는 광무개혁을 추진하는 것으로 미루어볼 때 집권 초반기에 추진한 동도서기 정책은 척사론자들의 강경한 반대에 맞서 서양과의 교류를 주장한 용기 있는 결단으로 해석할 수 있다. 이와 같이 본다면 국가를 운영하는 대외노선과 정책에 있어서만큼은 고종의 개명적 판단과 결단력의 리더십을 언급할 수 있을 것이다.

초기의 동도서기 정책론은 집권 후반기인 1897년 대한제국기에 가서는 구본신참으로 표현되면서 성격이 조금 달라진다.

1880년대 초의 동도서기가 동도를 중심에 두고 서기나 서양문물을 제한적으로 받아들이는 정치개혁적 방법론이었다면, 대한제국기의 구본신참론은 옛것을 바탕에 두고는 있지만 새롭게 참작(參酌)하는 서기를 더 강조하는 입장에 있다. 즉 서기의 변화와 수용에 더 큰 비중을 두고 있었다.

집권 초기에 강상윤리를 어지럽힌다며 강하게 거부되었던 천주교는 1886년 프랑스와 통상조약을 체결함에 따라 포교권을 인정받게 되면서 조선 정부가 나서서 서학의 수용과 확산을 막을 수 없는 형세가 되었다. 이후 서양의 학문이나 제도, 법률까지도 절충하며 점차 수용하게 되었다. 또한 대한제국기에는 독립협회의 활동이 활발해지면서 동도를 수호하자는 논의보다 서기를 확대 수용하자는 논의가 더욱 거세졌다. 오늘날의 의회제도로 볼 수 있는 인민헌의(人民獻議) 채용과 중추원 관제 개편에 대한 요구까지도 나오게 되었다.[107] 곧 전제군주 체제를 입헌군주 제도로 바꾸고자 하는 변법에 대한 논의까지 사회 일각에서 진행되었던 것이다.

이러한 추세로 볼 때 고종이 대한제국기에 양전지계사업을 비롯하여 근대적 상공업과 실업교육을 중시하고 발전시키는 등의 광무개혁을 추진한 것은 사회적 요구를 담아내기 위한 노력의 산물로 파악할 수 있다. 서양문물 전반을 수용하기 시작한 당시 상황에서는 동양의 전통적인 도를 서기와 조화롭게 절충하면서 균형을 맞춰가는 것이 당면과제였다. 더불어 정치·사회 부문에서

---

107 장영숙, 「대한제국기 고종의 정치사상 연구」, 『한국근현대사연구』 제51집, 2009, 175~179쪽.

의 광범위한 변화의 요구를 개혁의 이름으로 수렴하고 추진해나 갈 때 미래를 내다보는 국왕의 리더십을 평가할 수 있을 것이다. 결국 자주적인 근대화를 달성하며 성공한 군주로 남을 것인가, 식민지화의 경로를 밟을 것인가는 동도서기 정책론에 기반한 개혁을 얼마나 성공적으로 추진해나가느냐에 달려 있었다고 해도 과언이 아니다.

2

고종의 인재 발탁과 경영

집권 초기, 순수무인 세력과 민씨척족

순수무인 세력의 등장과 활용

궁궐 숙위부대, 무위소

고종이 인재를 선발하여 집권기반으로 활용하는 방식과 내용은 시기별로 다양하게 나타난다. 서론에서 언급했듯이 이 책에서는 고종의 집권 시기를 친정 이후부터 정치적 대소사건이 일어난 때를 기점으로 삼아 1873년부터 갑신정변이 일어난 1884년까지를 집권 초기로, 1885년부터 갑오을미개혁기라 볼 수 있는 1896년까지를 집권 중기로, 대한제국을 선포한 1897년부터 순종에게 양위한 1907년까지를 집권 후기로 나누어 살펴본다. 이 가운데 집권 초기에 발탁한 관료군으로 가장 눈에 띄는 그룹이 순수무인 세력이다.

고종은 친정을 시도하면서 권력기반을 강화하기 위해 반대원군 세력으로 알려진 이최응, 이유원, 김병국, 조영하 등을 우선적으로 등용했다. 군사 문제에도 1차적으로 관심을 가지면서 정권의 물리력인 군사력을 확보하기 위한 노력을 기울였다. 친정 초기에는 정권 출발 자체가 불안정했다. 따라서 군사력은 국가 전체 차원에서 국방력에 중점을 두기보다 권력을 둘러싼 암투를 경계하기 위한 궁궐 숙위를 강화하는 것이 무엇보다 중요했다.

당시 중앙군으로는 수도를 방어하기 위해 설치한 훈련도감, 어영청, 금위영 등 3개 군영이 있었다. 수도 외곽 지역인 경기도 일대를 방어하기 위한 군영으로는 총융청과 수어청이 있었다. 수도 방어를 맡은 3개 군영은 국왕이 행차할 때나 대궐에서 정사를 돌볼 때 시립하여 호위하는 일을 담당했다. 훈련도감은 창덕궁 돈화문(敦化門)에서 창경궁 홍화문(弘化門)에 이르기까지, 어영청은 홍화문에서 창경궁 집춘문(集春門)에 이르기까지, 금위영은 창덕궁 북쪽 문인 광지문의 광지영(廣智營)에서 창덕궁 돈화문 서쪽에 있는 금호문(金虎門)까지로 호위 영역이 배정되어 있었다. 이외에 도성 수비도 구역을 정하여 책임지는 등 핵심적인 군영으로서 3군문(軍門)으로 지칭되었다.[1]

또한 총융청과 수어청은 수도 외곽을 남북으로 구분하여 총융청은 창경궁 집춘문에서 창덕궁 광지영에 이르는 도성 수비에다 경기우도의 남양, 수원, 장단의 3영까지를 담당했다. 남한산성을 중심으로 경기좌도인 광주, 양주, 죽산의 3영은 수어청이 담당했다. 수어청은 1795년(정조 19) 장용영이 설치되면서 혁파되었다.

대원군 집권 당시 중앙군은 상비군으로 훈련도감 5천여 명, 어영청 3천여 명, 금위영 3천여 명, 용호영 2천여 명, 총융청 3천여

---

[1] 『禁衛營謄錄』(장서각 2-3292).

명 등 도합 1만 6천여 명에 불과했다.² 용호영은 조선 초기부터 있던 내금위(內禁衛), 겸사복(兼司僕) 등 특수조직인 금군(禁軍)이 영조대에 개칭된 것이다. 이들 5군영 군사는 모집을 통해 구성된 급료병이다. 입대를 원하지 않는 양민들은 방군수포제(放軍收布制)에 따라 군포를 내고 병역의무를 면제받을 수 있었다. 국가는 이들이 납부한 군포로 재정을 확보하여 군영을 운영했다.

대원군 정권기에 양반에게도 군역의 의무를 부과하기 위해 집집마다 군포를 거둬들이는 호포제를 실시했으나, 이는 결국 양민에 대한 과도한 징수로 이어졌다. 여기에다 군포를 둘러싼 서리들의 농간까지 더해져서 폐단이 되고 있었다. 군포는 중앙으로 상납하는 과정에서 서리들이 중간에 빼돌리는 대표적인 항목이었다. 전주에서 무인년 봄, 가을, 겨울에 거둬들인 군포와 결작세가 도합 20여만 냥이었는데 중앙에 상납한 수량은 3만~4만 냥에 불과한 사례도 있었다.³ 전주뿐만 아니라 군산진의 경우도 사태가 심각하여 호남민의 민폐가 극에 달하고 있었다. 수령과 감사, 아전들이 서로 결탁하여 이득을 탐내는 지경이 되었던 것이다. 5군영 제도는 자연히 현실과 동떨어질 수밖에 없었다.

고종은 군영이 처한 열악한 실정에서 이들이 궁궐 숙위와 방어까지 맡는 것은 무리라고 생각했던 것으로 보인다. 새로운 특수부대를 창설하여 궁궐을 호위하게 하는 것이 더 안전할 수 있었다. 그런데 궁궐 파수군을 새로 창설하기에는 국가 재정에 부담이 되었다. 기존의 5군영에서 인원을 선발하여 궁궐 숙위만 전

---

2   육군사관학교 한국군사연구실, 『한국군제사』 근세조선후기편, 267쪽.
3   『일성록』 고종 16년(1879) 3월 4일.

담하게 하는 방식이 재정 부담도 덜 하면서 목적을 달성할 수 있었다. 이에 무예청과 훈련도감의 보군(步軍) 중에서 신체 건강한 자 500명을 뽑아 100명씩 다섯 조로 나누어 차례로 숙위를 하게 했다. 결과적으로 궁궐 파수군은 전보다 100명이 증가했다. 증가한 궁궐 파수군은 무위소라 칭했다.[4] 이로써 궁궐 호위만 전담하는 특수부대가 출범하게 된 것이다.

선대 역사를 보면 새로 즉위한 왕이 궁궐 숙위를 위해서나 자신의 집권기반을 다지기 위해 특수부대를 설치하는 경우는 종종 있었다. 고종이 그토록 닮고 싶어 한 정조 역시 장용영이라는 특수부대를 설치한 적이 있었다. 정조는 집권 초기 하교를 통해 "왕세손 시절부터 김귀주(金龜柱)·홍인한(洪麟漢)·정후겸(鄭厚謙) 등의 외척과 환시(宦侍)의 역모 속에 잠시도 편한 적이 없었다"[5]라고 말할 정도로 왕권이 불안했다. 정조가 언급한 외척들은 영조의 그늘에서 성장하여 당시 세손이던 정조의 대리청정을 반대해온 세력이다. 이들은 정조 즉위 이후에도 정국 운영에 걸림돌이 되고 있었다. 이에 정조는 재위 9년차인 1785년에 왕권을 강화하고 궁궐 호위를 위한 목적으로 장용위를 설치했다.

장용위는 1459년(세조 5)에 장용대(壯勇隊)로 설치한 것을 1475년(성종 6)에 장용위로 고친 것이다. 당시는 주로 천인들로 조직했고, 600명을 다섯 번에 나누어 5개월씩 교체했는데 성종 연간에는 세조대에 시행하던 것을 그대로 행했다.[6] 이를 보면 특수부대나 궁궐을 호위하는 숙위부대의 설치는 역대 국왕마다 관심을 가

---

4 『일성록』 고종 11년(1874) 4월 25일, 5월 5일.
5 『정조실록』 정조 6년(1782) 5월 29일.
6 『성종실록』 성종 6년(1475) 12월 16일.

졌던 문제임을 알 수 있다.

장용위 설치에 대해 "안으로는 금군과 무예청이 있고 밖으로는 5영의 장졸이 있어 빠진 곳 없이 호위하여 방비가 견고한데 무엇 때문에 필요 없는 장용위를 만들어서 경비를 지나치게 허비하십니까?"[7]라는 장령 오익환의 상소를 필두로 신료들의 불만이 제기되기도 했다. 그러나 정조는 오래전부터 있어왔던 장용위의 역사적 연혁을 밝히면서 오히려 장용위를 장용영으로 확대 개편했다.[8] 이후 장용영은 궁궐 숙위 임무를 비롯하여 국왕을 호위하는 친위부대로서 정조 재위 기간 내내 막강한 군영으로 운영되었다.

고종대의 신료들 역시 궁궐 호위부대 설치가 역사적으로 연원이 오래된 것임을 알고 있었다. 장용위처럼 오래전 군영제도를 원용한 것이라는 인식이 있었기 때문에 호위부대 설치를 두고 특별히 반대하지는 않았다.[9] 다만 신료들은 무위소 군인들이 국왕을 시위한다는 우월감에서 다른 군영을 업신여기거나 방자하게 굴며 대궐 밖에서 나쁜 짓을 하는 것에 대해 걱정과 우려의 시선을 보냈다. 박규수는 무위군의 폐단을 염려하면서, "군영 신설에 따른 새로운 경비를 마련할 방법도 고려해야 한다"[10]라며 문제를 제기했다. 영의정 이유원 역시 "무위군들이 국왕을 가까이에서 모시는 영광만을 알고 사안의 중차대함을 모르기 때문에 폐해를 거듭하고 있으니 그들의 방자함을 그대로 두지 말 것"[11]을 진언했다.

7 『정조실록』 정조 12년(1788) 1월 23일.
8 『정조실록』 정조 17년(1793) 1월 12일.
9 『승정원일기』 고종 11년(1874) 7월 15일.
10 『일성록』 고종 11년(1874) 5월 25일;『승정원일기』 고종 11년(1874) 7월 15일.
11 『일성록』 고종 11년(1874) 8월 20일.

이에 대해 고종은 무위소가 새로 설치된 지 얼마 되지 않아 규율이 잡히지 않았기 때문이라고 비호하는 한편, 무위군의 작폐를 막을 방법을 강구하라면서 신료들에게 대책을 떠넘겼다.[12] 실제로 이에 대한 조치는 무위소 군인들이 일으킨 작폐를 엄중히 징계하고 다스리라는 것과 쓸데없이 소용되는 군비를 줄이라는 명령 정도로 그치고 있다.[13]

고종은 대소신료들의 친위군에 대한 걱정과 불만을 심각하게 받아들이지 않았다. 오히려 무위소를 지속적으로 확대하면서 권한을 강화해나갔다. 무위소 지휘관들도 친고종 세력으로 구성하여 권력의 토대를 구축하고자 했다. 무위소 지휘관은 무위도통사로 칭하게 하고, 무위도통사에는 포도대장이나 금군별장을 지낸 사람을 추천하도록 특별히 자격 조건을 제시했다. 2품 이상으로서 전체를 통솔하는 임무를 맡은 제조(提調)는 의정부 당상 가운데서 임명하고 선혜청 실무 당상관도 겸임하도록 했다.[14] 무위소에 군사뿐만 아니라 재정을 관할하는 권한까지 부여한 것이다.

순수무인 출신의 확대 등용

무위소 설치 초기에 제조는 친고종 계열의 김병시와 윤자덕을 비롯해 민씨세력의 대표주자로서 선혜청 제조를 맡고 있던 민겸호가 담당했다. 민겸호는 민규호와 함께 민씨척족의 구심점 역할을 하고 있었다. 나아가 가장 가까운 거리에서 고종을 호위하면서 고종과 밀착관계를 형성했다. 이들 외에도 무위도통사에 금

---

12 『일성록』 고종 11년(1874) 8월 20일.
13 『승정원일기』 고종 11년(1874) 10월 8일.
14 『고종실록』 고종 11년(1874) 6월 20일, 7월 10일.

위대장과 어영대장 등 군영의 장수이던 조영하와 이경하가 고종의 최측근에서 국왕의 군사명령권을 지휘하는 역할을 맡았다. 조영하는 풍양조씨의 일원으로, 이경하는 신정왕후의 인척으로 고종 주변에서 주요 요직을 독점했다.[15] 이들이 곧 집권 초기 친위세력을 형성하는 데 중심적 역할을 했던 것이다.

무위소 제조에 고종의 처족인 민씨척족과 신정왕후 집안인 풍양조씨를 기용했다면, 무위도통사에는 이들 친위세력과는 성격이 다른 순수무인 세력들을 등용했다. 1880년 개화정책을 추진하기 위해 세운 통리기무아문 산하 군무사로 무위소가 이속되기 전까지 무위도통사에 등용된 인물들은 다음과 같다. 1874년 7월 4일 금위대장 조영하, 1875년 8월 6일 이조판서 민규호, 1876년 7월 12일 판중추부사 신헌, 1877년 4월 9일 총융사 김기석, 1877년 12월 19일 강화부 유수 이경하, 1878년 6월 26일 어영대장 김병시, 1879년 3월 13일 금위대장 민겸호, 1880년 4월 20일 어영대장 이경하 등이 차례로 기용되었다.[16]

이들 가운데 조영하, 민규호, 민겸호, 이경하, 김병시 등은 풍양조씨, 여흥민씨, 전주이씨, 안동김씨 등 노론 유력 가문 출신으로 국왕 주변에서 일찍부터 권력을 형성해온 인물들이다. 반면 대원군 집권 당시에는 훈련대장이었고, 개항 당시에는 접견대관이던 신헌과 총융사 및 어영대장을 두루 거친 김기석(金箕錫) 등은 순수무인 집안 출신이다. 고종이 군사기반을 강화하고 정치적 기반을 넓히기 위해 전통적으로 권력을 형성해온 세도가문 외

---

15 황현, 『매천야록』, 24~25쪽.
16 『武衛所提調都統使將官將校軍兵總數』(장서각 2-4858).

에 순수무인 집안의 출신들을 대원군 집권기에 이어 계속 기용한 것이다.

신헌은 전형적인 무관 집안에서 태어났다. 1827년(순조 27) 할아버지 신홍주의 후광으로 별군직(別軍職)에 차출되고, 이듬해 무과에 급제한 후 훈련원주부(訓練院主簿)에 임명되면서 관직 활동을 시작했다. 이후 순조·헌종·철종·고종조에 걸쳐 주요 무반직을 두루 역임했다. 당대의 석학이며 실학자인 정약용(丁若鏞)·김정희(金正喜) 문하에서 실사구시적인 학문을 배웠다. 무관이면서도 독특한 학문적 소양을 쌓으며 개화파 인물들인 강위(姜瑋)·박규수 등과도 폭넓게 교유했다. 덕분에 현실에 밝은 식견을 가질 수 있었고, 양이에 대한 위기의식 속에서 대원군과 수뢰포를 개발하는 데 앞장섰다. 이러한 경험과 식견을 바탕으로 강화도조약 당시 접견대관을 맡으면서 고종으로부터 "문·무의 재주를 갖추고 일찍부터 명망이 드러난 인물이다"[17]라는 평가를 받았다.

김기석 역시 전형적인 무인 집안 태생으로 아버지는 병마절도사 김상순(金相順)이다. 대원군 집권기에는 함경도 절도사, 북병사 등 주로 변방의 일을 맡으면서 현장 경험을 쌓았다. 고종 친정 후 포도대장으로 발탁된 뒤[18] 어영대장, 총융사, 무위도통사, 통제사, 금위대장, 강화부유수 등을 거쳐 병조판서에까지 오른 인물이다.

그런데 신헌의 경우 9개월, 김기석의 경우 8개월 정도만 재직하고 후임자에게 곧 무위도통사직을 물려주고 있다. 다른 인물

17 『승정원일기』 고종 13년(1876) 1월 29일.
18 『고종실록』 고종 12년(1875) 6월 26일.

들도 1년 남짓한 기간만 재직했을 뿐이다. 이는 고종의 인사권 행사 방식의 특징이라고 볼 수 있다. 한 사람을 장기간 임용하지 않으며, 다양한 인물들을 번갈아 임용해서 활용하는 방식을 구사하고 있다. 이러한 양상은 대한제국기에 이르면 더욱 두드러진다.

궁궐 숙위라는 특수임무를 맡은 군영의 통수권자를 순수무인 출신으로 기용하는 것은 파격에 가깝다. 이들이 2명에 국한되었다는 것은 고종 주변의 친인척 세력이 더 강고하게 자리를 잡고 있었다는 의미이기도 하다. 이들 친인척 세력이 군사명령권에 관계된 권한을 행사하면서 국왕을 최측근에서 호위하며 시종하고 있었다. 여기에 순수무인 출신의 장병들이 점차 발탁되는 상황이었다.

군사명령권이 어떻게 발효되었는지를 보면, 대원군 집권 시기에는 5군영의 대장들이 병조판서와 같은 정2품의 지위로 삼군부에 소속되어 있었다. 삼군부는 1868년 대원군에 의해 의정부와 대등한 정1품 아문으로 복설되었다. 삼군부에서는 군비 강화와 그에 소요되는 재원을 직접 장악하고 주도하면서 대원군의 군사명령권을 받들어왔다. 병조는 군정에 관계된 행정업무를 맡았을 뿐, 모든 군령권은 삼군부가 쥐고 있었다. 즉 대원군은 삼군부 소속 각 군영의 대장들을 통해 군사력을 장악했던 것이다.[19]

반면 고종은 친정 초기부터 무위소를 창설하고 이를 친위군으로 삼으면서 군사명령권을 새롭게 재편하고자 했다. 국내외의 군국기무를 총괄하기 위해 1880년 통리기무아문을 설치한 후에

---

[19] 연갑수, 『대원군정권의 부국강병정책 연구』, 서울대학교 출판부, 2000, 57~71쪽.

는 산하의 군무사를 통해 군사 업무를 총괄하게 했다. 교련병대를 신설하면서 장병과 대원의 급료와 복장도 무위소에서 마련하도록 했다. 한편 이행 명령권은 통리기무아문 군무사에 하명하는 것으로[20] 보아 군무사를 중심으로 지휘체계가 확립되었음을 알 수 있다. 곧이어 삼군부를 아문에 통합시키고, 무위소가 하던 업무까지 군무사로 이관했다. 즉 통리기무아문이 신설되기 전까지는 무위소가 군령권을 행사하고 있었다. 대원군 집권 당시부터 군령권을 행사하는 삼군부가 있었지만, 고종은 이를 활용하지 않고 새롭게 군령권을 총괄하는 부서를 출범시킨 것이다.

고종의 입장에서는 대원군의 영향에서 하루빨리 벗어날 필요가 있었다. 따라서 대원군 집권기의 삼군부 무장들을 교체하고 새로운 사람을 충원하여 권력기반을 다지려 했던 것이다. 그런데 집권 초기에는 무위소에 친위세력을 포진시키면서도 대원군 집권기부터 활약하던 인물들을 선별적으로 기용함으로써 신·구 세력의 조화를 도모하는 방식을 취했다.

무위소를 창설한 이후 고종은 궁궐 숙위를 강화하기 위한 병력 증액을 꾸준히 시도했다. 훈련도감, 금위영, 어영청 등에서 각 영 장수에 속한 수하병 519명과 말을 준비하는 복마군(卜馬軍) 71명을 무위소 군병으로 이속시켰다.[21] 당시 가장 많은 군병이 소속된 훈련도감은 군사 수가 5천 명 정도였다.[22] 이에 반해 무위소의 군병 수는 급속도로 증가해 4,399명에 이르렀다.[23]

---

20 『일성록』 고종 18년(1881) 5월 3일.
21 『승정원일기』 고종 11년(1874) 7월 11일.
22 육군사관학교 한국군사연구실, 『한국군제사』, 1968, 267쪽.
23 『武衛所提調都統使將官將校軍兵總數』(장서각 2-4858).

무위소의 규모가 날로 커지자 이를 운영하고 유지하는 데에도 막대한 재정이 소요되었다. 그에 따라 무위소 운영 경비를 위해 포삼세도 사용할 수 있도록 했다. 『포삼이정절목(包蔘釐政節目)』을 반포한 1881년 윤7월 이후 매년 포삼의 총생산량 2만 5,200근 가운데 근당 4냥 2전씩을 가세한 총액인 10만 5,840냥 가운데 2만 근에 해당하는 8만 5,840냥을 무위소에 납부하게 했다.[24] 포삼세의 약 80퍼센트를 무위소에서 사용할 수 있게 한 것이다.

호조에서도 무위소에 납부할 액수를 우선적으로 책정했다. 호조판서 김세균도 보고를 통해 "근일 대송한 것을 아뢰면 무위소에 5만 1천 냥, 훈련도감에 3만 5천 냥, 금위영에 5천 냥이며, 또한 근래의 상납전 7,400냥도 무위소에 이속시켰습니다"[25]라고 언급하고 있다. 무위소의 경비를 다른 군영의 경비보다 훨씬 많이, 우선적으로 책정했음을 알 수 있다. 이러한 조처는 고종이 특히 무위소를 중시하고 강화하려는 의도가 없으면 불가한 일이었다. 더욱이 고종 집권 초반기에는 대원군 집권 당시에 거둬들이던 도성문세와 원납세, 연강수세 등을 민폐를 이유로 폐지하고 있는 상황이었다.

무위소의 규모가 커진 만큼 권한 또한 확대되어 단순한 궁궐 파수 임무에서 벗어나 무위도통사가 금위영·어영청·훈련도감의 제조를 겸임하게 되었다. 이후 용호영과 총융청까지 통합하게 되어 명실공히 군사 문제 전반에 걸쳐서 융무총괄의 임무를 담당했다.[26] 실제로 무위소에서 내린 감결(甘結)을 보면 훈련도

24 『包蔘釐政節目』(장서각 2-3264).
25 『일성록』 고종 11년(1874) 11월 1일.
26 『일성록』 고종 14년(1877) 4월 9일.

감, 금위영, 어영청, 총융청 등 4영의 총포에 쓰이는 화약 800근을 200근씩 골고루 분배하고, 탄(炭) 700석과 땔감 2만 4천 개를 배속시키기도 했다.27 이처럼 무위소는 각 군영을 일괄 통솔하고 있었던 것이다. 명실공히 삼군부를 대신하는 지위와 권한을 행사했다고 볼 수 있다.

고종은 무위소를 통해 군사적 기반을 마련하고 무위도통사에 주요 친인척과 순수무인 세력을 앉히면서 권력 교체를 시도하는 한편, 각 군영의 장수 자리에도 순수무인 세력으로 포진시키려고 했다. 5군영으로 유지되던 군제는 정조대에 장용영이 설치된 이후 수어청이 유명무실해지면서 실제로는 4군영 체제로 유지되고 있었다. 4군영 대장을 맡은 인물들을 고종 집권 초기의 변화를 중심으로 살펴보면 순수무인들이 약진했음을 알 수 있다.

이 책에서는 고종 집권 초기를 1873년부터 1884년까지로 구분했으나 고종 친정은 최익현의 상소가 올라온 10월 25일 이후부터 조정대신을 교체하면서 자연스럽게 국정을 장악해나간 11월 24일에 걸쳐 시작되었다. 따라서 각 군영 장수에 대한 임명은 이듬해인 1874년부터 가시화되었다.

〈표 2〉를 보면 무위소 제조와 무위도통사에 발탁된 초창기 친위세력으로서 민씨척족과 이재면, 이경하, 조영하를 제외한 양헌수(梁憲洙), 김기석, 신정희(申正熙), 임상준(任商準), 한규직(韓圭稷), 이경우(李景宇) 등 순수무인들의 등장이 주목된다. 양헌수는 병인양요 당시 정족산성을 지켜 공을 세운 후 금위대장, 총융사, 어영대장 등으로 고속성장을 한 무인이다. 신헌, 이경하 등과

---

27 『御營廳謄錄』(장서각 2-3349), 고종 13년(1876) 12월 30일.

표 2 각 군영 장수 일람표(1874~1884년)

훈련대장	금위대장	어영대장	총융사
이경하(11, 1/19)	조영하(11, 1/19)	민규호(12, 2/14)	오현문(11, 1/6)
조영하(12, 1/25)	양헌수(12, 2/14)	김기석(13, 7/12)	이경우(11, 6/13)
신정희(18, 1/11)	민겸호(15, 7/4)	조희복(14, 4/7)	이희승(12, 2/21)
이재면(19, 6/10, 금위대장 겸)	김기석(14,12/19)	김병시(15, 6/14)	조희복(13, 1/13)
임상준(19, 7/20, 총융사 겸)	신정희(16, 9/5)	이경하(15, 6/26)	김기석(14, 4/7)
	이재면(18, 1/11)	민겸호(17, 4/20)	신헌(14, 4/9)
	이경하(18, 11/3)	민태호(18, 8/6)	김병시(15, 4/19)
	조희순(19, 6/10)	이경하(18, 9/6)	조희복(15, 6/14)
	구완식(20, 1/21)	민겸호(18, 9/21)	이경우(17, 12/16)
	김병국(21, 1/28, 금위 도제조 겸)	신정희(19, 6/10, 군무사 당상)	민태호(18, 8/2)
	민영익(21, 7/2, 군무사 당상)	김기석(19, 7/20, 知三軍府事 兼)	민겸호(18, 8/6)
	한규직(21, 8/27, 어영대장 겸)	이규원(19, 9/24)	이경하(18, 9/21)
		한규직(20, 8/30)	구완식(19, 8/1)
			김기석(19, 9/24)
			한규직(20, 6/15)
			이규원(20, 6/22)

* 괄호 안의 숫자는 고종 통치 연도와 임명일. 밑줄친 인물은 순수무인 출신
* 자료: 『일성록』, 『고종실록』

함께 대원군 집권 시기의 장수로서 고종대에도 등용된 장수 중의 한 사람이다. 한규직은 대한제국기 참정대신이던 한규설의 형으로 총융사, 어영대장, 친군전영사 등을 두루 역임했다. 김기석과 임상준, 이경우, 조희복 역시 무인 집안 출신으로서 어영대장을 비롯하여 훈련대장, 총융사 등 각 군영의 장수를 역임했다.

무관으로서 통리기무아문 군무사 당상 경리사로 재직한 뒤 금위대장이 된 조희순, 좌우 포도대장을 거쳐 장어대장을 역임한 후 임오군란의 책임을 지고 임자도로 귀양 갔던 신정희[28] 등은 이 시기 발탁된 대표적인 순수무인이라 할 수 있다. 이들은 대원

---

28 『일성록』고종 18년(1881) 11월 4일, 12월 25일, 고종 19년(1882) 7월 18일.

군 집권기부터 등장하여 고종대에 확대 등용되었기에 무위도통사에 임명된 순수무인보다 그 수가 한층 많아졌음을 알 수 있다. 이들의 약진과 대폭적인 기용은 고종이 친정 초기에 척족세력과 명문 세도가문에만 국한하지 않고 자신의 군사적 기반을 확대해 나간 노력의 과정이자 그 결실로 볼 수 있다.

권력기반의 배후세력, 민씨척족

고종은 무위소와 소속 군영을 운영하는 데 순수무인 세력을 끌어들임으로써 친위기반을 공고하게 다지는 한편, 처족인 여흥민씨 세력을 권력의 중심으로 끌어들였다. 여흥민씨는 집권 초기부터 시작하여 집권 중기와 집권 말기인 대한제국 시기까지 정계에 골고루 진출하여 승승장구하고 있었다. 고종의 집권기가 44년이나 되는 만큼 집권 초기에는 무위소를 중심으로 순수무인 출신들이, 개화운동이 전개될 때는 개화파의 약진이, 대한제국기에는 근왕세력이 일정한 세력을 형성하고 있었다. 집권 시기별로 특정한 정치세력이 등장하는데, 여흥민씨는 시기에 구분 없이 고종 주변에서 권력을 행사하는 양상을 나타내고 있는 것이다.

고종 집권 초기 여흥민씨 일족은 1873년 11월 고종의 친정 이후 빠른 속도로 정계에 진출하기 시작했다. 고종 집권 이전에는 성균관 대사성과 홍문관 제학, 도승지를 역임하고 있던 민치상(閔致庠)[29]이 유일하게 정계에서 활동하고 있었다. 그런데

---

29 『國朝榜目』.

1866년 고종 가례 이후 명성황후가 민씨척족의 중심으로 부상하면서 양오라버니인 민승호, 동렬항렬인 민규호, 민태호, 민겸호 등이 이조·호조·병조·형조의 직임을 두루 맡게 되었다. 나아가 1873년 11월부터 1894년 6월까지 의정·판서·참의·승지 등 높은 관직에 등용된 민씨척족은 모두 51명에 이를 정도로[30] 정계 진출의 폭이 넓어졌다. 이처럼 고종의 처족세력은 명성황후를 구심점으로 권력화하면서 정계에 뿌리를 내리게 되었다.

민씨척족 가운데 조선시대에 들어와서 정치적 입지를 강화한 인물들은 이른바 삼방파라 불리는 시중(蓍重)·정중(鼎重)·유중(維重) 3형제이다. 이 중 민시중은 1664년(현종 5) 문과에 급제한 뒤 홍문관 교리, 경상감사, 사간원 대사간, 성균관 대사성, 호조 참판을 역임했다.[31] 현종과 숙종 연간에 걸쳐 중앙 정계 요직을 두루 거친 것이다.

민정중은 1649년(효종 1) 4월 정시문과에 급제하여 성균관 전적으로 벼슬을 시작한 후 효종·현종·숙종 연간을 거치면서 성균관 대사성, 사헌부 대사헌, 이조·호조·공조판서, 한성부윤, 의정부참찬 등을 골고루 역임했다. 당대 거물 유학자요 권력자였던 송시열의 문하에서 학문을 배웠고, 숙종 연간에는 우의정과 좌의정에 오르면서 정국을 주도했다.[32]

민유중은 숙종의 비 인현왕후의 아버지로 1651년 증광문과에 병과로 급제하면서 벼슬길에 오르기 시작했다. 사헌부 감찰을

---

30 糟谷憲一,「閔氏政權上層部の構成に關する考察」,『朝鮮史研究會論文集』27集, 1990, 70쪽.
31 『현종실록』,『숙종실록』,『국조방목』.
32 『인조실록』,『효종실록』,『현종실록』,『숙종실록』,『국조방목』;『韓國族譜大典』, 479쪽.

거쳐 이조정랑, 홍문관 교리, 사간원 사간 등을 두루 역임했다. 효종·현종·숙종 연간을 거치면서 사간원 대사간, 승정원 승지, 형조판서, 대사헌, 한성부 판윤, 공조판서, 호조판서 겸 선혜청 당상, 병조판서 등을 역임하며 당대 서인정권의 핵심 인물로 활동했다. 1681년(숙종 7)에는 딸이 왕후의 자리에 오르자 국왕의 장인이 되어 여양부원군에 봉해졌다.[33] 특히 국가의 가장 중요한 분야인 병권과 재정권을 모두 관장했다. 이처럼 민씨척족은 시중·정중·유중의 3형제 대에 이르러 권력의 심장부에서 중추적 역할을 하게 되었다.

이후 삼방파의 자손들은 높은 벼슬자리에 오르면서 노론 가운데서도 특히 명문 가문으로서의 지위를 점하게 되었다. 특히 민유중의 후손들인 민태호, 민규호, 민영목(閔泳穆) 등은 노론 낙파(洛派)로 분류되는 오희상(吳熙常)의 학통을 계승한 유신환(兪莘煥)의 제자들이다.[34] 유신환은 과거를 통해 관료로 진출하는 데에 적극적이면서도 역학·산수·병법 등의 실용학문을 열성적으로 연구했다. 그는 종6품 전의현감을 끝으로 관직생활을 청산한 뒤 문인을 양성하고 후학들을 정계에 나아가게 하는 것으로 정치적 목적을 달성하려 했다.

유신환의 문하에서 배우며 교유하던 인물들이 바로 민태호, 민영목 등의 여흥민씨 일문들이다. 후일 개화파에서 중추적 역할을 한 박영효, 박영교를 비롯하여 동도서기론자인 김윤식도 그의 문하에서 수학했다.[35] 여흥민씨도 개화파의 사상과 행동노선

33 『효종실록』,『현종실록』,『숙종실록』,『국조방목』.
34 原田環,「1880年代前半の閔氏政權と金允植」,『朝鮮史研究會論文集』22集, 1985.
35 盧大煥,「19세기 중엽 兪莘煥 學派의 學風과 現實 改革論」,『한국학보』19집.

에서 크게 벗어나 있지 않았음을 알 수 있다.

유신환은 당시 사회가 직면한 문제인 삼정문란이나 화폐 운용, 학교 설시, 과거제 폐단, 국방 강화 등의 문제에 적극적으로 의견을 개진했다. 여흥민씨들이 고종을 후원하면서 개항 등의 사회적 현안을 적극 지지하고, 개화정책에 활발하게 동참했던 것은 그의 문하에서 영향을 받은 결과로 볼 수 있다. 여흥민씨의 유교적 학통과 학문적 연원이 유신환과 같은 실사구시적 경세론의 입장에 있었기에 가능한 일이었을 것이다.

고종 집권 초기에 등장한 여흥민씨 일파는 삼방파 가운데서도 특히 민유중의 후손들이다. 민유중으로부터 5대와 6대손에 걸친 민승호, 민겸호, 민규호, 민태호(閔台鎬), 민치구 등이 정계에 진출했다. 민승호는 민치구의 아들로 대원군의 처남이었으나 민치록의 양자로 입적되어 왕후의 양오라버니가 되었다.[36] 고종 즉위 후 1864년(고종 1) 35세의 나이로 증광시에 병과로 급제한 후 규장각 직제학, 형조판서, 병조판서를 거쳤다. 고종 친정 직후 대원군 측에서 보낸 것으로 추정되는 폭탄에 사망했다. 고종은 민승호가 죽자 그의 성실함을 높이 평가하면서 앞으로 중용하려 했다는 소회를 밝히기도 했다.[37]

민승호 사망 이후 민씨척족 가운데 요직에 진출한 인물은 민겸호와 민규호이다. 민겸호는 승호의 동생으로, 혈연적으로는 왕후의 오라버니가 된다. 그는 1866년(고종 3) 29세의 나이로 장원급제한 후 홍문관 부수찬에 임명되었다. 성균관 대사성을 거쳐 30대 중

1993, 203~206쪽.
36 『驪興閔氏世譜』.
37 『승정원일기』 고종 11년(1874) 11월 28일.

반에 이미 예조참판으로 등용되어 고속승진의 면모를 보여준다.38

민규호는 민유중의 둘째 아들인 진원의 4대손, 민치오(閔致五)의 아들이다.39 왕후가 등장하기 이전인 1859년(철종 10) 증광문과에 합격했으나, 요직에 진출하지는 못했다. 고종 즉위 이후 1865년(고종 2) 1월 이조참의로 관직생활을 시작했다. 두 사람에 이어 관직에 오른 민씨 일족은 민규호의 형인 민태호이다. 민태호는 1880년대 권력의 핵심에 있던 민영익의 부친이다. 1870년(고종 7) 37세로 정시문과에 병과 급제했다. 고종 친정 직전인 1873년 4월에는 황해감사직을 맡고 있었다.40

이처럼 민승호, 민겸호, 민규호, 민태호 등 민씨 시조로부터 27대손인 호(鎬)자 항렬의 인물들은 대부분 고종 즉위 후에 실시된 과거를 통해 입격했다. 왕후와 가까운 형제거나 사촌관계에 있는 인물들로서 국왕을 보좌하면서 학문의 중심기관인 규장각, 홍문관, 성균관 등의 관직에 올랐다. 이들은 자신의 학문적 능력으로 관직에 진출한 경우도 있지만, 왕후의 후원과 고종의 처족 집안이라는 점이 작용한 측면도 있었다.

고종이 국왕 호위와 궁궐 숙위를 위한 무위소를 설치한 뒤 무위소 제조와 무위도통사에 진출한 인물은 민겸호와 민규호이다. 친정 직후 이들이 국왕의 지근거리에서 권력을 수호하는 핵심적 역할을 했던 것이다. 민규호 사후에는 민겸호와 민태호, 민태호의 아들이자 순종비(순명효황후)의 오라버니인 민영익이 민씨척족의 우두머리 역할을 했다. 특히 민영익은 승호의 아들로 입적

38 『일성록』고종 4년(1867) 4월 17일, 고종 9년(1872) 12월 28일.
39 『여흥민씨세보』.
40 『여흥민씨세보』;『일성록』고종 7년(1870) 4월 11일, 고종 10년(1873) 4월 5일.

되었기 때문에 왕후의 조카뻘이 되어 더욱 총애를 받았다. 민영익은 홍영식, 김옥균, 어윤중 등의 개화파와도 친분을 유지했다. 이들은 고종과 함께 자강의 방법을 모색하면서 통리기무아문을 통해 개화정책을 추진했다.

개화정책의 본산인 통리기무아문은 사대·교린·군무·변정 등의 일을 관장하는 12사 체제로 구성되어 1880년 12월 21일에 출범했다.[41] 새 아문에 등용된 민씨척족으로는 군무(軍務)·변정(邊政)·기연(譏沿) 당상을 맡은 민겸호, 이용(理用) 당상을 맡은 민영익, 전선(典選)·어학(語學) 당상에 임명된 민치상이 있었다. 통리기무아문은 선진문화와 기술을 배우고 도입하는 중추적 역할을 했다. 이러한 신설 아문에 민씨척족을 3명이나 등용한 것은 고종이 개화정책을 실시하는 데 있어서 자신의 권력을 뒷받침하는 배후세력으로 활용하려는 의도로 풀이된다.

그런데 집권 초반에 추진한 개화정책은 민중의 반발에 부딪히면서 임오군란으로 이어졌다. 개화정책의 하나로 신식 군대인 별기군을 설치한 후 구식 군대인 5군영에는 월급을 13개월치나 못 줄 정도로 대우가 엉망이었고, 정부의 관심 밖 처사에 군인과 그 가솔들이 울분을 터뜨리게 되었던 것이다.[42] 그러나 이는 표피적으로 드러난 원인에 불과할 뿐, 개항 후 서구 상품이 유입되면서 수공업자들이 몰락하고 쌀의 대량 유출로 곡가가 폭등하여 일반 하층민의 생활이 극도로 어려워진 탓도 있었다.[43] 여기

---

[41] 『統理機務衙門 軍務司 記錄』(장서각 2-3387), 고종 17년(1880) 12월 21일.
[42] 『승정원일기』 고종 19년(1882) 6월 10일.
[43] 김경태, 「개항과 불평등조약 관계의 구조」, 『한국근대경제사연구』, 창작과비평사, 1994.

일본 군사교관에게 훈련을 받는 별기군(위),
구식 군인과 별기군이 함께 찍은 사진(아래)

에 명성황후가 병약한 순종을 위해 치성을 드리느라 재정을 낭비하고, 정부 관리들이 저지르는 부정부패 소식은 궁박한 백성들을 자극하는 요소가 되었다.[44]

군란 발생 당일 선혜청 당상이던 민겸호는 격분한 군민들에게 참살당했고, 손자인 이조참의 민창식(閔昌植)도 피살되었다. 강화유수 민태호와 별기군 당상 민영익의 가옥은 불에 탔다. 부정축재자로 몰린 경기도 관찰사 김보현을 비롯해 청수관의 왜인들과 함께 민씨척족이 피해를 입게 된 것이다.[45] 개화에 대한 민중의 반발이 컸던 데다, 정책을 담당하는 최일선에 민씨척족이 포진하고 있었고, 왕후를 중심으로 한 민씨일가가 부정부패의 원흉으로 지목되었기 때문이다.

임오군란을 계기로 한 달여간 대원군에게 전권을 위임했던 고종은 대원군이 청나라에 연금된 후, 개화정책을 재개하기 위해 통리군국사무아문을 설치했다. 통리기무아문과 더불어 통리군국사무아문도 내정의 긴요한 일을 처리하는 기구로서 궁궐 내부에 두었다 하여 내아문이라고도 했다. 외교와 통상을 전담하는 통리교섭통상사무아문(외아문)도 함께 발족했다.

통리기무아문과 마찬가지로 통리군국사무아문에서도 가장 중요하게 여겨진 기밀부서는 군사관계 현안을 맡은 군무사였다. 전체 6사의 독판에는 김병시·김유연·조영하 등의 안동김씨 및 연안김씨, 풍양조씨 가문의 인물들이 임명되었다. 여흥민씨 가운데서는 각 사의 사무와 독판을 총괄하는 장내사(掌內司)에 민태

---

44 황현, 『매천야록』, 97쪽.
45 『일성록』 고종 19년(1882) 6월 9일.

호가 독판으로 임명되었다.

군사를 지휘하는 친군4영의 감독은 군무사 당상도 겸했는데 친군 우영에 민영익이, 친군 후영에 민응식(閔應植)이 각각 등용되었다.[46] 민응식은 왕후가 임오군란을 피해 장호원으로 내려갔을 때 은신처를 제공해준 공로로 1882년 10월 과거를 통해 진출한 인물이다. 이외에 고종은 해안을 드나들고 다스리는 문제를 중요하게 여겨 해방아문(海防衙門)을 설치하여 민영목을 기연해방사무독판(畿沿海防事務督辦)에 임명했다.[47] 이처럼 집권 초기 무위소와 군무사 및 군영 지휘관으로 등용되어 병권을 장악하고 있던 민태호, 민영익, 민응식, 민영목 등이 민씨척족을 대표하여 활동했다.

민씨척족 내부의 권력관계는 1884년 갑신정변이 발생하면서 변화를 맞게 된다. 김옥균 등이 일으킨 정변 속에서 고종이 추진하던 개화정책은 원로대신과 민중의 강력한 저항에 부딪혔고, 통리군국사무아문은 또다시 혁파되었다. 정변 당시 민영목은 조영하, 민태호와 함께 김옥균 등의 개화파에 의해 참살당했다. 민씨척족의 주요 인물이던 민승호, 민규호, 민겸호에 이어 민태호와 민영목까지 화를 입은 것이다. 따라서 이들을 이을 다음 세대의 민씨 일족이 등장하면서 민씨 일족 내부에 권력 변화가 생기게 된다.

이들의 다음 세대인 민영익과 민응식, 민영위(閔泳緯), 민영환(閔泳煥), 민영준(閔泳駿), 민병석(閔丙奭) 등의 영(泳)자 항렬과 식

---

46 『일성록』 고종 21년(1884) 8월 26일, 7월 22일.
47 『일성록』 고종 20년(1883) 12월 5일.

(植)자 항렬, 병(丙)자 항렬의 후손들이 관직에 진출하게 된 것이다. 집권 초기 민씨 일족이 군권과 병권을 좌우하는 핵심 요직에 있었다면, 뒤를 이어 등장한 이들은 병권 외에 6조와 언론을 행사하는 관직에 포진했다. 고종은 대원군 집권기를 거치면서 군사적 기반을 구축하고 자신의 권력기반을 강화하기 위해 이처럼 처족인 민씨척족을 끌어들여 결집시켰다. 민씨척족은 왕실의 외척으로서 내아문을 중심으로 고종이 초기 개화정책을 추진하는 데 권력의 배후세력으로 기용되었다.

집권 중기, 개화파와의 제휴와 민씨척족

개화파와의 제휴

개화파의 등장

일본의 문명개화에 영향을 받아 조선의 근대화를 이루기 위해 갑신정변을 주도했던 김옥균과 박영효 등은 문호개방을 주장한 박규수에게서 신지식과 신문물을 익혀온 인물들이다. 이들은 고종과 명성황후에게 개화의 필요성을 인식시키고, 고종 집권 초기 부국강병의 모토 아래 국왕과 함께 개화정책을 추진하는 일선에 있었다. 이들은 또한 박규수의 사랑방에서 박지원의 『연암집』을 함께 읽으며 이용후생의 실학사상에 공감했다. 평등사상에도 눈을 뜨기 시작했고, 해외 사정이 담긴 신서적들을 탐독하면서 대외인식의 폭을 넓혀나갔다.

　박규수는 그의 사랑방을 드나드는 젊은 지식인들과 교유하면서 신지식과 신경험을 나누고, 해외 사정을 알리는 창구 역할을 했다. 그의 집에는 먼 친척인 박영효와 박영효의 큰형인 박영교를 비롯하여 후일 문명개화의 뜻을 함께하는 동지들인 김옥균, 홍영식, 서광범 등이 자주 모였다. 이들은 박지원의 저술을 비롯하여 중국에서 들여온 신서적들을 탐독하며 부국강병의 꿈을 키워나갔다.[48]

1877년에 박규수가 죽은 뒤에는 역관 오경석(吳慶錫)과 중인 유대치(劉大致) 등이 이들과 교유하면서 새로운 학문과 사조를 탐독했다.[49] 박규수가 김옥균과 박영효를 비롯한 젊은 지식층에게 영향을 미친 시기는 1874년 말부터 숨을 거두기 전인 1877년 2월까지 2년여 정도의 짧은 기간이다. 그럼에도 불구하고 위정척사적 시각의 탈피와 변화를 주창하는 인물로서 학문적·경험적 지식을 공유하고 지도했기에 소장파 지식인들의 사고에 결정적인 영향을 미쳤다고 할 수 있다.

앞선 세대의 선각적 지식인으로부터 새로운 사조에 눈을 뜬 소장 지식인들은 의원이나 역관을 포함한 중인들과 신분이 낮은 무관 출신들을 규합하여 하나의 정치세력으로서 개화파를 형성했다. 이들은 위정척사파와 달리 중국을 세계의 중심으로 보는 화이론적 세계관에서 벗어나고자 했고, 일본을 통한 서양 기술의 수용에 적극적인 자세를 취했다.

개화파가 언제부터 형성되었는지에 대해서는 여러 가지 주장이 있다. 첫 번째는 김옥균 등이 1874년경부터 개화사상에 공명한 선각자들과 독자적인 당을 형성한 것에 주목하여 1874년을 주장하는 학설이다.[50] 김옥균이 남긴 『갑신일록』에서 '오당(吾

---

48 이광수, 「박영효 씨를 만난 이야기」, 『東光』 1931년 2월호.
49 이광린, 「개화당의 형성」, 『개화당연구』, 일조각, 1973, 4~5쪽.
50 신용하, 「김옥균의 개화사상」, 『동방학지』 46·47·48합집호, 연세대학교 국학연

개화파의 중심에서 활동한 김옥균(위),
영의정을 지낸 홍순목의 아들로
박규수 문하에서 개화사상에 눈뜨기
시작한 홍영식(가운데), 이조참판을 지낸
서상익의 아들로 김옥균, 박영효와 함께
개화당을 조직한 서광범(아래).

黨)'이라 표현한 부분에 주목했기 때문이다. 1879년에 개화파가 형성되었다고 보는 시각도 있다. 이 무렵 개화파가 개화승 이동인(李東仁)을 일본에 파견했는데, 이는 어느 정도 조직을 갖추었기에 가능했다는 이유로 제기된 주장이다.51

그런가 하면 1882년에 개화파가 형성되었다고 보는 시각도 있다. 이는 개화에 대한 움직임이 해로(海路)를 방어해야 한다는 해방론(海防論)에서 동도서기 논의를 거쳐 문명개화론으로 변화해갔다는 시각에서 나온 것이다. 김옥균 등이 임오군란의 사죄사절로 일본을 방문했을 때 후쿠자와 유키치(福澤諭吉)의 문명개화론에 영향을 받았고, 이후 김윤식 등의 동도서기론자와 갈라지면서 개화파가 형성되었다는 것이다.52

1880년 12월은 고종이 개화자강정책을 담당할 기구로 통리기무아문을 설치하고 개화정책을 추진하던 때이다. 당시 개화파는 통리기무아문에 등용되어 개화정책을 일선에서 담당하면서 힘을 규합할 계기를 모색하고 있었다. 특히 고종은 김옥균이 1881년 12월 일본에서 돌아오자마자 임오군란 수습을 위한 사신으로 다시 파견할 정도로 그를 총애했다.53 김옥균이 1872년 성균관 전적(典籍)으로 공직생활을 시작한 것을 감안하면 매우 빠르게 국왕과 밀착관계를 형성했던 것이다. 따라서 1880년 초에는 김옥균을 중심으로 한 개화파가 정치세력으로 성장하고 있었음을 알 수 있다.

구원, 1985.
51   이광린, 『개화당연구』.
52   주진오, 「개화파의 성립과정과 정치사상적 동향」, 『1894년 농민전쟁연구 3』, 역사비평사, 1993.
53   김옥균, 『갑신일록』(『김옥균전집』, 아세아문화사, 1979).

김옥균, 박영효, 홍영식 등의 소장개화파는 국왕과의 막후접촉을 통해 고종과 왕후의 의식을 개명시켜나갔다. 고종 또한 "천하의 대세는 옛 도리만을 굳게 지킬 수 없으며, 신사조를 받아들이지 않을 수 없다"54라며 대외 변화를 수긍하고 있었다. 고종은 김옥균, 박영효, 홍영식, 서광범 등 일찍부터 과거에 입격한 양반 자제들을 주요 부서에 발탁하면서 시시때때로 중요한 일을 맡기고 있었다. 1874년부터 1882년에 이르는 동안 김옥균은 홍문관 교리로, 홍영식은 규장각 대교로, 서광범은 예문관 검열로 봉직했다. 홍문관, 규장각, 예문관 등은 왕실 관련 문서 업무를 주로 담당했기에 국왕과 자주 접촉하는 부서였다. 이들 소장개화파가 깨우친 신문물과 신지식에 대한 의견이 국왕 내외에게 자연스럽게 전해졌으리라 여겨진다.

특히 박영효는 철종의 부마로서 왕실의 인척이었기에 더욱더 국왕 내외와 가까운 사이였다. 그는 1881년에 판의금부사가 되었고, 1882년 임오군란이 발생한 후에는 이를 수습하기 위해 일본에 수신사로 파견되었다. 이때 종사관으로 함께 갔던 이들이 서광범과 김옥균이다. 김옥균의 『갑신일록』에 따르면 고종은 당시 김옥균에게 밀명을 내려 박영효의 고문 역할을 하게 한 것으로 보인다. 박영효는 일본에 체류하면서 정관계 인사들과 교유했으며, 일본에 먼저 와 있던 영국영사나 독일영사, 미국영사 등과 접촉하며 만찬회에 참석하기도 했다.55 이들과의 교유를 통해 세계정세의 흐름과 정황을 더 자세히 파악하려 한 것이다.

54 『승정원일기』 고종 18년(1881) 9월 26일.
55 박영효, 『使和記略』, 국사편찬위원회, 1958, 198쪽·232~234쪽.

조선의 청년 지식인들에게
문명개화의 필요성을 전파한 후쿠자와 유키치

당시 김옥균은 박영효와 함께 일본에서 17만 원의 차관을 들여오는 교섭을 성사시켰고, 유학생을 파견하는 역할도 했다. 박영효는 이노우에 가오루(井上馨) 외무대신에게 편지를 보내 자신이 인솔해온 4명의 생도에게 기술을 전수해줄 것을 부탁했다. 그 결과 윤치호는 어학교에, 박유굉(朴裕宏)은 육군사관학교에, 박명화(朴命和)는 영어학교에, 김화원(金華元)은 제피소(製皮所)로 유학을 하게 되었다. 당시 이들의 나이는 불과 12세에서 18세였다.[56]

---

56 위의 책, 231쪽.

가는 길이 달랐던 문명개화파

1882년 11월 귀국을 앞둔 김옥균과 박영효는 차관의 일부 비용으로 개화사업의 하나인 신문을 발간할 계획을 세웠다. 고종 또한 임오군란으로 폐지된 통리기무아문을 통리군국사무아문으로 개편한 후 서기 도입과 근대화 정책을 다시 추진하는 등 개화에 속도를 내고 있었다. 귀국하자마자 국왕에게 신문 발간의 필요성을 강조할 경우 쉽게 수용될 수 있는 상황이었던 것이다. 그에 따라 이들은 일본에서 재야 지도자로 명성이 높던 후쿠자와 유키치의 도움을 얻어 그의 문하생 등 7명의 기술자를 초빙하여 귀국했다.

고종은 박영효가 귀국하자마자 그를 한성판윤에 임명했다.[57] 일본의 문명개화 현황을 두루 살피고 온 김옥균과 박영효, 서광범 등의 개화파에게 국왕의 개화정책을 보좌하면서 이에 매진할 기회를 준 것이다. 박영효는 한성판윤으로 3개월가량 재직하면서 신문 발간 사업에 몰두했다. 그는 고종에게 개화를 추진하려면 내외의 정세를 파악해야 함은 물론, 정보를 널리 알릴 필요가 있다면서 신문 발간의 필요성을 강조했다. 이에 고종도 신문의 필요성을 인정했고, 곧이어 신문 발간은 한성부에서 맡도록 조칙을 내렸다.[58]

한성부에서는 고종의 명을 받들어 신문 발행에 필요한 여러 가지 규칙과 장정을 만들고, 신문 발행 장소는 박문국으로 정했다. 박영효가 귀국할 때 고빙해온 우시바 다쿠조(牛場卓造)와

---

57 『고종실록』 고종 19년(1882) 12월 29일.
58 『승정원일기』 고종 20년(1883) 1월 21일.

박영효. 철종의 부마이자 한성판윤으로
『한성순보』 발간에 관여하고 치도사업을 전개하는 등
김옥균과 함께 개화정책의 핵심적 역할을 했다.

다카하시 마사노부(高橋正信) 기자를 비롯한 일본인들도 신문 발간에 힘을 보탰다. 또한 조사시찰단의 일원으로 일본에 갔다가 게이오기주쿠(慶應義塾)에서 공부하던 유길준도 박영효와 함께 귀국하여 신문 발간 준비 작업을 맡았다.[59]

유길준은 한성부가 신문을 발간하는 데 필요한 기구와 인원 등을 규정한 한성부 신문국 장정을 만드는 등 신문 발간 작업에 심혈을 기울였다. 그러나 창간 활동의 중심 역할을 하던 박영효가 갑자기 광주유수로 전임되면서[60] 정치적으로 실각하게 되

59 정진석, 『한국언론사』, 나남출판사, 1990, 36~39쪽.
60 『일성록』, 고종 20년(1883) 3월 4일.

었다. 한성부가 중심이 되어 신문을 창간하려던 계획에도 차질이 생길 수밖에 없었다. 박영효의 실각은 민영익을 중심으로 하는 집권세력들과의 정쟁에서 기인했다.

김옥균, 박영효 등이 추구한 개화론은 1880년대 초반까지는 동도서기론의 관점에서 크게 벗어나지 않았다. 이들이 동도서기론에 입각해 있었다는 사실은 각종 개혁사업에 임하는 이들의 자세에서 엿볼 수 있다. 특히 김옥균은 1882년 11월 「치도약론(治道略論)」을 저술하면서 상하가 한마음으로 나라를 이롭게 하고 백성을 보호하기 위해 노력한다면 중흥의 기회를 얻을 수 있을 것이라며 동도서기론에 입각한 국왕의 교서를 환영하는 입장을 표명했다.[61] 이때부터 백성을 교화한다는 의미의 '개화(開化)'라는 용어는 서구화, 문명화의 의미로 사용되기 시작했다.

그런데 임오군란 후 조선이 청의 속방임을 문서화한 조청상민수륙무역장정(1882)을 체결하면서 김옥균을 위시한 개화파의 불만은 증폭되고 있었다. 이들의 불만은 대체로 청의 종주권 행사에 대한 반발에서 시작되었다. 임오군란 당시 청의 간섭과 개입을 유도한 김윤식과 어윤중 등의 친청개화파에 대한 불만도 고조되어갔다. 더불어 임오군란 이후 청군식의 군제 개편으로 친군영제가 신설되면서 친군4영의 감독을 맡고 있던 윤태준, 한규직, 이조연, 민응식에 대한 불만도 컸다.

친청 자세를 보이던 이들 개화파도 박규수 밑에서 동문수학하던 동지들이었다. 그런데 개화를 추진하는 방법과 그 범위를 두고 의견이 갈리기 시작한 것이다. 김윤식과 어윤중 등은 청에 친

---

61 韓國學文獻研究所 編, 『金玉均全集』〈治道略論〉.

밀감을 가진 개화파 관료였다. 청을 여러 차례 다녀오면서 이홍장, 원세개 등과 교유하며 친분을 유지하고 있었다. 이들은 서양 문물을 받아들이되 우리의 정신인 유교는 지키면서 우리에게 부족한 서양의 기기, 기술만을 도입하고자 했다. 이른바 동도서기론자들이다.

반면 김옥균과 박영효 일파는 일본을 통해 신문물을 경험하고 학습한 일본통이었다. 자연히 일본에 친화적인 성향을 가질 수밖에 없었다. 이들은 일본의 내부 사정을 잘 알고, 일본에 친연성을 가지며, 일본 정관계 인사들과 교유하면서 유사시 그들의 도움을 받는 것을 쉽게 생각했다. 또한 유교를 지키는 것도 중요하지만 서양의 기술뿐만 아니라 서양의 학문, 나아가 사상까지도 수용할 것을 주장했다. 개화의 범위가 넓었던 것이다. 이들은 이른바 문명개화론자로 분류된다.

갑신정변을 일으키기 전까지는 문명개화파와 동도서기론자들 사이에 뚜렷한 대립은 없었다. 이들은 각기 일본을 무대로, 청을 무대로 외교 활동을 벌이고 있었다. 그런데 임오군란 이후 청의 간섭이 커지면서 문명개화파는 친청개화파 관료들에 대한 불만이 쌓이기 시작했다. 1882년 조미조약을 체결할 당시만 해도 그러했다. 조약을 중재하던 이홍장이 조약문에 '속방조관(屬邦條款)'을 넣자고 주장하자, 김윤식 등은 아무런 이의도 제기하지 않고 찬동했다. 속방조관은 말 그대로 조선이 중국의 속국이라는 사실을 명문화하는 것이다. 미국 측 대표 로버트 W. 슈펠트 제독이 거부하여 '속방조회(屬邦照會)'로 대체되기는 했지만, 조선 스스로 중국의 속방임을 인정한 꼴이었다. 이로써 앞으로 조선과 조약을 체결하는 나라는 조선이 중국의 속방임을 확인하고 인

한자리에 모인 개화파 인사들.
앞줄 오른쪽 두 번째부터 서광범, 민영익, 맨 왼쪽이 홍영식,
뒷줄 왼쪽에서 네 번째가 유길준이다.

정하는 절차를 거쳐야 했다.62

조미수교에 앞장선 김윤식과 어윤중, 김홍집 등은 속방조회문에 그렇게 큰 의미가 있는지 몰랐다. 비록 청의 속방임을 인정한다 하더라도 우리의 자주권까지 빼앗기는 것은 아니라고 생각했다. 동아시아의 오랜 전통인, 작은 나라가 큰 나라를 마땅히 섬기는 '사대(事大)'의 연장선상에 있는 것이라 여겼다. 그만큼 근대적 의미의 민족적 자각이 결여되어 있었다. 청의 속방국을 인정한 것이 문제가 된다는 것을 심각하게 느끼기 시작한 것은 임오군란이 발생하면서 청의 내정 간섭이 한층 심해진 후였다.

문명개화파는 서양과의 조약 체결을 계기로 만국공법 체제에 편입된 것을 크게 기뻐했다. 앞으로 자주독립국으로서 아시아에서 프랑스와 같은 역할을 하여 조선을 근대국가로 만들겠다는 꿈에 부풀어 있었다.63 그러나 임오군란은 그들의 이상을 한낱 꿈으로 만들고 말았다. 정치적, 경제적, 군사적으로 청은 조선이 일개 속방국에 불과함을 강조하면서 엄청난 내정 간섭을 하려 들었던 것이다.

더욱이 임오군란 이후 청은 대원군을 청나라 보정부에 연금시킴으로써 조선을 무시하는 정치적 만행을 부리기도 했다. 김옥균 일파는 이를 참을 수 없는 수치로 여겼다.64 갑신정변을 일으킨 후 김옥균 등이 정령 제1조로 제기한 것은 대원군의 환국 추진과 조공의 허례를 폐지하는 일이었다.65 이는 청의 속방 상태

---

62 송병기, 「고종 초기의 외교」, 『한국독립운동사 I』, 국사편찬위원회, 1987, 66~67쪽.
63 서재필, 『회고 갑신정변』, 1947, 82~85쪽.
64 金道泰 편, 『徐載弼博士 自敍傳』, 首善社, 1949, 87쪽.
65 金玉均, 『甲申日錄』, 97~98쪽.

에 놓인 조선의 현실을 이들이 얼마나 비참하고 부끄럽게 여겼는지를 보여준다.

청의 속방 상태에서 벗어나 자주독립국가로서 품위를 지키고자 했던 사람은 그 누구보다 고종이었다. 고종은 1882년 미국과의 조약 체결을 협의하기 위해 조사시찰단으로 일본에 가 있던 어윤중을 이조연과 함께 청에 문의관으로 파견했다. 이 자리에서 고종은 "큰 나라를 섬기는 데는 응당 성의를 다해야 하지만, 형식에 구애되어 백성과 나라에 해를 끼치는 것은 옛 규례라고 하여 그대로 따라 할 필요가 없다"[66]는 점을 분명히 밝혔다. 나아가 "사대하는 의절은 마땅히 삼가야 할 것이며 문식(文飾)에 구애되어 백성과 나라에 폐단을 끼치는 자에 대해서는 너그럽게 처리해서는 안 된다"라는 입장을 단호하게 표명하면서 자주와 독립의 의지를 불태웠다. 이 점에서 고종의 청에 대한 입장은 문명개화파와 같았다. 그런 만큼 군란 이후 청의 간섭과 외압이 거세질수록 고종에게도, 개화파 관료들에게도 조선의 자주성 회복이 최대 이슈가 되었다.

이러한 정치적 지형 속에서 박영효를 필두로 문명개화파가 추진하는 개혁 과정에서 의견 대립과 갈등이 더욱 첨예하게 드러나기 시작한 것이다. 한성판윤 박영효는 조선이 가장 시급하게 추진해야 할 일은 위생을 관리하고, 농상(農桑)을 장려하며, 도로를 정비하는 것이라고 보았다. 이 가운데 도로 정비는 치도국을 설치하여 당장 해결해야 할 일이라 여겼다. 이를 위해 김옥균과 함께 〈치도약칙〉을 제시하면서 치도국 설치의 필요성, 공중변소 설

---

66 『승정원일기』 고종 19년(1882) 2월 17일.

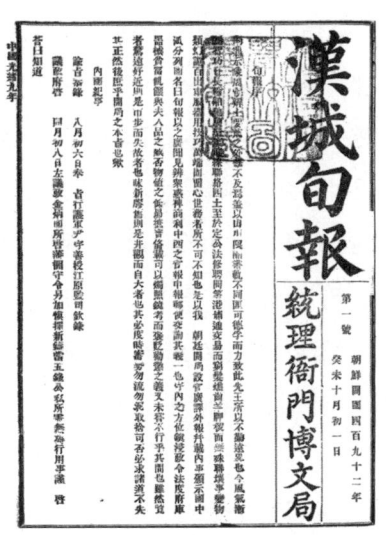

1883년에 창간된 최초의 한문 신문인 『한성순보』.
세계 각국의 동향과 근대적인 개화문물을 소개했다.

치, 치도를 시행하기 위한 순검 설치, 가가를 만드는 풍속 금지 등을 주장했다.[67] 김옥균은 위생 문제와 도로 정비의 필요성을 담은 「치도약론」을 저술했고, 이를 폭넓게 공유하기 위해 『한성순보』에 게재했다.[68]

이들이 '도로정비사업'에 특히 중점을 두었던 이유는 "나라의 도로 상태는 그 나라의 정치의 득실을 나타내는 것이다"라고 생각했기 때문이다. 개화파는 당시 한양 사람들이 거리에 똥오줌을 버리거나 누고 있었는데 이를 외국인에게 보이는 것은 창피하다고 여겼다. 좁은 거리를 가축이 가득 메워서 지나다니기도

---

67 이광린, 『개화당연구』, 40쪽.
68 『한성순보』 1884년 7월 3일.

힘든 것은 조선의 수준과 지표를 드러내는 것이라고도 생각했다.

조선을 처음 방문한 서양인들은 으레 '우리의 좁은 골목길과 진흙투성이의 개울, 그곳에서 뿜어져 나오는 악취, 거리의 오물들, 당장이라도 전염병이 발생할 것 같은 불결한 환경'에 경악하면서 한목소리로 비문명성을 지적했다.[69] 개화파는 이를 나라의 수치로 여겼다. 특히 박영효는 한성판윤으로서 치도를 통해 한양을 위생적이고 깨끗한 도시로 만들고자 했다. 그가 위생과 도시환경에 관심을 가진 것은 일본에 갔을 때 큰 자극을 받았기 때문으로 보인다.

박영효가 수신사로 갔던 1880년대 초의 일본은 메이지유신에 성공한 후 개혁에 박차를 가하고 있었다. 도로에 우마가 다니기는커녕 말끔히 단장되어 있었고, 가로등에는 전깃불이 들어와 밤도 낮처럼 환하여 진풍경이었다. 일본의 도로가 깨끗하다는 내용은 1876년 제1차 수신사로 일본에 다녀온 김기수의 기록에서도 보인다. 그는 "시내와 구렁의 오물은 없으며 우마가 지날 때에도 반드시 삼태기와 삽을 메고 따라가게 되므로 도로의 깨끗하기가 비할 데 없었다. (…) 모든 사람이 소변은 반드시 변소에서 누고 소변을 누는 그릇은 두지 않았다"[70]라며 경이로운 시선을 드러내고 있다. 당시 일본은 조선과는 비교도 안 될 만큼 깨끗한 나라였으며, 문명화도 상당히 진행되어 있었음을 알 수 있다.

이처럼 문명화된 일본을 경험한 개화파로서는 일본에 대한 부러움과 함께 도로를 개선하고 위생시설을 확충하는 것을 급선무

---

69 끌라르 보티에·이뽀리트 프랑뎅 지음, 김상희·김성언 옮김, 『프랑스 외교관이 본 개화기 조선』, 태학사, 2002, 42쪽.
70 김기수, 『日東記游』, 국사편찬위원회, 1958, 67쪽.

로 여겼다. 때문에 박영효의 경우에는 귀국할 때 치도에 능한 일본 학자를 3~5인 데리고 와서 정부에 보고한 후, 무엇보다 치도사업을 우선적으로 실행하고자 했다. 그러나 김윤식을 비롯한 동도서기론자들은 "우리나라가 지금 크게 경장해야 할 때인데 어찌하여 치도 한 가지만 우선으로 삼는가?"[71]라며 반대하고 나섰다.

이에 대해 박영효와 김옥균은 "우리나라의 급선무는 흥농정책이요, 농업을 진작하기 위해서는 농토를 거두어야 하고, 이를 부지런히 하다 보면 거리의 오물은 자연히 없어질 것이며, 오물이 제거되면 전염병은 자연 사라질 것이다. 가령 농사 업무가 올바로 실천되어도 도로 운송이 불편하다면 하동(河東)의 곡식을 하내(河內)로 옮길 수가 없을 것이니 이것이 바로 치도의 법을 선무로 삼는 이유이다"라는 의견을 제시했다.

즉 개화파는 조선 산업의 핵심인 농업을 진작하기 위해 농산물을 손쉽게 유통할 수 있는 방안을 강구했던 것이다. 그 결과 도로를 넓히고 개선하는 것이 1차적인 방안으로 고려되었다. 도로를 점거하고 있는 가가(假家)들을 정리하면 거리의 오물이 줄어들고, 전염병을 퇴치할 수 있음은 물론, 일본처럼 깨끗하고 위생적인 도로를 만들 수 있을 것이라 여겼다. 그러나 치도사업을 폭넓게 추진한 게 문제가 됐는지 박영효는 한성판윤에서 광주유수로 체임되었다.

그러자 박영효는 "길을 침범한 임시가옥들은 모두 훼철하고, 길가의 집들을 설혹 가깝게 지었더라도 헐지 않은 것은 인민들이 살던 곳을 옮겨가기 싫어한다는 것을 고려했기 때문입니다. 그

---

[71] 『한성순보』 제26호, 1884년 7월 3일 「治道略論」.

런데 심지어 이고 지고 흩어져서 도성 안이 텅 비게 되었다고 하는 것은 달가워하지 않는 자들이 만들어낸 뜬소문이 아니고 무엇이겠습니까?"72라며 상소를 올렸다. 이것으로 보아 박영효는 한성의 중심도로였던 종로에서 동대문에 이르는 도로를 정비하고 확장하는 과정에서 원성을 들었던 것으로 추정된다. 길을 침범한 민가를 대폭 철거하는 과정에서 민들의 원성이 높아졌고, 이로 인해 한성판윤직에서 물러난 것으로 보인다.

도로를 점거한 임시가옥은 임시 구조물이기는 하나 영업권이 인정되고 있었고, 이 권리는 당대 세도가들과도 결탁되어 있었다. 따라서 한성판윤이 마음대로 취급할 수 있는 것은 아니었다.73 당시의 세도가라면 동도서기론자도 있었을 것이고, 그들의 정치적 공격과 비방의 표적이 되었을 가능성도 있다. 더구나 각종 개혁사업을 추진하는 방법을 두고 서로 갈등하던 상태였다.

박영효는 개혁에는 항상 비방과 원망이 따르는 법이라며 광주유수직에서도 물러날 각오가 되어 있음을 상소에서 밝혔다. 이에 대해 고종은 "뜻한 바가 있어 유수를 제수한 것이니 직무에 충실하라"74는 비답을 내렸다. 위정척사론자들이나 동도서기론자들의 다양한 노선과 의견이 부딪치는 와중에도 고종은 문명개화파의 의견을 들어주고 국왕이 추진하는 개혁사업을 보좌하는 기회를 주고자 했음을 알 수 있다. 최소한 이들이 '정변'이라는 형식을 빌려 정국을 뒤흔들어놓기 전까지는.

---

72 『승정원일기』 고종 20년(1883) 3월 22일.
73 김동욱, 「조선후기 서울의 도시·건축」, 『서울학연구』 창간호, 1994, 135쪽.
74 『승정원일기』 고종 20년(1883) 3월 22일.

정변으로 갈라선 고종과 문명개화파

문명개화파는 개화자금으로 조달하려 했던 일본의 차관 도입이 어려워지면서 더욱더 정치적 수세에 몰리게 되었다. 이들은 계획대로 개혁을 추진하고, 조선이 문명개화로 나아가기 위해서는 보다 저돌적인 방법을 통해 권력을 잡는 것 외에는 별다른 수단이 없다는 결론에 이르렀다. 그 방법이란 정변을 일으키는 것이었다. 고종은 소장파 개화지식인들과 부국강병을 이루는 데 뜻을 같이하면서 이들의 개혁을 지지했으나, 이들이 1884년 갑신년에 정변을 일으키자 개화파를 천하에 용서 못할 '역적'으로 규정했다.

고종과 정변을 일으킨 문명개화파 사이에는 의견이 일치하는 부분이 상당히 많았다. 청의 억압과 속박으로부터 벗어나고 싶어 하던 고종에게 조선의 자주와 독립을 주장하는 소장개화파는 든든한 힘이 되었다. 개혁정책에 사사건건 발목을 잡고 반대하는 위정척사론자들보다는 개혁을 지지하고 보좌해주던 이들이 오히려 정국을 운영하는 데 든든한 파트너가 될 수 있었다. 소장개화파 덕분에 일본을 알고, 서양을 알고, 세계정세를 알게 되었다. 이들은 화이론적 세계관에 갇혀 있던 고종에게 열린 마음과 귀를 가지고 세상을 향해 나아가도록 도움을 주었다. 만국공법의 세계로 인도해주었고, 부국강병의 큰 목표 속에 개화의 꿈을 품을 수 있도록 이끌어준 고마운 소장파 지식인들이었다.

그런데 정변이 진행되는 동안 문명개화파가 보여준 행동은 한 나라의 국왕으로서는 도저히 두고 볼 수 없는 것들이었다. 김옥균, 박영효 등은 윤태준, 한규직, 이조연, 민응식 등 친군4영사를 비롯한 친청파 인물들을 개혁정책의 걸림돌로 여겼다. 반면 고종은 이들도 권력기반의 한 축으로 생각했다. 문명개화파는 정변을 일으키는 과정에서 입장을 달리하는 친군4영사를 비롯한 친청적 인물들을 살해하거나 중상을 입혔다. 이에 대해 고종은 권력기반의 한 축을 와해시킨 김옥균 일파를 용서할 수 없는 반역 음모를 획책한 집단으로 간주했다.

특히 이들이 내세운 14개조 정령 가운데 제2조의 문벌 폐지는 문벌에 관계없이 실력 우선으로 인재를 등용하자는 주장이다. 그러나 실은 무식무능하고 수구적인 대신을 해임하자는 데에 초점이 맞춰져 있었다.[75] 문벌 폐지는 고종 주변에서 청과의 연락책을 맡고 있던 친청 집단을 겨냥한 것이었다. 국왕의 입장에서는 친청파 인사들을 살해하고 수구 대신들의 해임을 요구하는 이들의 주장이 국왕의 권력기반을 위협하는 것이라고 여길 만했다.

정변이 마무리된 후 숱한 신료들이 김옥균, 박영효 등을 벌하라고 올린 상소문에서 가장 많이 거론되었던 것은 이들이 "국왕 주변의 장상들을 죽인 점과 외국 군대를 불러들여 군부를 위협했다"[76]는 점이었다. 문명개화파는 정변 과정에서 국왕 주변의 인물들뿐만 아니라 4영 가운데 친군 전·후영을 정변에 끌어들여 친군 좌·우영과 무력 충돌을 빚음으로써 많은 군사적 손실을 가져왔다. 고종에게는 인적·군사적 기반의 훼손으로 인식될 수밖에 없었다. 이들이 내세운 규장각 폐지와 혜상공국 폐지도 국왕의 정치적·경제적 기반을 박탈하는 것으로 받아들여질 수 있었다.

고종이 이들을 용서할 수 없는 역적으로 규정하게 된 또 다른

---

75 『김옥균전집』〈池運永事件糾彈上疏文〉.
76 『승정원일기』 고종 21년(1884) 10월 21일.

이유는 군주의 전제권을 감히 제한하려 했다는 점이다. 정변을 일으키면서 이들이 주장한 정령 가운데 '대신과 참찬은 의정소에서 회의하여 품정(稟定)하고 정령을 반포 시행할 것'이라는 조항이 문제가 되었다. 고종은 이 조항을 군주권을 무시하고 의정소를 중심으로 신료들이 정치권력을 행사하는 것으로 이해했다. 국왕의 입장에서는 이들의 의도를 의심하고 반감을 갖지 않을 수 없는 대목이다.

이 조항은 또한 메이지유신을 통해 권력을 획득한 일본의 관료지식인들처럼 문명개화파가 일본을 모방하여 근대적인 입헌군주제를 도모하려 했던 것으로 해석할 수 있다.[77] 문명개화파와 고종은 군주권과 국정 운영론에 대해 상당히 다른 인식을 하고 있었다. 고종은 전제군주 체제에서 군주권을 무한하게 향유하려 했다. 반면 문명개화파 가운데 특히 박영효는 1888년 상소문을 통해 개혁론을 펼치면서 "백성의 일은 백성들이 의논하여 공사(公私) 양쪽을 편하게 하라"는 의견을 올리고 있다. 나아가 "백성에게 자유의 권리가 있고 임금에게 권위의 한계가 있으면 백성과 나라가 평화로울 것이나, 백성에게 자유의 권리가 없고 임금의 권한이 무한하다면 곧 쇠망할 것이다"[78]라는 주장을 펼쳤다. 박영효가 백성의 권리를 국왕의 권한 못지않게 중시했으며, 전제군주제보다 입헌군주제를 선호했음을 짐작할 수 있다.

박영효는 한 걸음 더 나아가 자강은 군비를 강화하는 데 있지 않고, 상하가 한마음이 되어 전제정체라고 하는 제도를 근본

---

77 박은숙, 『갑신정변연구』, 역사비평사, 2005, 295~303쪽.
78 『일본외교문서』 21 〈朴泳孝 建白書〉.

적으로 개혁하는 데에 있다고 보았다. 이를 위해서는 교육을 통해 인민의 의식을 변화시키는 것이 중요하다고 생각했다.[79] 곧이어 "현 정부의 산림과 부현의 좌수들이 유교의 가르침에 입각하여 선발되어 민국의 일을 협의하고 있는데, 이는 곧 조선이 대대로 행해오던 군민공치(君民共治)의 풍속이다"[80]라는 사실을 강조했다. 박영효가 입헌군주제 형태를 주창하면서도 그 뿌리가 조선에서 대대로 시행해오던 것이라고 강조한 것은 고종의 반발을 예상했기 때문이 아닌가 생각된다.

그런데 정치 참여가 가능한 백성으로 재상과 공경대부들을 설정하긴 했지만, 이는 교육 받은 지식인이 백성의 뜻을 대리해 정치에 참여하는 것을 의미한다. '대신과 참찬이 의정소에서 회의하여 결정한다'는 정령의 조항 역시 지식층이 백성을 대리하여 정치에 나서는 것을 의미한다. 결국 박영효를 비롯한 문명개화파는 '군민공치'라는 표현을 빌려 군주와 민의 대표가 정치에 참여하는 입헌군주제를 상정했음을 알 수 있다.

고종은 이들이 주장하는 정치체제에 대해서는 제대로 이해하지 못한 것으로 보인다. 다만 부강의 방도로 임금과 신료의 의사소통 차원에서의 상하 교류를 언급했을 뿐이다. 이마저도 국왕이 국정 운영을 주도하는 가운데 정부 대신들과의 회의와 의견 교류를 중시한 것일 뿐, 백성이 직접 정치에 참여하는 것을 의미하는 것은 아니다. 고종은 "국가란 곧 백성에 의지하고 백성들의 의식(衣食)을 충족하게 한 연후에야 교육을 하고 인의(仁義)로써

---

79 青木功一, 「朴泳孝の民本主義・新民論・民族革命論(一)」, 『朝鮮學報』 제80집, 1976, 125쪽.
80 『일본외교문서』 21 〈朴泳孝 建白書〉.

인도하는 것이 가능하며, 이것이 곧 왕정의 기본이다"[81]라고 생각했다.

서양이 부강한 원인을 그들의 정치체제에서 찾기 전까지 고종은 왕정을 지극히 당연하게 여겼다. 심지어 국가를 군주와 동격으로 인식했다. 국왕에게 국권은 곧 군주권을 의미했다. 백성은 군주의 보살핌을 받으며 의식만 족하면 되는 피동적인 존재에 불과했다. 결국 서구의 정치체제가 소개되고 체제 개편 논의가 일어나기 전까지 고종에게서 특별히 근대적인 국권의식이나 민권의식을 찾아보기는 힘들다. 따라서 고종이 보기에 대신과 참찬 위주로 회의체를 구성하여 정령을 내자는 주장은 국왕을 기만하고 농락하는 것이나 다름없었다.

결국 고종은 정변 과정에서 드러난 정황과 문명개화파의 정령을 통해 김옥균 일파가 정권을 찬탈하려 했다고 간주했다. 때문에 이들을 역적으로 규정짓고 화해할 수 없는 방향으로 가게 된 것이다. 고종과 문명개화파는 청의 속방에서 벗어나고자 했고, 만국공법 체제를 받아들여 세계 속의 평등한 자주국가가 되려 했다는 점에서 입장을 같이했다. 또한 개화의 필요성을 자각하고 부국강병의 목표를 수립하여 이를 실행에 옮기려 했다는 점에서도 현실 인식을 공유하고 있었다. 그러나 이를 추진하는 과정에서 일어난 정변은 가까스로 이어가던 개화의 동력을 잃게 했다. 정권의 기반세력에서 문명개화파가 이탈되고 마는 결과를 초래했다는 점에서도 안타까운 일이다.

정변이 발생한 후 고종이 의욕적으로 추진하던 개화정책은 다

---

[81] 『魚允中全集』「從政年表」二, 고종 11년 5월 10일.

시 한 번 침체될 수밖에 없었다. 개화에 대한 사회 분위기도 경색되었다. 청나라는 일본과 정변의 후속 마무리를 위해 오장경이 병정 200명을 거느리고 남별궁으로 들어왔다. 일본 역시 일본인 사망과 공사관 피해에 대한 보상을 요구하기 위해 이노우에 가오루 대사가 군함 7척에 2개 대대를 이끌고 진주했다. 그들은 배상금 13만 원과 일본에 국서를 보낼 것 등을 요구했다.[82] 사실 배상금은 오히려 조선이 요구해야 했고, 정변에 일본이 개입한 것에 대해 엄중히 책임을 물어야 했다. 그러나 일본이 몰고 온 군함의 위력은 조선을 굴욕적으로 만들었고, 이러한 분위기에서 양국 간에 한성조약이 체결되었다.

개화자강 정책의 실무 세력, 민씨척족

고종 집권 중기에 접어들 무렵 발생한 갑신정변은 고종과 민씨척족의 연대를 더욱 끈끈하게 하는 계기가 되었다. 갑신정변 당시 청은 군사를 동원해 정변을 진압하고 김홍집, 김윤식, 어윤중 등의 친청개화파로 조정을 구성하면서 노골적으로 간섭했다.[83] 고종은 청의 간섭에서 벗어날 수 있는 길과 좌절된 개화정책을 다시 추진할 필요를 느꼈다. 때마침 러시아는 극동의 강자로 부상하고 있었고, 러시아의 등장은 영국을 긴장시키면서 거문도 사건을 일으켰다. 영·러 대립이 기존 청·일 대립에 더해져 열강끼리

---

82 『승정원일기』 고종 21년(1884) 11월 16일.
83 鄭喬, 『大韓季年史』上, 국사편찬위원회, 1971, 33쪽.

각축전을 벌이는 상황이었다. 자강의 기회를 찾던 고종은 이때를 활용하여 1885년 5월 내무부를 출범시켰다. 통리군국사무아문을 잇는 개화정책 추진 기구였다.

내무부는 부국강병에 필요한 국가의 긴밀한 일을 담당하는 기관으로서 7사 체제를 갖추고 있었다. 각 사에 독판이 한 명씩 배치되어 업무를 총괄했다. 의정부는 국가 전체의 틀을 유지하고 운영하는 업무를, 내무부는 개화정책의 근간이 되는 부원(富源) 개발과 근대적인 업무를 담당했다. 고종은 집권 중기에 설치한 내무부를 통해 갑신정변으로 위축된 정치적 기반을 새로 다지는 동시에 개화자강 정책을 추진할 실무 세력을 확대하고자 했다. 이를 위해 활용한 정치세력이 바로 여흥민씨였다.

우선 고종은 내무부의 총책임자인 독판에 민씨척족을 적극적으로 등용하기 시작했다. 당시 독판에 등용된 민씨척족은 민응식, 민영익, 민영상, 민영준(閔泳駿), 민영소(閔泳韶), 민두호(閔斗鎬), 민영환 등이다. 이들은 실질적인 업무를 주관하는 협판과 참의직을 수행하다가 독판이 된 경우가 대부분이다. 협판에는 민영환을 비롯하여 민응식·민병석·민병승(閔丙承) 등 총 11명이 등용되었고, 참의로는 민영준 등 4명이 임용되었다. 내무부 외에도 통리교섭통상사무아문 독판에 민종묵(閔種黙)이 임명되어 1889년 10월 20일 조일통어장정(朝日通漁章程)을 체결하는 등 통상 관련 일을 처리했다.[84] 협판에 민병석, 참의에 민영철(閔泳喆)·민상호(閔商鎬) 등이 등용되었다. 이처럼 집권 중기의 민씨 척족 세력은 주로 근대적인 외교통상 업무를 담당하는 쪽으로 진

---

84 『고종실록』 고종 26년(1889) 7월 2일, 10월 20일.

1882년 미국에 보빙사로 파견된 민영익(왼쪽), 서광범(가운데), 홍영식(오른쪽)

출했다.

  민씨척족은 내무부뿐만 아니라 내무부 산하의 각종 근대적 기구들을 관리하고 감독하는 총판 역할도 맡았다. 상무를 담당하는 상리국에 민응식·민영익, 외국어 교육을 담당하는 육영공원에 민종묵, 광업과 관련한 행정을 맡은 광무국에 민영익, 주전사업을 하는 전환국에 민영환, 근대적 군사 양성 기관인 연무공원에 민영익 등이 각각 등용되었다.[85] 이들은 고종 집권 중기 내내 개화자강 정책의 중심 기관에서 실무진으로 활동하면서 국왕 권력을 뒷받침하는 배후세력이었다.

85 『일성록』;『고종실록』 1885~1891년.

민씨척족이 특히 내무부를 통해 등용되면서 고속승진하게 된 데에는 고종이 인사권을 편의대로 행사한 측면에서 기인한 바가 크다. 내무부사들은 의정부의 인사 추천권이라 할 수 있는 의천(議薦)을 거치지 않고 내무부 자체에서 추천, 등용되었다. 의정부와 내무부에서 인사이동에 관계한 내용을 보면 의정부는 정부 조직의 각 방면에서 공훈이 있는 사람을 임명하고 포상하는 일에 관계했다. 그러나 내무부사는 내무부에서 올리는 계언에 의해 주로 임면되었다. 특별한 절차 없이 국왕의 의사대로 내무부 인사를 마음대로 단행할 수 있었던 것이다. 민씨척족의 등용은 명성황후가 구심점이 되는 과정에서, 그리고 고종의 정치적 필요에 의해 이루어졌다.

나아가 고종은 정국 운영에 필요한 인물들은 의정부의 의천을 거치지 않고 곧바로 임명했다. 의정부의 군사 및 외교 업무가 점차 내아문으로 옮겨감에 따라 통제사, 제주목사, 의주부윤, 4도 유수, 평안병사, 함경감사, 안무사 등의 의천권은 약화되어 갔다.[86] 의천에 참가하는 당상, 의천의 과정 등은 최고 집권자의 정책에 의해 얼마든지 바뀔 수 있었던 것이다.

1885년 6월부터 1892년 12월까지 총 19회의 의천권이 행사되었다.[87] 그런데 의천에 참가한 당상들의 실질적인 천거는 없이 특정 인물 중심으로 고종이 낙점하는 식이었다. 의정부와 상의도 없이 고종이 특채라고 볼 수 있는 중비(中批)의 형식을 통해 독단적으로 인사행정을 단행했던 것이다. 그 결과 상당수의 민

---

[86] 연갑수, 『대원군정권의 부국강병정책 연구』, 42~50쪽.
[87] 『비변사등록』記事目錄編 고종 22년(1885) 6월~고종 29년(1892) 12월까지 참고.

씨척족이 정계에 입문하여 고속출세를 했다.

고종 집권 중기 중비를 통해 임명된 민씨척족으로는 1885년 민영익, 민치헌, 민치서, 1886년에는 민관식, 민병승, 민영규, 1889년에는 민영준, 1891년에는 민병한, 1892년에는 민종묵 등이 있다. 이들은 특히 내무부 신설 초기에 집중되어 있다. 중비로 임명된 후에 이들은 국왕을 가까이에서 모실 수 있는 승정원과 홍문관을 비롯하여 해안 및 변방을 방어하는 강화나 의주 지역의 관할자로 등용되었다. 국왕이 인사에 개입하면서 처족세력을 중심으로 자강정책을 도모함은 물론, 자신의 집권기반을 공고히 하기 위해 의도적으로 이들을 실무관료로 활용했음을 보여준다.

물론 민씨척족의 등용과 관련해서는 고종의 정치적 의도 외에도 기본적으로 명성황후의 영향력이 어느 정도 작용했다. 왕후는 평소 백관이 올리는 문서를 직접 읽을 정도로 문장과 사기에 통달했다. 정치적 안목도 뛰어나 정치적 대소사건의 뒤처리를 맡으며 국왕을 보좌했다.[88] 고종 스스로 "임오군란과 갑신정변의 어려운 때를 당한 다음부터는 더욱 살뜰히 자신을 도왔으며 근심하는 일이 있으면 대책을 세워 풀어주었다"[89]라면서 어려울 때마다 왕후의 도움을 받았음을 고백했다. 이처럼 왕후는 존재 자체만으로 민씨척족을 등용하는 촉매 역할을 했으리라 생각된다. 결국 민씨척족의 정계 진출과 고속승진은 고종의 적극적인 의지에 더하여 왕후가 구심적 역할을 했기에 보다 손쉽게 이루어질

---

88 장영숙, 「서양인의 견문기를 통해 본 명성황후의 정치적 위상과 역할」, 『한국근현대사연구』 35집, 2005, 19~20쪽.
89 『고종실록』 명성황후행록.

수 있었다.

고종은 민씨척족 세력을 권력기반 강화와 개화정책을 추진하는 버팀목으로 활용하려 했다. 그러나 의정부와 내무부의 역할 구분이 명확하지 않아 내부의 모순은 쌓여갔다. 내무부에서 추진했던 홍삼 전매와 화폐개혁을 통한 재정 확보 노력 및 광산 개발 등의 개혁사업은 애초의 목적을 달성하지 못했다. 농민의 조세 부담은 가중되었고, 각 도와 포구에는 무명잡세가 늘었다. 이로 인해 민중의 생활은 더욱 피폐해져 갑오농민항쟁을 촉발하는 요인이 되었다.

1894년 전라도 고부지역에서 발생한 농민항쟁은 순식간에 각지로 확산되면서 4월 28일에는 농민군의 손에 전주가 함락되기까지 했다. 농민군은 "집권대신이 모두 외척이며 자신들의 이득만 챙길 뿐이어서 백성에게 해악이 되고 있다"[90]라고 주장했다. 조정의 다수를 차지하던 민씨척족을 겨냥한 것이었다. 백성의 삶이 힘들수록 개화정책에 대한 적개심이 커졌고, 이는 정책을 주관하는 민씨세력을 향한 원성으로 이어졌다.

고종 주변에서 권력의 중추 역할을 해오던 민씨 일족은 갑오개혁의 진행과 더불어 숙청되기 시작했다. 일본과 친일개화파가 추진한 개혁 과정에서 또다시 등장한 대원군이 국왕으로부터 정무친재의 권한을 넘겨받자마자 민씨척족에 대한 파면과 숙청을 단행했던 것이다.[91] 왕비는 주변에 있던 인척들을 피신시키고, 민씨들은 성 밖으로 도망가 흩어져 잠적하는 등 권력 핵심부에

---

90 鄭喬, 『大韓季年史』 上, 75쪽.
91 菊池謙讓, 『大院君傳-大院君·閔妃 2』, 日韓書房, 1910, 214쪽.

서 밀려나기 시작했다. 민영규, 민영익, 민영준, 민응식, 민두호 등은 파면당했다. 민영준과 민형식(閔炯植), 민응식, 민치헌 등은 탐오하고 탐학했다는 이유로 원악도로 유배를 갔다.[92] 이는 고종의 배후세력이던 왕실 외척에 대한 타격임과 동시에 고종의 집권 기반을 약화하는 일이었다.

그러나 갑오개혁이 점차 국왕권을 축소하는 방향으로 진행되자 고종은 강하게 반발하면서 박정양 등의 친미·친러파를 불러들였다. 이들을 중심으로 3차 개각을 단행했으며, 왕비는 왕비대로 베베르 러시아 공사와 접촉하면서 척족세력을 회복하려는 노력을 기울였다.[93] 친미·친러파를 배경으로 다시 권력을 잡은 고종은 민영준, 민영주(閔泳柱), 민형식 등 정계에서 축출당한 민씨척족을 사면했다.[94] 민영주는 민영준의 종형으로 민간에서 망나니라 불리던 문제인물이었다. 민형식은 경솔하고 교만하며 패악한 인물로 평가되고 있었다.[95] 그런데도 고종은 이들을 제일 먼저 사면하면서 정치적 후일을 기약했다.

민영주의 경우는 삼방파의 후손과 계열이 다른 민씨 일문이다. 황현이 그의 저서에서 "왕후가 사가(私家)에 빠져 민씨 성만 가지면 촌수에 관계없이 한결같이 여겼다"[96]라고 쓴 대목을 보면 삼방파에 속하지 않는 여흥민씨들까지 요직으로 진출하는 일이 많았음을 알 수 있다. 이러한 현상은 민씨척족의 정치적 성

---

92 『일성록』 고종 31년(1894) 6월 22일.
93 『주한일본공사관기록』 7, 〈王妃의 閔氏勢力 回復企圖에 관한 보고〉, 173쪽.
94 『고종실록』 고종 32년(1895) 7월 3일.
95 김택영 지음, 조남권·안외순·강소영 옮김, 『김택영의 조선시대사 韓史綮』, 태학사, 2001, 515~516쪽·546쪽.
96 황현, 『매천야록』, 96~97쪽.

장을 가능하게 한 구심점인 왕후가 사망하고 난 뒤인 대한제국기에 이르러서도 더욱 확대되어 나타난다.

집권 후기, 근왕세력의 발탁과 민씨척족

근왕세력의 발탁과 갈등

근왕세력의 대두와 발탁

집권 후반기인 대한제국기에 들어와서 주목할 만한 황제의 배후 세력은 근왕세력이다. 이들은 황실과 사적으로 인연을 맺은 뒤 황제와 가까운 거리에 위치하면서 승승장구하며 실무 행정 능력을 키워나간 인물들이다. 대한제국기의 광무개혁을 성공적으로 추진하는 데 있어서 재정 외에도 중요한 것은 개혁을 전체적으로 설계하고 주도하는 중심인물의 존재 여부이다. 고종은 어떤 정치세력을 활용하여 개혁을 주도했는지, 구체적 방향은 있었는지 등이 광무개혁의 성공을 좌우하는 핵심 요소이다.

대한제국기에 등장한 정치세력은 집권 초기부터 꾸준히 성장세를 유지해오던 민씨척족, 정부와 민간이 상호 결합한 세력으로서 체제 유지에 급급했던 보수적 성향의 인물들, 근대화 지상주의에 매몰된 독립협회 중심의 개화파 계열 등으로 다양하다. 이

가운데 고종의 최측근에서 황권을 보위하며 정치일선에서 개혁의 대리자 역할을 했던 신흥세력을 근왕세력으로 분류할 수 있다.

이들은 황실 친위 관료로서 실무기술을 바탕으로 근대교육을 이수한 인물들이다. 여기에는 오랫동안 전환국장과 궁내부 내장원경을 역임하면서 광산 경영은 물론, 근대적 화폐제도를 실시하고 중앙은행을 설립하고자 했던 이용익이 포함된다. 또한 황실을 정점으로 보수관료, 재야 유생, 농민, 보부상 등의 상인층과 제휴하면서 황제국 체제의 근대국가로 이행하기 위한 개혁 과제를 담당한 인물로서 이근택, 홍종우(洪鍾宇), 길영수(吉永洙), 이기동(李基東) 등으로 대표되는 인물들도 포함될 수 있다.[97]

고종은 이들 신흥세력과 함께 개혁을 추진하면서 개혁에 필요한 재원을 마련하기 위한 노력을 먼저 기울였다. 그 방편으로 정부 재정기관인 탁지부와 별도로 내장원을 운영했다. 재원 관리를 탁지부에서 내장원으로 점차 이속시킨 결과 내장원은 1895년부터 비대해지기 시작했다.

일찍이 고종은 궁내부를 통해 각종 근대화 사업과 관련된 기구들인 시종원, 비서원, 규장원을 비롯해 16개의 원(院)과 사(司)를 방만하게 소속시켰다.[98] 이로 인해 탁지부가 독립적인 재정기구였음에도 불구하고, 궁내부 소속의 내장원이 황실 회계뿐만 아니라 국가 재정 업무까지 관장하게 되었다. 그러한 변화가 대한제국기에 들어오면서 더욱 가속화된 것이다.

이용익은 내장원을 통한 고종황제의 재정 확보 노력을 앞장서

---

[97] 조재곤, 「大韓帝國期 洪鍾宇의 近代化 改革論」, 『擇窩 허선도선생 정년기념 한국사학논총』, 일조각, 1992, 748~749쪽.
[98] 『한말근대법령자료집』 II 〈宮內府官制 규정〉 1895년 11월 10일.

고종의 신임을 받으며 정계 요직을 도맡았던
근왕세력의 대표적 인물, 이용익

서 뒷받침한 인물이다. 그는 보부상 출신으로 걸음이 빠른 것이 일생에 큰 무기가 되었다. 왕비가 임오군란의 화를 피해 이천, 여주로 피신해 있을 때 민영익과 비밀연락을 담당한 것을 인연으로 정계에서 성장하기 시작했다. 대한제국기에 들어와서는 고종의 신임을 더욱 얻어 요직을 도맡았다. 1897년부터 내장원경, 전환국장, 홍삼 전매와 광산을 관리하는 삼정감독, 광무감독에 이르기까지 정부 재정과 황실 재정을 관리하는 요직에 있었다.[99]

특히 이용익은 황실 재정을 관리하면서 궁내부 소속의 삼포(蔘圃)와 광산을 엄중 관리하여 황실 수입을 늘려갔다. 그 결과 내장원의 수입은 황제 권력이 강화되고 대한제국 체제가 본격화하는

---

99 鄭喬, 『大韓季年史』下, 118쪽.

1899년을 계기로 큰 폭으로 증가했다. 황실 수입으로는 정부 재정에서 일정 부분 떼어주는 황실비와 황실 재산으로부터 생기는 수입이 있었다. 정부에서 주는 황실비는 주로 궁내부 소속 관리들의 봉급이나 궁내부 소속 기구들의 경비로 사용되었다. 모두 용처가 있는 돈이어서 여유자금으로 활용하기는 어려웠다.

그런데 황권을 강화하고 유지하는 데에는 다양한 경비가 소요되었다. 철도와 전차를 개설하고, 학교를 세우고, 각종 상회사를 설립하고, 유학생을 지원하는 등의 근대적 개혁사업을 추진하려면 막대한 경비가 필요했다. 이용익은 고종의 뜻을 헤아려 내장원으로 이속할 만한 재원부터 찾았다. 전국의 역참에 경영 관리가 되지 않는 역둔토에서 세금을 거두어들일 수 있었다. 어(漁), 염(鹽), 선(船), 곽(藿) 등에 부과할 수 있는 영업세도 있었다. 포구, 여각, 상회사 등에 부과하는 영업허가세도 재원이 될 수 있었다. 이러한 세원은 탁지부나 농상공부에서 관리하거나, 일부는 무명잡세 폐지 방침에 따라 갑오개혁을 거치면서 혁파된 것들이었다.

무명잡세를 폐지하라는 전교는 시시때때로 내려지곤 했다. 그럼에도 "관계기관의 신하들이 형식적인 문서처럼 여기며 함부로 명목을 붙여 마음대로 토색질을 하여" 골머리를 앓고 있었다. 고종은 각 도의 관찰사들을 엄히 신칙하여 철저히 조사해서 일체 혁파할 것을 명했지만,[100] 제대로 지켜지지 않았다. 그런데 이미 혁파된 무명잡세를 다시 부활시켜 내장원이 관리하도록 했으니 내장원이 곧 민원의 대상이 되었다.

---

100 『승정원일기』 광무 2년(1898) 9월 11일.

또한 홍삼 전매사업과 광산 관리도 내장원으로 이속시켰다. 모두 농상공부나 탁지부가 관할하던 사업이었다. 1898년 6월 궁내부 산하 내장사에 인삼업과 광산 업무를 추가하면서 본격적으로 이를 관리하게 했다. 내장원 밑에 삼정과를 두어 홍삼 전매사업을 운영하고 황해도, 평안도, 함경도 땅에 산재한 광산을 관리하기 시작한 것이다.[101] 돈을 주조하는 전환국이 1900년 황제 직속기구가 되면서 여기에서 발행하는 화폐도 황실이 일부 소유했다. 이용익을 1897년 전환국장에 임명한[102] 이유도 고종이 전환국의 화폐 주조를 장악하기 위한 수순이었음을 짐작할 수 있다.

이처럼 다양한 세원을 확보하면서 내장원의 수입은 점차 증가했다. 장부에 기록되지 않은 수입도 많았다. 황제가 딴 주머니를 차고 있었지만 그 규모가 어느 정도였는지는 아무도 모른다. 홍삼 전매사업의 수익과 전환국 화폐 수입 등이 큰 비중을 차지했지만 정확한 액수를 가늠하기 어렵다. 세원을 발굴하는 데에는 능력을 발휘했지만, 세원을 체계적으로 파악하고 관리하지는 못했다. 황실 수입은 늘었지만 정부 재정은 항상 고갈된 상태였다. 탁지부에서는 관리들의 월급도 제대로 주지 못할 정도였다. 심지어 군인 월급을 감하기도 하고,[103] 각부 부원청의 관인을 승급하면서 봉급은 올려주지 못하는 사례도 비일비재했다.[104]

정부의 재정 상황은 이토록 열악했으나 이용익의 활동으로

---

101 이윤상, 「대한제국기의 재정정책」, 『한국사 42-대한제국』, 국사편찬위원회, 1999, 139~161쪽.
102 『고종실록』 광무 1년(1897) 11월 29일.
103 『제국신문』 1901년 4월 8일 〈잡보〉.
104 『제국신문』 1902년 11월 12일 〈잡보〉.

내장원의 권한과 재정은 더욱 비대해졌고, 황제는 이를 사금고로 활용했다. 고종은 황제로서의 품위와 위의(威儀)를 높이는 데 내장원의 재정을 활용하고, 황제와 황태자를 비롯한 가족을 위해 물품 구입비, 황실 제사를 비롯하여 능과 전각 등을 개수하는 비용, 황제의 친위대 유지와 무기 구입 등에 많은 돈을 할애했다.[105] 전기·전화·전신시설 구축을 위한 각종 개혁사업과 양정·진명·숙명·보성학교 등 근대교육을 담당하는 학교를 설립하는 데에도 상당액을 지원했다.

이외에도 인공양잠합자회사의 견습소에 은화 1천 원을 하사하는 등[106] 직조회사와 전당회사, 각종 병원 등 근대적 시설물을 건립하는 데에도 황제의 내탕금을 사용했다. 또한 군부와 경무청에 소속된 군인들의 의식을 보조하기 위해 경비를 지급하기도 했다.[107] 심지어 러시아와 전쟁 중인 일본군의 군수 보조금에 보태라는 뜻으로 동화(銅貨) 10만 원을 하사하기도 했다.[108] 그 밖에 집에 불이 난 과부를 불쌍히 여겨 1천 냥을 선뜻 하사한 일도 있었다.[109]

그런데 내탕전이 비록 국가 개혁사업에 긴요하게 쓰였다고 할지라도 황제가 정부 재정기관인 탁지부를 무력하게 만들고 공공기관을 사적으로 운영한 것은 근대적인 공적 개념이 부족했다는

---

105 김윤희,「고종황제는 왜 황실재산을 만들었나?」,『내일을 여는 역사』 9호, 2002, 166~168쪽.
106 『제국신문』 1900년 6월 8일 〈잡보〉.
107 『제국신문』 1900년 2월 15일 〈잡보〉.
108 『주한일본공사관기록』 24, 公文 제41호, 7~8쪽; 鄭喬,『大韓季年史』 下, 120쪽. 대한계년사에는 '동화(銅貨)'는 기록되어 있지 않고 '10만 원'만 기록되어 있다.
109 『제국신문』 1900년 6월 23일 〈잡보〉.

비판을 면하기 어렵다. 이는 곧 황제의 지위와 권력은 신성하며 절대적이라는 생각으로 1899년 '대한국국제'를 선포하여 전제군주권을 구축해나간 것과 같은 연장선상에 있다. 황제와 그 주변의 근왕세력은 황제의 절대적인 신성성을 과시하며 정부를 운영하면서 동시에 민중과 다른 정부 부처의 권한이나 역할에 관해서는 소략했다.[110] 국가의 공적 기관에 대한 공공 인식이 부족했던 것이다. 따라서 여론을 중시하고 여론의 뜻에 따라 무명잡세를 줄이고 정부기관이 제 역할을 하게 하는 것은 어려운 일일 수밖에 없었다.

이용익은 러일전쟁 때 고종의 중립화 주장을 뒷받침하다가 일본에 납치된 후 억류되었다. 이에 대해 "권력을 마음대로 하고 나라를 병들게 하여 갑자기 외국으로 가게 되었으니 통쾌하기 그지없다"[111]는 평가가 뒤따른다. 국가의 중요한 직책을 맡은 자로서 국가 재정을 문란하게 한 잘못에 대해 세간의 시선이 곱지 않았음을 알 수 있다. 조선에서 오랜 기간 선교사로, 주한 미국공사로 활동했던 호러스 알렌(Horace N. Allen)도 이용익에 대해 "자기 이익을 위해서만 행동하고 한국의 국익이나 합의에 대해서는 전혀 신경 쓰지 않는 사람이다"[112]라고 평가한 적이 있다. 나아가 을사조약을 체결하게 된 것도 황제 주변에 이용익 같은 사람이 있었기 때문이라고 했다.[113] 외국인의 입장에서도 이용익에 대한 평가가 부정일변도였음을 알 수 있다.

---

110 장영숙, 「메이지유신 이후 천황제와 「大韓國國制」의 비교 – 전제군주권적 측면에서」, 『한국민족운동사연구』 85, 2015.
111 鄭喬, 『大韓季年史』 下, 118쪽.
112 『알렌문서』 1899년 12월 8일, 알렌이 헌트에게 보낸 편지.
113 『알렌문서』 1905년 11월 30일, 알렌이 남정진에게 보낸 편지.

왕진을 나가는 알렌(위)과 1905년 일본공사관에서 열린
알렌의 환송 오찬 당시 참석한 주한외교사절(아래)

이용익이 내장원을 중심으로 하는 재정 분야에서 고종을 보좌하는 역할을 충실히 했던 인물이라면, 이근택은 황제의 물리력의 기초인 군부와 원수부에서 막중한 역할을 담당했다. 그는 충주 출신으로 임오군란 때 충주로 피난 온 명성황후를 위해 신선한 생선을 진상한 일을 계기로 승승장구했다. 1884년 무과에 급제한 뒤 친위대 대장, 경무사 등을 두루 역임했다. 독립협회를 해산시킬 때에는 특히 큰 공을 세웠다 하여 한성부 판윤에 올랐다. 이후 고종 측근에서 군부대신과 원수부 각국 총장, 호위대 총관을 맡았으나[114] 결국 을사오적의 한 사람이 되었다.

이기동 역시 임오군란 당시 명성황후의 피난생활에 도움을 준 인연으로 파격적 승진을 한 인물로 알려지고 있다.[115] 그런데 당시 왕후의 피난 과정에 대해 서술한 『임오유월일기』에는 이기동의 집에 대한 언급이 없다. 일기에 따르면 군란이 터지자 왕후는 이를 피해 6월 10일 화개동 윤태준의 집→6월 13일 벽동 민응식의 집→6월 14일 광주 조현을 거쳐, 6월 15일 여주 단강 권삼대의 집→6월 16일 같은 마을 한점대의 집→6월 19일 충주 노은 민응식의 집→6월 21일 충주 노은 이시일의 집→6월 28일 매산 민영위의 집→7월 2일 지평 안정옥의 집→7월 12일 매산 오봉학의 집→7월 13일 민영위의 집에서 머물다가 8월 1일 환궁했다. 이기동이 왕후를 도와주었다면 그의 출신이 경기도 지평(砥平)이므로 안정옥의 집과 근거리인 이기동의 집을 왕래했을 가능성은 있을 수 있다.

---

114 국사편찬위원회, 『大韓帝國官員履歷書』; 鄭喬, 『大韓季年史』下.
115 조재곤, 「大韓帝國期 洪鍾宇의 近代化 改革論」, 751쪽.

그러나 이기동의 출세 과정을 보면 대원군 집권 초반부터 정4품에 해당하는 사헌부 장령(掌令)의 자리에 있다가 1896년 아관파천 당시 궁내부 시종을 시작으로 이듬해 중추원 의관, 1898년에는 법부 민사국장, 법부협판, 1899년에는 시위 제1연대 제1대대장, 군부 포공국장 등을 차례로 맡았다. 즉 그가 고위관직을 지속적으로 맡은 시기는 왕후가 이미 세상을 하직한 이후이다. 따라서 임오군란 당시의 인연보다는 공주 지역의 장수로 있을 때 군사를 훈련시키며 변방 관리를 게을리 하지 않는 등의 성실성을 인정받아[116] 승진한 것으로 보인다.

또한 독립협회 세력이 노륙법과 연좌법의 부활을 비롯하여 이에 앞장선 정부 7대신을 파면할 것을 요구하는 시위를 벌였을 때 오히려 정부 측의 입장을 대변하여 독립협회 탄압에 앞장선 공로를 인정받은 결과가 아닌가 생각해볼 수도 있다. 이기동이 백성들의 과격한 시위에 겁을 먹고 도망친 흠결이 탄로 나서 10년 유배형을 선고받았으나, 곧 풀려난 것을[117] 보면 정권의 파수병 역할을 하면서 근왕세력화한 것으로 보인다.

길영수는 경상도 상주의 백정 출신으로 본래 무식한데 땅의 길흉을 잘 보는 재주로 궁중에 출입하게 되었다.[118] 그는 고종이 명성황후 국장을 치르기 위해 산릉을 살필 때 상지관(相地官)의 역할을 하기도 했다.[119] 보부상 출신으로 독립협회를 타파하는 데 앞장서기도 했으므로 윤치호는 그에 대해 '서캐나 이와 같이

---

116 『고종실록』 고종 31년(1894) 12월 7일.
117 『고종실록』 광무 2년(1898) 11월 22일~12월 31일.
118 鄭喬, 『大韓季年史』 下, 121쪽.
119 『고종실록』 고종 33년(1896) 12월 9일~고종 34년(1897) 1월 3일.

보잘것없는 인물'이라며 엄중하게 나라의 법으로 다스릴 것을 호소했다.[120] 그러나 길영수는 홍종우 등과 함께 보부상을 동원하여 정권을 비호하는 일에 적극 앞장선 결과 1899년 농상공부 상공국장, 육군 참령, 1902년 철도원 감독, 친위 제1연대 제1대대장을 거쳐 1903년 한성부 판윤에까지 올랐다.

홍종우는 남양홍씨 남양군파 32세손이다. 대원군 집권 당시 영의정을 지낸 홍순목과 그의 아들이자 개화파의 핵심 인물이던 홍영식 역시 남양군파에 속하는 벌족 집안이다. 이들과 달리 홍종우의 집안은 아버지 홍재원에 이르기까지 5대 100여 년 동안 관직에 오른 사람이 한 명도 없을 정도로 가세가 몰락한 상태였다.[121] 그의 활동이력이 널리 알려진 것으로는 일본 오사카 아사히신문사에서 촉탁 식자공으로 2년간 일한 돈으로 38세의 나이에 프랑스 유학을 떠났다는 사실, 프랑스 기메박물관에서 연구 보조자로 일하면서 『춘향전』과 『심청전』을 프랑스어로 번역한 사실, 1894년 이홍장을 만나기 위해 중국 상하이에 간 김옥균을 총으로 사살했다는 것 등이다.

갑신정변을 일으킨 역적의 수괴로 고종이 그토록 죽이고자 했던 김옥균을 이국만리에서 깔끔하게 제거한 공을 인정받은 홍종우는 임금의 특별한 총애를 받으며 중비를 거쳐 홍문관 부수찬으로 관직생활을 시작한다.[122] 이후 대한제국이 수립되면서 비서원 승과 중추원 의관을 거쳐 1899년 의정부 총무국장, 평리원 판사와 재판장, 법부 사리국장을 역임하고 1903년 제주목사를 끝으

120 『고종실록』 광무 2년(1898) 11월 22일.
121 조재곤, 『그래서 나는 김옥균을 쏘았다』, 푸른역사, 2005, 31~34쪽.
122 『고종실록』 고종 31년(1894) 5월 28일.

로 공식 기록에서 자취를 감춘다.

홍종우는 독립협회를 중심으로 민권운동이 활발하게 전개되던 시기인 1898년 6월 길영수와 함께 보부상 단체인 황국협회를 조직했다. 황국협회는 전국 보부상의 상업활동을 지원하는 한편, 황권을 뒷받침하는 관변 정치단체로서 정권의 파수병 역할을 했다. 홍종우는 이 단체를 이끌면서 독립협회가 주도하는 만민공동회의 활동을 방해하고 독립협회를 결국 해산으로 몰아가는 데 일조한 인물로 볼 수 있다.

이처럼 근왕세력의 범주에 드는 대표적인 인물들을 보면 국왕의 절대적인 신임을 받으며 황권을 뒷받침하고 절대화하는 데 일정한 역할을 했음을 알 수 있다. 이들은 고종과 명성황후와의 사적인 인연으로 비교적 쉽게 관계로 진출했고, 고종의 집권 후반기인 대한제국기에 주로 활동하면서 황권을 지지하는 역할을 했다. 때로는 이용익처럼 사회 공공성을 벗어나는 황제의 사적인 이익을 추구하는 주구로서의 역할도 마다하지 않았다. 또한 독립협회처럼 정권과 적대적 관계에 있는 정치세력을 압박하고 제거하는 역할의 선봉에 서기도 했다.

이러한 활동이력으로 인해 이용익은 1906년 1월 김현토(金顯土)에 의해 러시아에서 암살당했다.[123] 을사오적이 된 이근택은 1906년 2월 집에 들어온 3명의 자객에게 10여 곳을 찔리는 중상을 입었다.[124] 고종은 자신의 집권기반을 확대하기 위해 황실과 가까운 인연 중에 신뢰할 수 있고 능력을 발휘할 만한 인물을 발

---

123 鄭喬, 『大韓季年史』 下, 207쪽.
124 위의 책, 210쪽.

탁하여 활용했다. 그러나 이들 근왕세력은 황권과의 지나친 밀착관계 속에서 더러는 황제를 배신하고 친일의 경로를 밟는 등 외세에 이용당하거나 민중의 적이 되었다. 이에 대해 윤치호는 일기에서 황제 주위에는 친구도 없고 배반자와 비겁자, 이기적인 인간들만 우글거릴 뿐이라고 한탄했다.[125]

근왕세력 내부의 계파별 대립과 갈등
근왕세력은 고종의 집권 후반기에 정권을 뒷받침해준 정치세력이었으나 계파 갈등과 대립이 심각했다. 이 근왕세력 간의 갈등을 일본이 시시때때로 이용하면서 특정세력을 권력의 핵심에 심기도 하고 배제하기도 하는 등 권력을 농단하는 지경에까지 이르게 되었다. 내부 정치세력 간의 이합집산은 결과적으로 고종의 정권 기반을 약화시키는 요소가 되었다.

특히 이용익과 이근택을 축으로 하는 세력들이 벌이는 분열과 대립은 심각한 상황이었다. 두 사람은 1903년 10월에 황귀비(皇貴妃)로 책봉된 엄순비(嚴淳妃)의 황후 책봉 문제를 둘러싸고 상소를 함께 주선하면서 한때는 같은 노선을 걷다가 종국에는 대립하게 되었다.

엄황귀비는 명성황후 생전에 고종의 승은을 입은 궁녀인 엄상궁이다. 왕후 사후 5일 만에 고종의 부름을 받아 다시 입궁하여 황귀비에까지 올라 고종의 정식 후궁이 되었다.[126] 그녀는 아관파천을 성공시킨 주역임과 동시에[127] 고종이 경운궁으로 환궁한

---

125 『윤치호일기』(국사편찬위원회, 2016) 1898년 3월 28일.
126 황현, 『매천야록』, 362~363쪽.
127 한희숙, 「구한말 순헌황귀비 엄비의 생애와 활동」, 『아시아여성연구』 제45집

후 대한제국을 선포하던 시기에 영친왕을 출산한 공로로 1897년 10월 상궁에서 귀인으로 출세했다. 그 뒤 1900년 8월에 순빈을 거쳐 1901년 10월 순비, 1903년 황귀비의 자리에 올랐다.

1904년 11월에 순종의 비인 민비가 훙거하자 황후의 자리는 물론, 황태자비의 자리도 비어 있게 되어 황귀비의 위상은 황후와 같은 지위를 가지게 되었다. 황태자비인 민비는 민태호의 딸로 1882년 세자빈으로 책봉되어 안국동 별궁에서 순종과 가례를 행했다. 1897년 대한제국 선포와 더불어 황태자비로 책봉되었으나 1904년 33세의 나이로 훙거한 뒤 순명효황후로 추증되었다. 황후가 없는 상황에서 황태자비마저 사망했으니 황귀비의 위상이 더욱 높아질 수밖에 없었다. 황귀비는 황실 내명부에서 황제의 정궁인 황후 바로 아래에 있는 지위로서 그 위상은 곧 국모에 버금갈 정도로 존귀하고 높은 것이었다. 그런데 엄상궁이 황귀비의 자리에 올라 존귀한 상태는 되었지만, '황귀비'는 황제국의 위상에 걸맞은 칭호는 아니었다. 때문에 엄황귀비를 황후로 간택하자는 논의와 상소가 끊임없이 제기되었다. 그녀는 여전히 후궁으로 인식되고 있었던 것이다.

후궁을 계비로 간택하는 논의는 숙종 연간에 이미 금지되어 있었다. 당시 서인과 남인의 대립은 인현왕후와 궁인 출신의 장희빈을 둘러싼 정쟁으로 번지면서 한층 격화되고 있었다. 두 여성의 왕비 자리를 둘러싼 암투와 정쟁으로 편할 날이 없던 숙종은 "이제부터 나라의 법전을 명백하게 정하여 빈어(嬪御)가 후비

2호, 2006; 송우혜, 『마지막 황태자 세트』, 푸른역사, 2012.

명성황후 생전에 고종의 승은을 입은 궁녀인 엄비.
한때 궁궐 밖으로 축출되었다가 왕후 사후 궁궐에 다시 돌아와
고종 곁을 지킴으로써 훗날 황귀비의 지위에까지 올랐다.

(后妃)의 자리에 오를 수 없게 하라"[128]는 명령을 내렸다. 이러한 법이 관철되고 있었기 때문에 엄귀인은 왕비의 자리에 오르지 못하다가 가까스로 황귀비가 되었고, 이제 황후로 승격시키려는 논의가 일었던 것이다.

엄비의 황후 책봉이 정치적 사안이 된 계기는 1902년 고종 즉위 40주년을 맞아 각국 외교대표들을 초청하는 광범위한 경축전이었다. 이 경축 행사에서 황후 자리가 비어 있으면 무언가 부족한 느낌을 줄 수 있다는 것이 논란거리가 되었다. 황후 승격과 관련한 논의는 1902년부터 1906년까지 계속되었다. 정부 관료와 유생들의 상소가 지속적으로 올라오면서 일대 혼전을 겪게 되었다. 『독립신문』, 『황성신문』, 『제국신문』 등에서도 엄귀인을 왕비로 승격시켜야 한다는 논의가 보도되었다.

정치권은 황후 책봉을 찬성하는 입장과 반대하는 세력으로 양분되었다. 박정양, 조병식, 이근택, 이용익 등은 주로 황제의 체면과 위의를 따지는 측면에서 찬성을 했다. 찬성하는 유생들도 황제의 체면, 나라의 의례 면에서 볼 때 황후 승격이 필요하다는 의견이었다. 반대하는 세력은 엄비가 황후로 승격되면 행여 자신들의 세력이 위축될까 염려하는 황태자 중심의 여흥민씨 세력이었다. 더구나 황태자 순종은 병약해서 영친왕의 모후인 엄비가 황후의 자리에 오르면 이들의 권력은 약화될 수밖에 없을 것이었다. 때문에 이들은 숙종의 유훈을 근거로 유생들과 합세해서 황후 승격을 반대했다.

---

[128] 『숙종실록』숙종 27년(1701) 10월 7일.

이근택과 이용익은 초기에는 모두 찬성하는 입장이었다.[129] 그러나 곧 일본의 도움과 엄비의 지원을 받은 이지용, 이근택 등 정부대신들이 서로 규합하여 황태자 편으로 돌아선 이용익을 탄핵하게 되었다. 1902년 11월, 이용익은 엄황귀비가 순빈일 때 적당한 존호를 두고 의논하는 자리에서 "옛적에 양귀비가 있었으니 엄귀비라 하면 어떨까요?"라고 발언하기도 했다. 그의 말이 예절에 맞지 않고 고약하다 하여 의정 윤용선 등이 엄한 형벌로 다스릴 것을 성토했다. "양귀비는 '요희(妖姬)'인데 순비를 요사스러운 후궁에 비유하여 감히 그와 같은 패설을 늘어놓음으로써 임금의 몸을 핍박했다"[130]는 것이다.

이용익을 성토하는 세력에는 엄귀비의 삼종손(7촌 조카의 아들)인 엄주익(嚴柱益)과 이종사촌 동생인 김영진(金永振)도 포함되어 있었다. 엄귀비는 황태자를 좌지우지할 정도로 영향력을 행사하면서 명성황후의 2세라며 자칭하기도 하고, 대원군과 비밀동맹을 맺어 입지를 강화하고 있다는 소문이 돌 정도로[131] 정치적 감각이 뛰어났다. 엄귀비가 이들과 힘을 합쳐 정치세력화한다면 민씨척족과 황태자 편에 맞서는 한 축이 되어 권력투쟁을 벌일 소지가 다분했다.

내장원경과 임시서리 탁지부대신을 맡고 있던 이용익의 언행이 흉악무도하다며 성토하는 대신들의 주청은 1902년 12월까지 계속되었다. 이용익은 예의와 윤리도 없이 패설을 일삼는 역적으로 매도되었다. 고종은 "말이 한두 번 전달되면서 과장된 것인

---

129 『주한일본공사관기록』 18, 문서번호 機密第111號.
130 鄭喬, 『大韓季年史』 下, 93쪽.
131 『윤치호일기』 1897년 7월 1일.

지도 모른다"¹³²라며 끝까지 이용익을 감싸는 한편, 대신들의 문제 제기를 못하게 했다. 나아가 윤용선, 심순택, 조병세 등이 배역을 저지른 이용익을 벌주라는 차자를 계속 올리는데도 고종은 따르지 않았다.

대신들이 지속적으로 이용익을 성토한 결과 이용익은 12월 14일 면관된 후 향리로 쫓겨났으나, 3일 뒤인 17일에 내장원경으로 복귀했다. 이튿날 이용익은 고종의 명을 받고 쌀무역 사무를 관리하기 위해 러시아공사관을 출발하여 돌아올 기약 없이 중국 상해로 떠났다.¹³³ 이용익이 결국 고종 곁을 떠난 것은 하야시 곤스케(林權助) 일본공사가 이용익이 아무런 관직도 맡지 못하도록 외무대신 조병식에게 외교문서를 보내 끈질기게 간섭을 했기 때문이다.¹³⁴ 이처럼 황후 승후를 둘러싼 사안을 통해 일본의 방해와 간섭 그리고 일본과 결부된 승후 찬성파가 반대파를 공격하고 와해시키는 정황을 볼 수 있다. 즉 근왕세력일지라도 자신들의 정치적 이익을 위해서라면 일본을 끌어들이면서까지 정치적 투쟁을 전개했던 것이다.

이지용과 심상훈 등의 정부 대신들까지 황후 승후를 반대하는 바람에 승후 문제는 결론을 내지 못한 채 중단되었다. 승후 반대에 연루된 민씨 일파 역시 위축되는 형세를 보일 수밖에 없었다. 그러나 내적으로는 권력집단의 이전투구와 이합집산이 거의 상시적으로 일어나고 있었다. 황제의 신임과 총애를 독차지하려는 정치세력 간의 쟁투 역시 끊임없이 전개되었다.

132 『고종실록』 광무 6년(1902) 11월 27일.
133 鄭喬, 『大韓季年史』 下, 95쪽.
134 『구한국외교문서』 日案 6, 문서번호 7157, 광무 6년(1902) 12월 18일.

1902년 1월 영일동맹이 체결된 뒤에는 이지용·박제순 등의 친일세력과 이근택의 세력이 커지고, 민종묵·주석면·조병식 등 친러세력과 이용익의 세력이 위축되었다. 특히 이용익은 전국의 재정권은 물론 경찰권과 사법권, 병권의 일부까지 장악하여 무소불위의 권력을 누린 것이 모든 사람의 질시와 반목을 사게 되었다. 그는 결국 '이용익 탄핵사건'을 맞으면서 권력의 중추에서 멀어져 갔다.[135]

이러한 정황은 1901년과 1902년 사이에 임명된 인물들의 면면을 보면 알 수 있다. 실제로 친일세력이 부상하는 가운데 이지용 등이 원수부 총장으로 등용되었다. 1904년 이후에는 엄황후 책봉과 관련한 주요 상소자들인 이용익·이근택 등 러시아와 일본을 등에 업은 인물들이 교대로 원수부 총장으로 등용되었다. 이들은 외세와 연결되어 수시로 교체되면서 관직 자리바꿈을 하고 있었다.

근왕세력으로 분류되는 이들이 황제 주변에서 정부 관직을 돌아가며 맡고 권세를 누리자 이에 대한 비판도 나오기 시작했다. 봉상시 부제조(奉常寺 副提調) 송규헌(宋奎憲)은 "근래 조정의 대신은 불과 10여 명이 돌아가면서 할 뿐인데 이 10여 명이 과연 의정부의 직임을 담당하면서 바라는 기대에 부응할 수 있겠습니까?"[136]라며 황제 주변의 주요 인물들을 싸잡아 비난하는 상소를 올렸다. 상소에 따르면 특진관 윤용선과 황해도 관찰사로 있는 손자 윤덕영은 이루 말할 수 없이 탐학하고 오직 총애와 녹봉만

---

135 『주한일본공사관기록』 18, 문서번호 機密第144號.
136 『고종실록』 광무 8년(1904) 7월 25일.

탐하고 있으며, 표훈원 총재 조병식은 외국인에게 아부하여 은행권을 허여하고 어업권을 양여했고, 외부대신 이하영과 전 법부대신 이지용, 찬정 권중현은 외세에 빌붙어 부화뇌동하고 나라를 좀먹는 위인들이라는 것이다.

특히 상소에서는 부장(副將) 이근택과 부령(副領) 길영수가 황제의 총애를 넘치게 차지하고 위력으로 억압하기도 하며 백성의 재물을 약탈하고 관직을 매매하는 등 나라를 병들게 하고 정사를 해친 일이 한두 가지가 아니었다고 비판한다. 마지막으로 송규헌은 "관리는 반드시 높은 명망을 지녔거나 학식을 소유한 사람을 임용해줄 것"을 요청했다. 결국 정규교육도 제대로 받지 못한 채 황제와의 사적인 인연으로 등장한 근왕세력이 황제의 총애를 믿고 호가호위하며 온갖 부정부패를 일삼자 그들을 비난하는 여론이 비등하고 있었던 것이다.

길영수는 한일의정서가 체결되자 철도원 감독으로 있던 이규항(李圭恒), 평양연대 대장 최낙주(崔洛周), 평양연대 참령 이재화(李在華) 등 3인과 더불어 해산 명령을 받은 보부상을 선동하여 의정서 체결을 반대하고 나서서 일본을 곤혹스럽게 하기도 했다.[137] 결국 일본군병에 체포된 길영수의 신병을 대한제국 정부가 인도받긴 했지만,[138] 그의 최후 종적에 대해서는 알 수 없다. 그로서는 기울어져 가는 대한제국과 황제에 대해 마지막 충성을 한 셈이었으나, 오히려 일본의 노골적인 간섭 속에 황제의 입장만 난감하게 되었을 뿐이다.

---

[137] 『구한국외교문서』 日案 6, 문서번호 7872, 광무 8년(1904) 3월 3일.
[138] 『구한국외교문서』 日案 7, 문서번호 8265, 광무 8년(1904) 8월 5일.

이처럼 근왕세력 내부의 부정부패와 탐학의 문제, 이들 간의 치열한 권력쟁탈전을 비롯해서 일본과 러시아를 배경으로 한 여러 계파 간의 대립과 갈등은 결국 고종의 정치적 운신의 폭을 좁게 하는 원인이 되었다. 외세의 파고가 높아질수록 정부 대신들은 힘 있는 외세에 경도되었고, 정치세력 간의 대립은 황제권의 약화를 초래했다. 황제의 정치적 기반을 굳건히 하기 위해 등용한 세력이었지만, 권력쟁탈전 속에 자중지란을 겪거나 외세에 휘둘리면서 황제가 의도한 기반세력의 역할을 해주지는 못했던 것으로 보인다. 이는 결국 황제가 여러 계파들을 아우르는 조정력과 통솔력이 부족해 초래된 결과라고 할 수 있다.

고락을 함께한 운명공동체, 민씨척족

근왕세력은 이처럼 황실 주변에서 황제권을 보위하며 활동하는 가운데서도 일본과 러시아 등의 외세와 결탁하고 서로 분열하는 모습을 보였다. 반면 민씨척족은 시종일관 황제와 고락을 함께한 운명공동체였다고 볼 수 있다. 대한제국기에 들어와서 민씨척족이 어떤 식으로 정치적 활동을 이어갔는지를 보기 위해서는 명성황후 시해사건 직후 고종이 위축된 민씨세력을 복권시키고 규합해나간 과정부터 살펴볼 필요가 있다.

 을미시해사건을 겪은 뒤 고종은 친미·친러파 세력과 함께 실추된 국권과 왕권을 회복하는 데 힘을 기울였다. 1896년 2월에 단행한 아관파천은 일본의 위협 앞에 왕권마저 부지할 수 없는 위기감 속에서 새로운 기회를 엿보기 위한 고육지책이었다. 고종은 미국, 영국, 프랑스 등의 공사관들이 모여 있는 정동의 러시아공사관을 은신처로 택했다. 그곳에서 열강의 세력균형에 의지하는 한편 러시아와의 긴밀한 협조체제를 만들고자 했다. 공사관에서 1년여 남짓 생활하는 가운데 러시아의 군사교관이 파견되고 친위대가 조직된 후에야 이들의 호위를 받으며 경운궁으로 돌아와 한국의 주권과 자주성을 표방하기 시작했다.

갑오개혁 당시 궁중과 부중의 분리 원칙 속에서 국정 전반의 통치권을 갖지 못해 군주권을 심각하게 손상당했던 고종은 의정부 관제를 먼저 개정했다.[139] '대군주폐하께서 만기를 통령한다'는 명문을 구체화함으로써 국정 운영권이 전적으로 국왕에게 있음을 밝힌 것이다. 그리고 여세를 몰아 1897년 10월에 대한제국을 선포하고 국정 운영권을 다시 장악하게 되었다.

대한제국을 통치하는 데 있어서 고종의 당면과제는 제국의 위상에 맞게 국가체제를 갖추고, 집권 초·중반기부터 추진해오던 개화정책을 계속해서 이어가는 것이었다. 이를 통해 부국강병을 이루어내야 열강의 세력관계 속에서 생존할 수 있었다. 따라서 고종은 한편으로는 전통적으로 지켜오던 동도를 수호하면서, 독립협회를 필두로 사회개혁과 변화를 요구하는 목소리를 반영하여 서기를 확대 수용하는 정책을 구사했다. 정책을 뒷받침할 관료세력으로는 친정 이후부터 군부 요직을 차지하며 충성을 보였던 순수무인 세력, 민씨척족 세력, 황실 측근의 근왕세력 등을 교차적으로 등용했다.

특히 민씨척족은 대한제국 시기에 들어와 후손들까지 대를 거

---

[139] 『韓末近代法令資料集』 II, 칙령 제1호 「의정부관제」, 1896년 9월 24일, 179~184쪽.

듭하여 폭넓게 등용되고 있었다. 민씨척족 가운데 대한제국기까지 요직에 임명된 인물들은 삼방파의 후손인 '치(致)'자 항렬의 민치헌, '호(鎬)'자 항렬의 민상호, '영(泳)'자 항렬의 민영환·민영준·민영익·민영기·민영규·민영철·민영달·민영상·민영주·민영소·민영돈·민영국·민영찬·민영린·민영선, '식(植)'자 항렬인 민정식·민응식·민종식·민경식·민형식(閔亨植)·민형식(閔衡植)·민형식(閔炯植), '병(丙)'자 항렬인 민병석·민병승·민병한 등이다.

이외에 삼방파의 후손이 아닌 민종묵(閔種黙), 민철훈(閔哲勳)도 요직에 임명되었다.140 민종묵은 고종 집권 초기인 1874년부터 문과를 통해 관직에 나아갔다. 1881년 조사시찰단으로 일본을 다녀온 뒤 세 차례나 청에 동지사, 진주사로 다녀왔다. 성균관 대사성과 사헌부 대사헌, 형조·병조·예조·공조판서 등 요직을 두루 거쳤다. 민철훈은 그의 아들로 1884년에 문과를 통해 등용되었고, 1892년에 참의내무부사 일을 맡았다. 대한제국기에는 특명전권공사를 맡아 외교 분야에서 활발한 활동을 펼쳤다.141

이처럼 대한제국기에 여흥민씨의 관계 진출은 민유중의 직계뿐만 아니라 삼방파의 후손에 이어 방계혈족까지 폭넓게 이루어지고 있었다. 이들은 대부분 고종 집권 초기부터 관직생활을 시작한 후, 대한제국기에 이르러 더욱 폭넓게 권력을 확대한 경우였다. 민씨척족의 구심점으로 여겨지던 명성황후가 사망한 후에도 광범위하게 관직에 진출하는 양상을 보여주고 있는 것이다.

140 『韓國族譜大典』, 1989, 482~484쪽;『韓國人의 族譜』, 日新閣, 1977, 476쪽.
141 『한국인의 족보』;『한국역대인물종합정보DB』(한국학중앙연구원).

대한제국기에 고종이 민씨척족을 활용한 부서는 의정부의 대신을 비롯하여 정권의 무력적 토대가 되는 원수부와 군부이다. 고종은 갑오개혁기 왕권이 실추된 일을 반면교사로 삼으면서 대한제국을 선포한 후에는 황제권을 강화하고 황실을 보호하는 데에 우선순위를 두었다. 이를 위해 1899년 6월 원수부를 설치했다. 원수부를 통해 황제는 만기를 통령하고 육해군을 통솔했다.[142] 8월에는 군부를 개정해 군부대신의 권한을 대폭 축소했으며,[143] 군부에 속한 권한을 황제에게 이관했다. 곧이어 원수부와 군부에 민씨척족을 대거 등용하여 군사행정권과 명령권을 장악하도록 했다.

원수부는 군무국·검사국·기록국·회계국 등 4개국으로 구성되었는데, 각 국의 총장에 임명된 민씨척족은 민영환·민병석·민영철·민영준 등이다. 군부대신의 경우에는 민영환·민영기·민병석·민영철 등이 임명되었다.[144] 이 시기 군권은 민영환·민병석·민영철·민영준·민영기 등에 집중되면서 이들이 군부 실세가 되었다. 민씨척족은 궁내부 특진관에도 대거 등용되었다. 특진관 제도는 고종이 군권을 강화하면서 궁내부를 확대하고, 왕실의 전례와 의식(儀式)을 위해 궁내부에 16인 이하의 특진관을 두면서 시작되었다.[145] 특진관은 주임관 이하의 관료 선발권과 각 왕실 사무와 관련한 중대사에 자문할 수 있는 권능을 갖고 있

---

142 『한말근대법령자료집』II, 〈詔勅 陸海軍 親摠에 관한 件〉, 광무 2년(1898) 6월 29일, 377~378쪽.
143 『한말근대법령자료집』II, 〈詔勅 군부관제 개정〉, 광무 3년(1899) 8월 18일, 543~545쪽.
144 장영숙, 『고종의 정치사상과 정치개혁론』, 선인, 2010, 309~310쪽.
145 『일성록』고종 32년(1895) 5월 1일.

었다.

고종은 사회 변화와 요구를 수용하여 서양의 근대학문과 기술 등의 서기를 적극적으로 도입하려 했다. 동시에 유교적 천명론과 민본사상에 바탕을 두고 충과 효를 중시하는, 동도에 입각한 통치질서를 확립하는 정책을 추진했다. 이러한 정책의 하나가 황실의 위상을 높이고 황제권을 존숭하고 신성화하는, '황실 바로 세우기' 작업이다. 고종은 먼저 4대조 추숭정책을 시행하기 위해 목조의 부모 산소를 찾아 묘역을 조성하는 등 유교에 입각한 통치질서와 전제군주 체제를 공고히 하는 정책을 추진했다. 이러한 정책 구현에 궁내부 특진관들이 대거 참여했다. 전주이씨, 안동김씨, 광산김씨, 해평윤씨, 풍양조씨, 전의이씨 등 여러 성관 출신의 인물들이 있었고, 여흥민씨도 그중 하나였다.

황후 사후부터 1907년 고종의 재위 기간까지 특진관으로 활동한 민씨척족은 민영소·민영주·민형식·민영준 등 모두 29명이다. 특진관의 수는 16인 이하로 제한했는데, 한 해에 많게는 13명까지 임명될 정도로 민씨척족이 차지하는 비율은 매우 높았다.[146] 고종이 황실의 위상을 높이고 의례를 존숭하는 절차에 외척인 민씨척족을 적극적으로 등용했음을 보여주는 증거이다.

이외에 핵심적인 경제부서인 탁지부대신 자리도 민씨척족이 차지했다. 1897년 12월 민종묵을 필두로 민영환, 민영기, 민병석, 민영철 등이 잇따라 등용되면서 재정권을 장악했다. 특히 민영기는 1898년 7월 9일, 1899년 1월 23일에 이어 특별 사면된 후

---

146 장영숙, 『고종의 정치사상과 정치개혁론』, 310~311쪽.

인 1904년 9월 30일 등 세 차례나 탁지부대신에 임용되었다.147 군권과 재정권에서 민영기가 절대적 권한을 행사했던 것이다. 민영철, 민영기, 민영돈, 민형식(閔亨植), 민형식(閔衡植) 등은 각 지방과 황해도, 평안남북도 등의 변경지역을 관할하는 관찰사로 두루 임명되었다. 이들은 지방에 파견되어 국왕의 외척으로서 정권을 홍보하고 변경을 방어하는 역할을 했다.

외교 분야에 등용되어 활동한 민씨척족도 많았다. 삼방파의 후손인 민영목·민영익·민영준·민영환·민영철·민영돈·민영찬·민형식 등과, 계파가 다른 민종묵·민철훈 등은 대한제국기 이전부터 외교 분야에서 두드러진 활동을 했던 인물들이다. 특히 민영목은 고종 친정 초기 전권대신으로 일본과 통상장정을 체결하는 데 막중한 역할을 맡았다. 민영익 역시 개화파와 함께 일본과 미국에 사신으로 다녀오는 등 외교 업무를 담당했다. 대한제국기에 들어와서도 고종은 영국을 비롯한 6개국 주재대사로 그를 발탁하며 총애했다. 그러나 을미사해사건 후 홍콩 등지를 떠돌면서 프랑스로 떠났다고도 하고, 도쿄에 가서 체류한 뒤 귀국하겠다고 했다는 등 풍설만 무성한 채 돌아오지 않았다.148

민영환은 세계일주를 통해 구미제국의 문물제도와 근대화된 모습을 일찌감치 둘러보아 해외 경험이 풍부했다. 민영돈과 민영찬은 유럽 국가들과 외교관계를 수립함에 따라 특명전권공사를 맡아 근대적인 외교 업무의 일익을 담당했다. 민종묵과 민철훈은 부자지간의 대를 이어가며 청에 파견되기도 하고, 외교 공사를

---
147 『일성록』;『구한국관보』해당일자.
148 『주한일본공사관기록』8, 公 第77號, 21~22쪽.

지내기도 했다.

이처럼 고종은 집권기반을 강화하고 유지하기 위한 통치이념으로서 동도를 고취하는 일에 민씨척족을 활용했다. 나아가 서양과의 교류를 확대하고 근대적인 외교관계를 모색하는 일에도 이들을 앞세워 실무를 접하는 기회를 주었다. 결과적으로 민씨척족은 궁내부를 비롯하여 원수부와 군부·탁지부 등의 요직에 폭넓게 진출하여 황권을 강화하고 집권기반을 구축하는 데 기여했다. 이와 더불어 외교관으로 기용되어 서양과의 교류를 도모하고 확대하는 서기 도입의 최일선에서도 역할을 했음을 알 수 있다. 민씨척족은 대한제국기에 들어와 동도를 선양하고 서기를 적극적으로 수용하는 고종의 이원적인 정책에 충실히 기여하면서 집권세력의 한 축을 차지하고 있었던 것이다.

고종 집권 초기부터 대한제국기까지 민씨척족의 광범위한 등용과 활약은 명성황후의 존재에만 기인한 것이 아니었다. 왕후 사후에도 민씨척족이 대거 등용될 수 있었던 것은 고종이 처족세력을 전적으로 신뢰하고 정권의 배후세력으로 의지했기 때문이다. 고종은 여흥민씨에 대해 "대대로 충정을 돈독히 해왔고 나라와 고락을 함께한 유서 깊은 집안이다"[149]라고 평가했다. 여흥민씨에 대해 "왕실과 가까운 일가로서 국가의 중대한 일에 항상 동참하여 어려운 일도 마다하지 않는 것을 당연한 도리로 여겨야 한다"라고까지 생각했다.

고종은 국가가 위태로울 때마다 민씨척족에게 의지하고 이들과 국정을 논의하면서 자신의 배후세력으로 키워갔음을 알 수

---

[149] 『승정원일기』 광무 10년(1906) 6월 3일.

있다. 이는 대한제국기의 여러 정치세력 가운데 당당한 한 축으로서 민씨척족이 확대 등용되었던 배경이 된다. 결과적으로 민씨척족은 고종의 집권 기간 내내 고종과 고락을 함께한 운명공동체였다고 할 수 있다.

고종의 인사정책과 불안정한 리더십

고종이 권력기반을 강화하기 위해 측근세력으로 등용한 정치세력은 시기별로 다양한 흐름과 변화를 나타낸다. 앞에서 살펴본 대로 집권 초기에는 순수무인 세력을 군권의 핵심 요직에 등용했고, 초기부터 집권 후기인 대한제국기까지 지속적으로 정권의 배경으로 활용한 세력은 민씨척족이었다. 또한 고종은 대외인식을 새로이 하고 부국강병을 위한 개혁정책을 추진함에 있어서는 개화파와 근왕세력 등을 시기별로 등용하여 개혁의 동반자로 삼고자 했다. 정국을 운영하는 데 필요한 인물들을 각 시기마다 교차적으로 등용해 활용한 것은 권력기반의 폭을 넓힌다는 점에서 바람직한 모습이라 할 수 있다.

그런데 고종이 인사정책을 구현하는 데에는 상당히 불안정한 요소가 보인다. 자세한 특징을 살펴보면 첫째, 등용한 인물들이 관료로 재임하는 기간이 지나치게 짧다는 것이다. 집권 초반기에 등용된 순수무인 출신만 하더라도 대다수가 군영을 지휘하는 대장의 자리에 임용되었지만 임기가 1년을 넘지 못했다. 수어

청이 유명무실해진 뒤 훈련대장, 금위대장, 어영대장, 총융사 등 4군영에 등용된 대장의 재직기간 역시 짧게는 4일에서 한 달, 두 달, 6개월, 1년을 넘기지 못하는 경우가 허다하다(99쪽 〈표 2〉 각 군영 장수 일람표 참조).

재직기간이 4일로 가장 짧았던 총융사 민태호의 경우 뚜렷한 이유도 없이 어영대장 민겸호와 자리를 서로 바꾸게 했다.[150] 총융사에 등용된 한규직이 일주일 만에 어영대장 이규원에게 자리를 내준 사례 역시 아무런 이유 없이 둘의 직임을 바꾼 경우이다.[151] 어영대장 이경하도 총융사 민겸호와 직임을 서로 바꾸게 했다.[152] 훈련대장 조영하만 거의 예외적으로 6년여 동안 재직했을 뿐, 상시적으로 각 군영 대장들의 직임을 교차적으로 바꾸었던 것이다.

그 결과 군영을 지휘 감독하는 대장들이 소속 군영에서 1년을 넘기지 못하는 경우가 태반이었다. 이러한 인사정책은 각 장수들로 하여금 4군영 전체의 업무를 두루두루 감독하고 지휘하는 역량을 키우는 데 도움을 줄 수는 있다. 반면 군영 휘하 군인들의 훈련 실태와 군영의 문제점 등을 상세하게 파악하는 데는 한계가 있기 마련이다. 유능한 인물을 적재적소에 배치하여 국가의 정책 목표에 맞게 활용하는 리더십과는 본질적으로 거리가 있다.

고종의 이러한 인사경영 방식은 대한제국기에 한층 더 심해지는 양상을 보인다. 황제가 전제군주권을 더욱 확실하게 법제화

---

150 『고종실록』 고종 18년(1881) 8월 16일.
151 『고종실록』 고종 20년(1883) 6월 22일.
152 『고종실록』 고종 18년(1881) 9월 21일.

한 '대한국국제' 선포 이후부터 1907년까지 군부대신의 임용 기간은 길게는 14개월, 짧게는 이틀에 불과한 경우도 있다. 군부대신의 경우 9년 동안 총 34명이 교체되었다(동일한 인물이 연이어 임용된 경우는 서리 과정을 거친 후 정식 임명된 경우이므로 제외). 한 명당 재직기간은 평균 96.6일이다. 거의 3개월마다 교체된 것이다.

군부의 상위에서 보다 실질적이고 막강한 군사 지휘권을 가졌던 원수부의 경우에는 군사 업무를 총괄하던 군무국의 인물 교체가 가장 빈번했다. 군무국에서는 6년 동안 총 24명이 교체되었고(동일 인물이 연이어 임용된 경우는 제외), 한 명당 재직일은 91일 정도로 석 달을 겨우 채우는 수준이었다. 1904년 2월 한일의정서가 체결된 후에는 일주일도 안 되어 군무국 총장이 교체되기도 했다.[153] 이처럼 군 관계 인사들의 잦은 교체는 정권을 불안정하게 만드는 가장 큰 원인으로 작동될 수 있었다.

둘째, 고종의 인사정책의 특징은 내부 권력쟁탈전으로 인해 고유의 인사권이 영향을 받았다는 점이다. 고종 집권 기간 동안 권력쟁탈전은 수시로 일어났다. 개화파에 속하는 해외 망명자들이 중심이 되어 고종을 대리할 새로운 정치 지도자를 추대하고자 하는 쿠데타 움직임도 자주 일어났다. 특히 박영효, 유길준, 조희연, 우범선 등의 개화파 정치인들은 고종의 둘째 아들인 의화군을 추대하여 새로운 국왕으로 내세우면서 권력을 찬탈하려는 움직임을 전개하기도 했다.[154]

---

[153] 장영숙, 『고종의 정치사상과 정치개혁론』, 339~341쪽.
[154] 鄭喬, 『大韓季年史』下, 123쪽.

한 번은 박영효가 거주하던 소안동 가옥 3칸이 불에 타 전소했고 주민 2명이 사망한 적도 있었다. 원인은 정확하게 밝혀지지 않았으나 이들 친일적 개화파를 둘러싼 안팎의 불온한 기운 속에서 화재가 발생한 것으로 생각된다. 이 사건을 계기로 박영효 집 앞에는 일본 순사 8명이 보초를 서게 되었다. 고종은 경찰을 투입하여 조사하지도 못한 채 일본을 배후에 둔 망명세력 때문에 늘 노심초사했다.[155]

당시 주한 일본공사관에서 조사한 바에 따르면 갑신정변, 갑오개혁, 을미사변으로 정치적 망명을 떠난 사람은 모두 30여 명을 헤아렸다.[156] 고종은 자신의 지위를 위협하는 불온한 망명자들을 감시하면서 때로는 자객을 파견하는 극단적인 대책을 세우기도 했다. 또 이들의 귀국을 외교적으로 타결하려고 하는 강온 양면 정책을 구사하기도 했다.[157] 그럼에도 이들의 문제가 쉽게 해결될 기미가 보이지 않자 고종은 이들을 영원히 사면하지 않는다는 조칙을 내렸다.[158]

결과적으로 정권을 위협하는 불미스러운 사건과 인물들의 활동 속에서 고종은 안정적인 인사권을 행사하지 못했던 것으로 보인다. 정권의 입맛에 맞고 자신의 권력기반을 강화해줄 만한 다양한 인물들을 선택하다 보니 교차적으로 임용할 수밖에 없었던 것이다. 그에 따라 인사이동이나 인물 교체가 잦았고, 이는 결국 고종의 리더십을 약화하는 문제로 이어지게 된 것이다.

155 『주한일본공사관기록』 14, 문서번호 照會第55號.
156 『주한일본공사관기록』 17, 〈亡命者及ヒ類似ノ韓國人ノ日本ニ在留スル者ノ人名〉.
157 『주한일본공사관기록』 13, 문서번호 發第67號.
158 『한말근대법령자료집』 II, 〈詔勅 국외망명자를 영구히 赦하지 않는 건〉, 광무 2년 (1898) 12월 21일, 429~430쪽.

셋째, 고종의 인사경영은 내부의 권력쟁탈전뿐만 아니라 이와 연계된 외세의 영향에 쉽게 좌우되었다. 즉 외세가 고종의 인사권에 막대한 영향을 미치고 있었다. 외세를 둘러싼 친미·친러·친일파 간의 대립과 갈등으로 인해 고종의 운신 폭은 좁아질 수밖에 없었다. 친일세력이 부상하면 친일파로 분류되는 이지용이 원수부 총장으로 등용되고, 1904년 이후에는 엄황후 책봉과 관련한 주요 상소자들인 이용익, 이근택 등이 원수부 총장으로 등용되었다.

더욱이 원수부 각국 총장은 농상공부대신, 혜민원 총재, 수륜원 총재, 박물원장 등의 직무를 서리 또는 겸임하는 예가 많았다. 정부 주요 인사들의 보직을 위한 비정상적인 인사정책의 결과로 볼 수 있다. 결국 자리를 위해 사람을 임명한 것이 아니라, 사람을 위해 자리를 만들어주는 식이었다. 황제는 외세와 연결되어 부침을 거듭하던 국내 정치세력의 정황을 반영하여 인사권을 행사하곤 했다. 이는 주요 인물들의 재직기간이 짧을 수밖에 없었던 이유이면서 동시에 황제 권력의 불안 요소였다.

황제 휘하의 장성들과 권력의 핵심에 있던 원수부 총장들의 잦은 교체에 대해 불만의 소리도 높았다. 육군참장인 백성기(白性基)는 "군 장령들이 자주 교체되어 장수는 병졸을 알지 못하고 병졸들은 장수를 알지 못하게 되므로 은혜와 위엄으로 길러서 임금에게 충성하고 나라를 사랑하도록 가르칠 수 없을 정도이다"[159]라며 성토했다. 군부협판 주석면(朱錫冕)은 이보다 훨씬 오래전에 군부의 사무가 지체되고 명령이 집행되지 못하는 애로

---

[159] 『승정원일기』 광무 4년(1900) 4월 17일.

점에 대해 상소문을 올린 적이 있었다.[160]

이러한 불만에도 불구하고 권력 지휘부의 잦은 교체는 계속되었다. 이는 곧 어느 세력도 믿지 못하고 다양한 인물들을 교차로 등용하는 고종의 정국 운영의 특징이었다. 고종의 인사정책은 정국을 불안하게 하고 군통수권의 위기를 초래하는 단점으로 작용할 수 있었다. 반면 성공할 경우에는 다양한 정치세력의 충성을 이끌어내는 통치전략이 될 수도 있었다. 그러나 이는 황제가 강력한 리더십을 발휘할 때에 가능한 일이다.

고종의 경우에는 국내 정치세력 간의 알력은 물론, 외세 및 외세와 연결된 정치세력이 실권을 행사하면서 오히려 인사권을 방해받는 지경에 이르렀다. 그만큼 황제의 리더십은 방향과 균형을 잃은 채 대내외적으로 흔들리고 있었다. 이후 일본의 침략 야욕이 점차 노골적으로 드러나면서 황제를 따르는 정치세력보다 외세에 영합하는 세력이 늘어간 것은 황제 자신에게나 국가의 장래 모두에 불행을 몰고 오는 단초가 되었다.

---

160 『고종실록』 광무 원년(1897) 11월 29일.

3

내아문 중심의
국정 운영 방식

내아문 체제를 통한 국정 운영

내아문 1기, 통리기무아문 시기

고종은 문호개방 후 동도서기 정책을 실시하면서 이를 전담할 기구를 설치했는데, 바로 내아문이다. 앞에서 시기적 변화와 배경을 설명하면서 잠깐 언급했으나, 고종이 의정부와 별도로 내아문을 중심으로 국정을 운영했으므로 내아문 체제가 수립되고 변화되기까지의 과정을 간략하게 살펴보기로 한다. 고종은 개화자강 정책을 추진할 중심 기구로 1880년 12월에 통리기무아문을 설치했고, 임오군란의 여파로 신설아문이 해체된 뒤 1882년 11월에 통리아문을 설치했다. 이 기구는 후에 내정과 군국사무를 담당하는 통리군국사무아문과 외교·통상을 전담하는 통리교섭통상사무아문으로 분리된다. 곧이어 갑신정변의 여파로 통리군국사무아문이 해체된 뒤에는 1885년 5월 내무부를 신설하고 개화자강 정책을 지속했다.

고종은 신설아문을 대궐 내에 설치하고 의정부와 동급으로 중시했는데, 이를 내아문 체제라 한다. 즉 군국사무와 내정을 주로 담당하는 통리기무아문과 통리군국사무아문, 내무부로 이어지는 내아문 체제는 내무부가 폐지되는 1894년까지 존속하면서 근대화 정책을 추진하는 핵심적인 역할을 했다.

통리기무아문의 경우 1880년 12월 5일 고종이 정부 대신들을 접견한 자리에서 사대(事大), 교린(交隣), 군무(軍務), 변정(邊政) 등의 일을 관장할 새 아문의 절목을 만들어 올리라고 했다. 이에 보름 만에 통리기무아문이 출범했다.[1] 당시는 그해 8월에 김홍집이 2차 수신사로 일본을 다녀오면서 가지고 온『조선책략』을 둘러싸고 사회적 논의가 분분하게 일어나던 때였다.

위정척사파는『조선책략』에서 주장하는 친중국(親中國)을 당연한 도리로 인식했으나, 일본과 결탁하고(結日本) 미국과 연합해야(聯美國) 한다는 주장에 대해서는 오랑캐를 받아들일 수 없다며 격렬하게 반대하는 상소를 올렸다. 이듬해 2월 이만손을 필두로 하는 경상도 유생 1만여 명이 올린 연명상소는[2] 그 절정이었다. 개화 반대여론은 관련 정책을 펴나가기 어려울 정도로 심각했다. 이러한 사회 분위기 속에서도 개화정책을 추진하는 중심 기구를 조직한 것은 고종을 비롯한 집권층의 부국강병에 대한 열망이 그만큼 강렬했기 때문이다.

고종은 통리기무아문을 의정부와 동일한 정1품 아문으로 세우고 이웃 나라 간의 사대와 교린, 군사 업무와 통상, 기계, 어학 등을 담당하는 12사(司)를 두었다. 각 사의 당상에는 조영하

---

1 『統理機務衙門 軍務司 記錄』(장서각 2-3387), 고종 17년(1880) 12월 5일.
2 『고종실록』고종 18년(1881) 2월 26일.

를 비롯한 풍양조씨, 김병덕을 비롯한 안동김씨, 민겸호 등의 여흥민씨, 이재긍과 같은 왕실척족을 임명함으로써 새 아문을 중시했다. 12사 가운데 특히 군무사는 군사에 관계되는 모든 업무를 총괄하는 부서였다. 근대화를 추진하는 데 있어서 강병은 절박한 과제였기 때문에 자연히 군무사가 새로운 아문의 중심 역할을 하게 되었다.

군무사가 통리기무아문의 중심이 된 것은 군사 관련 업무를 관장하던 5사를 군무사로 통합했다는 점, 각 사에 평균 2~3인의 당상을 둔 데 비해 군무사에는 4~6인의 당상을 두었다는 점에서도 알 수 있다. 고종은 군무사를 통해 각 군영을 관리하고 군사 명령권의 계통을 체계화하려는 노력도 함께 기울였다. 특히 당상 가운데 홍영식과 이원회를 일본에 조사시찰단으로 파견하여 일본육군성과 육군조련에 관해 시찰하게 하는 등 일본군의 선진 기술과 군사력 강화에 많은 관심을 드러냈다. 청을 통해서는 군사장비 제조를 학습할 공도(工徒)인 영선사를 파견하는 등 강병책을 추진하는 데 있어 청과 일본 두 나라에 교차적으로 협조를 구해나가는 방식을 취했다.

고종은 군무사를 통해 강병을 위한 다각도의 노력을 기울였다. 당상 이원회를 참획관으로, 개화승 이동인을 참모관으로 일본에 파견하여[3] 군사와 관련된 폭넓은 문제를 논의하게 했다. 군무사 당상 민겸호에게는 5군영의 병사 중 80여 명을 뽑아 교련병대를 창설하게 했다. 교련병대는 일본 육군소위 호리모토 레이조(掘本禮造)의 지도 아래 신식 군사훈련을 받았다. 장령의 선

---

3 『御營廳謄錄』(장서각 2-3349), 辛巳(1881) 2월 11일.

발 기준은 무예 실력이 출중한가 여부였다.[4] 인재를 선발할 때 문벌을 따지기보다 능력을 중시한 데에는 고종의 의지가 반영되었다. 고종의 롤모델인 정조가 규장각 검서관들을 선발할 때 서얼 출신이라도 능력이 출중하면 파격적으로 기용한 데서 교훈을 얻었을 수도 있다.

새로운 군사기술을 수용하는 데 적극적이던 고종은 새로 조직한 교련병대에 특히 관심을 보였다. 교련병대의 시범훈련에 참관하고 그 정예함에 대해 자주 칭찬했다.[5] 이들에게 초록 군복을 입히고 구식 군졸의 봉급은 수개월이나 밀려 있는 상황에서 신식 병사들에게는 매달 10여 원의 봉급을 빠짐없이 지급했다. 명백한 차별정책이었다. 이 때문에 구식 군인들의 불만을 사게 되었고,[6] 교련병대에 대한 고종의 총애는 신식 병사들의 특권의식과 어우러져 군내부의 갈등을 촉발했다. 1882년 임오군란은 그렇게 비화되었던 것이다.

내아문 2기, 통리군국사무아문 시기

임오군란을 수습한다는 명분으로 민심을 등에 업고 재집권의 기회를 잡은 이는 대원군이다. 그는 등장하자마자 통리기무아문을 삼군부로 교체했다.[7] 삼군부는 대원군이 권력을 독점해온 세도

4 『訓局謄錄』(3)(장서각 2-3400), 후민(1881) 4월 25일.
5 『승정원일기』 고종 18년(1881) 8월 27일.
6 崔炳鈺, 「敎鍊兵隊(속칭: 倭別技) 硏究」, 『軍史』 18, 1989, 114쪽.
7 『일성록』 고종 19년(1882) 6월 10일.

가문을 견제하기 위해 비변사를 폐지하고 막강한 군령기관으로 설치한 기관이다. 대원군이 통리기무아문을 혁파하고 삼군부를 복구함에 따라 부국강병을 지향하던 고종의 개화정책도 방향을 잃게 되었다. 그런데 대원군이 임오군란의 주모자로 지목되면서 청의 마건충(馬建忠)과 정여창(丁汝昌)에게 피랍되는 사건이 발생했다.[8]

고종은 대원군이 청에 유폐된 기회를 틈타 동도서기에 입각하여 근대문물을 도입하고 부국강병을 추구한다는 정책 방향을 제시했다. 곧이어 1882년 11월에 편민이국(便民利國)을 도모한다는 명분으로 외교 업무를 관할하는 통리아문을 다시 설치했다.[9] 이튿날에는 외교 못지않게 내무 역시 중요하다고 인식하여 내무를 관할하는 통리내무아문을 설치했다. 이로써 통리아문은 내정과 군정을 담당하는 통리내무아문과 외무를 담당하는 통리외무아문으로 재출범하게 되었다.

2개의 아문은 1882년 12월 4일 통리군국사무아문과 통리교섭통상사무아문으로 개칭되었다. 대원군이 복설했던 삼군부도 통리군국사무아문에 합부되면서[10] 내정과 군정에 관한 모든 업무를 통리군국사무아문에서 처리하게 되었다. 개화정책을 추진하는 핵심적인 기구로서 두 번째 내아문이 출범한 것이다. 통리기무아문이 혁파되고 난 뒤 5개월 만에 개화자강 관련 업무를 계승하는 기관을 재설치한 것은 고종이 서기 수용을 통해 부국강병을 도모하고자 하는 열의가 그만큼 컸음을 의미한다.

8 『승정원일기』 고종 19년(1882) 7월 13일.
9 『일성록』 고종 19년(1882) 11월 17일.
10 『고종실록』 고종 19년(1882) 12월 22일.

통리군국사무아문은 임오군란 이후 청의 내정 간섭이 더욱 심해지는 상황에서 출범했다. 조선이 개화정책을 추진하면서 신식 무기를 도입하는 일과 군제를 개편하는 일을 청에 의지하지 않고 일본에 의존하자 이홍장과 원세개는 적극적인 내정 간섭을 시도했다. 일본이 조선에서의 세력을 더 확대하려는 것으로 생각했기 때문이다. 임오군란 발생 후 대원군을 천진의 보정부로 압송해간 것도 군사원조 면에서 청이 일본의 영향력보다 뒤지게 되자 이를 회복하기 위한 목적도 있었다.

청은 조선에서의 영향력을 확대하기 위해 통리교섭통상사무아문 참의에 묄렌도르프(穆麟德)를, 통리군국사무아문 참의에 왕석창(王錫鬯)을, 의정부에 마건상(馬建常)을 앉히면서[11] 내정 간섭을 강화해왔다. 결국 고종은 군란 수습과 함께 한층 거세진 청의 간섭으로부터 자유로울 수 없게 되었다. 이에 위기감을 느낀 고종이 내무와 군국사무를 따로 담당하는 통리군국사무아문을 출범시킨 것이다. 통리기무아문을 출범시킬 때는 위정척사파의 반발을 정면으로 돌파해야 했다. 반면 통리군국사무아문은 청의 외압에 직면했으나 이를 무시하고 개화자강 정책을 계속 추진하겠다는 의지를 나타낸 것이다.

두 내아문을 비교해보면 통리군국사무아문은 통리기무아문과 달리 6사로 구성되어 있다.[12] 이 중 농상사와 장내사만 새로운 부서이고, 나머지는 통리기무아문 구성과 크게 다르지 않다. 각 사의 책임자인 독판은 통리기무아문처럼 여흥민씨, 안동김씨, 풍양

11 『일성록』 고종 19년(1882) 12월 5일; 『고종실록』 고종 19년(1882) 12월 25일, 고종 20년(1883) 1월 22일.
12 『일성록』 고종 20년(1883) 9월 30일.

조씨 등이 맡았다. 통리기무아문과 마찬가지로 가장 중요한 부서는 고종의 군사명령권을 받들고 중앙과 지방의 군대를 통솔하는 군무사였다. 대원군이 삼군부를 통해 군령권을 확보해나갔다면, 고종은 내아문의 군무사를 통해 군령권을 일원화하고 체계화한 셈이다.

군무사의 독판에 김병시, 협판에 윤태준·한규직을 등용하고, 친군좌영의 감독을 역임했던 이조연에게 군무사 사무 일체를 겸관하도록 했다. 김병시, 윤태준, 한규직, 이조연은 통리군국사무아문 군무사의 중심인물로서 군사 관련 일을 처리했다. 이외에도 각 사의 사무와 독판을 관장하는 장내사의 민태호가 군무사 일을 최종 관리했던 것으로 보인다.

통리군국사무아문 역시 통상 1~2인의 협판과 주사가 각 사에 배치된 데 비해 농상사와 군무사의 경우에는 2~4인까지 있었다. 농상사와 더불어 군무사에 가장 많은 협판과 참의, 주사가 배치된 것이다. 통리군국사무아문 군무사도 부국과 강병을 도모하는 핵심 부서였음을 짐작할 수 있는 부분이다. 군무사가 중심이 되어 중앙군과 지방군을 관리했고, 군제 개편, 군사시설의 치폐 등 군사와 관련된 막중한 일을 맡았다.

군무사에서는 군제 개편을 수노했는데 통리군국사무아문 시기에는 중앙군과 지방군을 친군영 체제로 개편했다. 임오군란 후 치안은 서울에 파견된 3천 명의 청 주둔군에 의해 유지되고 있었으므로 군제를 재정리할 필요가 있었다. 고종은 상·하리(上·下里)의 장정 가운데 1천여 명을 모집하게 하여 원세개에게 군사 편제를 위탁했다. 원세개는 이를 각각 500인으로 나누어 친군 좌·우 2개의 영으로 만들었다.[13] 친군 좌영은 이조연이, 우영은 윤태준이 각각 감독을 맡았다. 고종은 창덕궁 춘당대에서 친군 좌우영을 검열하면서 "보법(步法)과 방창(放槍)이 자못 정돈되고 숙련되었다"[14]라며 칭찬하기도 했다. 청의 영향력 속에서 친군영이 군영으로서의 면모를 갖추어나갔던 것이다.

이와 병행하여 일본식 군사 편제에 의한 훈련도 진행되었다. 광주유수로 부임한[15] 박영효가 양성한 수백 명의 군사는 박영효의 면직과 함께 전영사 한규직과 후영사 윤태준이 영솔하게 되었다. 이 군사들은 곧 한규직이 친군 전영으로 부대 명칭을 변경하여 감독했다. 이외에도 연융대(鍊戎臺)에 주둔하던 부대의 명칭을 친군 후영으로 개칭하여[16] 중앙군은 친군4영제가 되었다.

친군4영은 청의 영향을 받아 편성된 것이어서 장수들도 친청 성향을 띠었던 반면, 박영효가 인솔하던 친군 전영은 일본의 영향을 받아 이들과는 훈련 방법과 성향이 서로 달랐다. 결과적으로 친군4영 가운데 친군 좌·우영은 친청 성향을, 전·후영은 친일 성향을 띠게 되었다.[17] 친군영을 지휘하는 장수와 군사들 간의 성향 차이는 이후 심각한 갈등으로 이어지면서 갑신정변이 일어날 당시 서로에게 총칼을 겨누게 된다.

군제 개편 후 고종은 각 영의 통일을 기하기 위해 복색과 훈련 일체를 친군병제에 의거하도록 했다.[18] 또한 친군영의 감독 칭호를 어영사 칭호에 의거해서 친군영사(親軍營使)로 격상하고 친군

13 金允植, 『陰晴史』, 195~196쪽.
14 林明德, 『袁世凱與朝鮮』, 臺北 中央研究院 近代史研究所, 1969, 32쪽.
15 『고종실록』 고종 20년(1883) 3월 17일.
16 『일성록』 고종 21년(1884) 7월 22일.
17 林明德, 『袁世凱與朝鮮』, 52쪽.
18 『일성록』 고종 21년(1884) 윤5월 19일.

영은 궁궐 숙위가 특히 막중한 일임을 강조했다.[19] 이처럼 군제 개편의 중심에 군무사가 있었고, 군무사는 내아문의 중심 부서로서 고종의 군사명령권을 뒷받침하고 있었다. 내아문 체제를 구축하면서 고종이 특히 심혈을 기울인 것은 어느 나라에도 휘둘리지 않게 강해지고자 하는 '자강'이었다.

내아문 3기, 내무부 시기

내아문 가운데 3기에 설치된 신설아문은 내무부이다. 내무부는 조선을 둘러싸고 청, 일본, 영국, 러시아 등 제국주의 국가들이 상호 긴장관계 속에서 세력균형을 이루고 있는 틈을 타 출범했다. 어느 나라도 조선에 대해 우월한 관계를 구축하고 있지 않을 때 고종은 갑신정변 이후 위축된 개화에 대한 분위기를 쇄신하기 위해 내아문을 다시 출범시켰다. 내아문을 설치할 때마다 고종의 강력한 의지가 뒷받침되었으므로, 내아문 체제는 곧 고종이 부국강병을 목표로 개화자강 정책을 구현하려는 의지의 결과였다고 볼 수 있다.

갑신정변 이후 조선을 둘러싼 열강들의 움직임은 자못 분주하게 돌아갔다. 청은 자국 군사를 동원해 곤경에 처한 조선을 도왔으나, 정변이 진정된 후에는 청에서 이탈하고자 하는 고종의 자주적 성향을 내심 걱정하고 있었다.[20] 때문에 청은 조선 조정에

19　『일성록』 고종 21년(1884) 8월 26일.
20　林明德, 『袁世凱與朝鮮』, 153쪽.

친청파 관료를 심고 내정 간섭을 강화하기 위해 친청파로서 정변에 참여하지 않았던 김홍집을 좌의정에, 김윤식을 강화유수 겸 병조판서로, 어윤중을 선혜청 당상으로 기용하도록 했다.[21]

이러한 청의 인사권 개입에 심적 부담을 느낀 고종은 청의 간섭과 압제에서 벗어나기 위해 친군 전영 영관(領官) 권동수(權東壽)와 김용원(金鏞元)을 밀사로 보내 러시아와 외교관계를 추진하려 했다. 당시 고종은 외교를 담당하던 통리교섭통상사무아문은 물론 러시아와의 접촉을 제의했던 묄렌도르프에게도 비밀로 한 채 유사시 러시아 황제의 보호를 요청하는 내용의 친서를 전달하고 회답 서한까지 받았다.[22] 이른바 제1차 조·러밀약(1885년 5월)이다.

그런데 이 같은 내용은 청과의 관계를 걱정한 친청파 김윤식에 의해 곧 공개되고 말았다. 김윤식은 러시아공사관 서기관 스페에르(Speyer)가 이미 고종의 윤허를 받은 '군사교관 초빙약고'에 조인할 것을 요청했는데도 끝내 거절했다.[23] 청·일 양국의 외교적 지원이 있으리라 예상했기 때문이다. 김윤식은 당시 통리교섭통상사무아문의 독판직에 있었기 때문에 외교 업무의 책임자로서 청과의 관계를 고려하지 않을 수 없었다. 러시아와의 비밀 접촉은 조선을 둘러싼 국제외교 관계에 지각변동을 일으킬 수도 있었기 때문이다. 그럼에도 불구하고 당시 김윤식의 행동은 조선보다 청의 입장을 우선적으로 생각한 처사라 할 수 있다. 그

---

21 『일성록』 고종 21년(1884) 10월 20일.
22 묄렌도르프 夫婦 지음, 申福龍·金雲卿 옮김, 『묄렌도르프 문서』, 평민사, 1987, 85~88쪽.
23 송병기, 「고종 초기의 외교」, 『한국독립운동사 I』, 국사편찬위원회, 1987, 81~83쪽.

의 태도에 대한 정밀한 비판이 요구되는 대목이다.

청은 고종이 러시아에 접근한 것을 두고 러시아를 끌어들여 청을 견제하려는 인아거청책(引俄拒淸策)의 일환으로 판단했다. 따라서 이를 원천봉쇄하기 위해 천진의 보정부에 갇혀 있던 대원군의 환국을 추진했다.[24] 대원군의 귀국은 고종을 둘러싼 집권세력의 정치적 입지를 약화할 것이라는 판단에서였다. 또한 청은 조·러밀약 사건을 해결하는 과정에서 원세개에게 상무와 외교 관계를 주관하는 권한을 부여하여 조선에 파견했다. 조선에 대한 내정 간섭의 강도를 높이고 외압을 더욱 강화하고자 하는 의도였다. 청은 이제 조선에 대해 전통적인 조공체제를 강화하려는 것이 아니라 여타의 열강들과 마찬가지로 제국주의적 식민 지배를 기도하고 있었다.

청은 조선을 국제법적인 번속(藩屬)으로 규정하고 내치뿐만 아니라 외교 부문에서 주권을 보유하고 있음을 분명히 했다. 그런데 조선은 청의 책봉을 받는 사실을 부정하지 않았고, 청에 대한 조공 전례도 여전히 이행하고 있었다. 따라서 서구열강은 조선이 주권은 지녔으되 청의 종주권에 속해 있는 속국임을 확인했다. 조선 스스로 책봉과 조공을 거부하지 않는 한 국제법적으로 온전한 주권과 독립을 누릴 수 없었던 것이다.[25] 고종은 기회가 닿을 때마다 청으로부터 독립하고자 했지만 현실권력인 청으로부터 자유로울 수 없었다.

때마침 조선을 둘러싼 열강들의 움직임은 조선에 새로운 기회

24　林明德, 『袁世凱與朝鮮』, 117쪽.
25　유바다, 『19세기 후반 조선의 국제법적 지위에 관한 연구』, 고려대학교 박사학위논문, 2016, 380~382쪽.

를 제공하고 있었다. 조·러밀약 사건으로 러시아가 새롭게 등장하자 영국은 러시아의 남진을 저지하기 위해 거문도를 점령했다. 이 사건의 조정 역할을 맡은 청의 이홍장은 러시아공사 라디겐스키(Ladygensky)와 협상을 진행했다. 그 결과 러시아는 조선에 영토적 야심이 없음은 물론, 기존의 조·청 간의 관계를 인정하는 내용의 '이·라디겐스키 협약'(1886년 10월)을 체결했다. 이는 곧 청이 조선에 대한 종주권을 영국과 러시아로부터 인정받는 계기가 되었다.[26]

한편 일본은 쓰시마에서 러시아 해군의 통행을 차단함으로써 러시아의 남하를 저지하고 있었다. 새로운 강국인 러시아의 등장으로 조선이 열강의 각축장이 되자 이를 청·일 간의 대립으로 압축하려 했다. 일본 외무대신 이노우에 가오루는 이홍장에게 조선의 대외관계가 일본과 청의 이해에 결정적인 영향을 주고 있음을 지적하고, 청이 조선에 더 적극적인 정책을 펴야 한다는 뜻을 밝혔다. 또한 이권 보호를 위해 조선의 김홍집·김윤식·어윤중 등에게 외부(外部)·병부(兵部)·호부(戶部)와 같은 중요한 국정을 맡기고, 묄렌도르프 대신 유능한 미국인을 조선 정부에서 고용하게 하며, 청과 일본은 긴밀한 관계를 유지하면서 중요한 사안을 상의하여 처리한다는 내용의 '조선외무변법(朝鮮外務辨法)'을 전달했다.[27]

일본의 대청공조정책(對淸共助政策)은 갑신정변 직후 일본의

---

[26] 崔文衡, 「列强의 對韓政策과 韓末의 情況-특히 1882년~1894년의 美·英·露의 態度를 中心으로」, 『淸日戰爭을 前後한 韓國과 列强』, 한국정신문화연구원, 1984, 22~23쪽.

[27] 具仙姬, 「갑신정변직후 反淸政策과 청의 袁世凱 파견」, 『사학연구』 제51호, 1996, 48~49쪽.

소극적 정책, 즉 조선으로부터의 청·일 양국의 동시 철병과 조선에서의 청의 독점적 우위를 승인할 수밖에 없었던 것보다 더 적극적으로 개입한 결과인 것으로 보인다. 조선으로서는 그동안 청·일의 이해관계의 장에서 영·러가 가담하는 제국주의적 각축장이 됨을 의미한다. 또한 여러 열강 중 어느 나라도 조선을 직접적으로 침략할 수 없는 세력균형기라고 볼 수 있다. 그에 따라 조선에서는 열강의 침략 위협이 점증하는 상황에서 중립화에 대한 논의가 일기 시작했다. 유길준은 특히 '중립론'을 통해 자신의 견해를 피력했다. 다른 한편으로 이 시기에 조성되고 있던 세력균형의 분위기는 조선에게 열강의 침략 위협 없이 오로지 자강에만 충실할 수 있는 절호의 기회였다.[28]

이처럼 조선을 둘러싸고 벌어지는 일련의 변화 속에서 고종은 1885년 5월 내무부를 창설하여 내아문 체제를 부활하고자 한 것이다. 정변 이후 눈에 띄게 심화된 청의 외압, 이에서 벗어나려는 조선을 둘러싸고 여러 열강이 팽팽하게 접전을 벌이는 긴장된 상황, 이러한 시련을 기회로 활용하여 고종은 국왕권을 새롭게 굳히고자 했다. 통리군국사무아문을 혁파한 후 7개월 만에 또다시 군사와 정치의 총괄부서로 내무부를 창설한 것은 내아문 체제를 통해 자강정책을 계속하겠다는 의지의 표현이었다.

내무부의 인적 구성을 보면 고종이 내아문 중심으로 자신의 권력기반을 강화하는 데 확고한 의도가 있었음을 쉽게 알 수 있다. 내무부는 독판 한 명이 각 국을 실질적으로 총괄했다. 여

28　趙景達,「朝鮮における大國主義と小國主義の相克－初期開化派の思想」,『조선사연구회논문집』 22집, 1985, 75쪽.

갑신정변 직후 청과 일본 외에 새로운 강자 러시아가 대두하자
조선의 중립화론을 제기한 유길준

기에 의정부의 세 정승이 내무부의 총리대신을 겸직하면서 중요한 사안을 협의하고 처리하는 최고위직에 있었다.[29] 의정부 대신들로 하여금 내무부 총리대신을 겸임하게 한 것은 의정부와 내무부의 업무 공조와 원활한 운영을 도모하기 위해서였다. 통리기무아문 시기 아문의 최고위직에 의정부의 시원임대신을 도상(都相)으로 앉혀[30] 양 기관의 업무 조화를 꾀하려 했던 것과 마찬가지이다.

출범 당시 내무부는 7국 체제였으나 곧 직제사, 지리사, 농무

29 『東萊府啓錄』 1885년 8월 1일. 내부부에 관한 절목을 올린 기사는 『고종실록』 고종 22년(1885) 6월 10일자에 나오나, 그에 관한 구체적인 내용은 『동래부계록』에서 보인다.
30 『備邊司謄錄』 27권, 고종 17년(1880) 12월 20일.

사, 군무사 등의 7사로 개편한 뒤 자강활동을 추진해나갔다. 독판은 7사의 업무를 총괄하는 책임자로 각 사에 한 명씩 배치되었다. 장기간 독판직에 있었던 이들은 민씨척족이었다. 특히 민병석-민응식-민영상-민영준-민영소-민두호-민영환 등이 독판직을 수행한 주요 인물이었다. 이들은 협판과 참의로서도 활약했고, 개화자강 정책의 산실인 내아문에서 고종의 정치를 뒷받침했다.

민씨척족 이외의 내무부 관료로는 고종 집권 초기부터 순수무인으로서 중앙군영을 관리해오던 김기석, 신정희 등을 등용했다. 친군5영을 교차적으로 담당하던 이규석, 한규설, 이종건, 정낙용, 신환, 이교헌, 임상준 등도 고종의 집권기반과 군사적 배경으로서 자강 업무에 참여하고 있었다. 이외에 정범조, 박정양, 이헌영, 이교익, 조준영, 한장석 등 통리기무아문과 통리군국사무아문에서 개화자강 업무에 참여한 경험이 있는 인물들도 등용되었다. 따라서 내무부 관료는 광범위한 민씨척족과 친정 초기부터 왕권과 군권의 기반 역할을 해오던 순수무인 출신 그룹, 내·외아문 체제에서 개화자강 사업에 핵심적으로 활동하던 실무진 중심으로 구성되었음을 알 수 있다.[31]

---

31 내무부 관료에 대해서는 일찍이 한철호,「閔氏戚族政權期(1885~1894) 內務部 官僚研究」,『아시아문화』제12호, 1996에서 밝혀진 바 있다. 그 외에 장영숙,「내무부 존속년간(1885년~1894년) 고종의 역할과 정국동향」,『상명사학』제8·9합집, 2003에서 내무부 존속기간 동안 고종의 정국 운영 실태를 분석하였다.

내아문과 의정부의 역할 구분

통리기무아문이 창설된 1880년부터 내무부가 해체된 1894년까지 내아문 체제가 자리 잡으면서 국가의 주요 행정은 내아문을 중심으로 진행되었다. 내아문 1, 2기의 군무사 사례에서 보듯이 특별한 원칙이 없는 군제 개편을 시행하고 군사 문제 일반을 내아문에 전적으로 일임하는 등 의정부는 행정의 중심에서 벗어나 있었다. 이러한 분위기를 타파하고자 의정부 중신들의 문제 제기가 잇따랐다. 1884년 12월에 소장개화파를 중심으로 갑신정변이 일어나자 대신들은 이를 계기로 "국왕이 사소한 일에까지 개입하고 몇몇 신진관료들을 총애함으로써 국가적 변란을 초래하게 되었다"[32]라며 국왕을 성토했다.

이에 대해 고종은 개화정책 추진 기구였던 통리군국사무아문을 폐지하고,[33] 별유(別諭)를 통해 "앞으로의 정치는 대소신료들의 공론에 입각하여 추진하겠다"[34]라고 다짐하면서 한 발 물러나는 모습을 보였다. 이는 고종의 개화시책에 따른 불만, 내아문을

---

32 『고종실록』 고종 21년(1884) 11월 26일.
33 『일성록』 고종 21년(1884) 10월 21일.
34 『고종실록』 고종 21년(1884) 11월 30일.

중심으로 정치적 사안을 논의하고 결정하는 것에 대해 의정부 대신들의 불만이 그만큼 컸음을 보여준다. 그럼에도 불구하고 고종은 정변의 여파가 잠잠해지자 곧 내무부를 설치하고 개화자강 정책을 재추진했던 것이다.

내무부사는 막강한 권한을 가지고 있었다. 중앙의 각 영사(營使), 병조판서, 호조와 선혜청의 당상관, 대제학까지 내무부사가 겸했다.[35] 국가의 가장 중요한 군사, 재정 업무를 관장했던 셈이다. 내무부 당상관과 낭관은 상피제에도 구애받지 않았다. 민씨 일족의 상당수가 내무부사로 등용될 수 있었던 것도 이에 구애받지 않았기 때문이다. 중요한 관직에 대한 인사권은 의정부의 의천을 거치게 되어 있었다. 이에 비해 독판을 비롯한 모든 내무부사의 등용은 내무부에서 올리는 계언을 통해 추천, 임용되었다. 이는 국왕이 내무부 인사에 관여하는 길이 열려 있었음을 의미한다.

내무부는 상리국(商理局), 기기국(機器局), 육영공원(育英公院), 연무공원(練務公院), 전보국(電報局) 등의 신설 관서들을 산하에 편입시키면서 점차 조직을 키워나갔다. 신설 관서들은 1885년부터 1887년까지 집중적으로 내무부에 편입되어 개화자강 사업 추진에 핵심적인 역할을 했다. 그러면 내무부 산하의 7사에서 업무를 처리하는 과정과 방식은 의정부와 어떤 조율을 거쳐 이루어졌을까?

우선 관리 추천과 외교 업무를 담당한 직제사(職制司)는 내무부 관료와 산하기관 관리의 임면(任免)에 관계하는 것은 물론, 타

---

35 『일성록』 고종 22년(1885) 6월 11일, 고종 23년(1886) 9월 18일 등.

기관의 인사 문제에도 관여했다. 직제사에서 추진한 일을 살펴보면 관리 선발의 규례를 어긴 전 이조판서의 처벌 문제,[36] 안면도의 나무 남벌을 막지 못한 충청수사 처벌[37] 등에 관여했다. 또한 통리교섭통상사무아문의 업무인 외국 주재 서기관의 임명에도 개입하여 천진 주재대원이나 미국 주재 전권대신 등을 임용했다.[38] 외국 주재 서기관을 임명했다는 것은 내무부가 외아문의 영역까지 활동 범위를 넓히고 있었음을 보여준다. 또한 외아문의 상위에서 외교정책을 결정하고 집행한 점도 알 수 있다.

외아문은 출범 당시 조영하가 독판으로 있으면서 청의 마건상과 시시콜콜 협의하고 있었고,[39] 내무부 출범 당시 외아문 독판은 김윤식이었다. 김윤식은 제1차 조·러밀약설을 청에 사전에 알릴 정도로 친청 노선을 걷고 있던 인물이다. 따라서 고종은 외아문의 친청 인사를 배제하고 내무부 인사들을 통해 청뿐만 아니라 일본, 미국, 유럽 등과도 자주적 외교를 수립하고자 했다. 결국 외아문의 상위에서 내무부의 권한을 확대하려 한 것이다.

내무부와 의정부에서 업무 처리를 위해 올린 계언을 비교해보면 양 기관이 각 분야별로 필요한 업무에 관계하고 있다. 외교의 경우 외아문이 아닌 내무부도 부분적으로 업무를 담당하고 있었다. 외교 관련 업무 가운데 국가 전체의 안위나 국가 간 중대한 외교 문제로 비화할 소지가 있는 사안, 이를테면 표류 외국

---

36 『일성록』 고종 23년(1886) 10월 24일.
37 『일성록』 고종 25년(1888) 3월 2일.
38 『일성록』 고종 23년(1886) 1월 29일, 고종 24년(1887) 11월 14일. 그 외 여러 사례가 있다.
39 김윤식, 『陰晴史』, 564쪽.

인 처리 문제,[40] 청국인과 일본인에 의한 사건·사고와 관련한 문제[41] 등은 의정부에서 회의를 통해 처리되었다. 의정부는 기존에 해오던 타국 간 외교적 문제들을 처리하고 외교의 방향과 틀을 조정했으며, 내무부는 개화자강 정책과 관련된 외교 업무를 처리하는 식으로 역할 분담이 되어 있었다.

그런데 인사 부문에서 1885년부터 1894년까지의 계언을 비교해보면 의정부는 68건, 내무부는 52건으로 거의 비슷한 횟수에 이른다. 또 인사이동에 관련된 내용을 보면 의정부는 정부조직의 각 방면에서 훈공이 있는 사람을 임명·포상하는 일에 모두 관여하고 있다. 단지 내무부사만큼은 전적으로 내무부의 계언에 의해 임면되고 있었다.[42] 이는 곧 인사 및 백관에 대한 통솔권을 가진 의정부가 내무부사에 대한 임면권을 사실상 발휘하지 못했음을 나타낸다. 이는 내무부가 의정부의 눈치를 보지 않고 자유로워질 수 있는 요소이기도 했다.

수문사(修文司)는 각종 교육 업무, 천문, 질병 치료 대책을 세우는 시의(施醫)와 관련된 활동을 하면서 외국어 학습을 위한 육영공원의 설치에도 관여했다. 수문사는 학생들을 선발하고 어학 지식을 배울 수 있도록 근대교육을 실시했으며, 마을과 동네에 학사(學舍)를 세워 학문을 장려했다.[43] 근대교육에 관련된 일은 주로 내무부에서 담당했던 셈이다. 외아문의 동문학에서 하던 역할도 내무부 산하기관인 육영공원에서 담당했음을 알 수 있다.

40 『일성록』고종 22년(1885) 10월 22일, 고종 23년(1886) 9월 26일 등.
41 『備邊司謄錄』고종 22년(1885) 6월 29일; 『일성록』고종 25년(1888) 5월 20일 등.
42 의정부에서 내무부사 임명을 요청한 경우는 고종 27년(1890) 7월 11일에 한 번 있었다.
43 『일성록』고종 23년(1886) 4월 19일.

그러나 과거제를 관장하는 문제라든가 경사스러운 일과 관련한 별시 실시 문제, 각 지역별 도시(都試)를 연기하는 문제 등은 의정부 소관이었다. 도시의 경우 의정부와 내무부가 동시에 관여하는 경우가 많았고, 강화도 지역의 도시 연기 요청은 주로 내무부가 주도했다. 이는 국방상 강화 심영(沁營)의 지리적 중요성이 작용했을 가능성이 높다. 또한 의례와 관련한 것으로서 존호를 올리는 문제나 행차 시의 의식 절차, 능 참배 문제[44] 등과 관련해서는 의정부의 제안과 협의를 거쳐 예조판서가 처리하는 사안이었다. 따라서 근대교육과 관련된 업무는 내무부, 전통적 교육과 의례에 관한 일은 의정부 소관이었음을 알 수 있다.

재정 관계 부서로서 지리사와 농무사의 업무는 내무부 전체에서 가장 중요한 업무 중의 하나였다. 내무부 당상관은 호조판서와 선혜청 당상관을 겸했으므로 국가 재정 운영에 깊이 개입할 수 있었다. 나아가 지리사와 농무사의 예하 부서인 전환국, 광무국, 교환국, 상리국, 종목국을 관할했으므로 각종 재원을 개발하고 부국강병책을 실시하는 중심 부서 역할을 했다. 재정을 확보하기 위해 내무부는 상리국을 통해 전국의 보부상을 관리하고 보호하는 역할을[45] 하여 안정적인 세원 확보를 도모했다. 또한 홍삼 전매권을 행사하여 왕실의 재원으로 활용하도록 하고 홍삼의 비밀수출을 금했으며[46] 홍삼을 밀매한 죄인 김수한의 효수를 주장하는 등 홍삼 밀매자들을 처벌하기도 했다.[47]

---

44 『일성록』 고종 22년(1885) 9월 10일, 고종 23년(1886) 11월 27일 등.
45 『일성록』 고종 22년(1885) 8월 10일.
46 『일성록』 고종 23년(1886) 8월 11일.
47 『일성록』 고종 23년(1886) 10월 27일.

반면 의정부는 각 지방의 재결(災結) 여부의 판별과 결가(結價) 책정,48 각 지방에서 거둬들인 세금을 지방 재정으로 돌리거나,49 재정 부족을 막기 위한 방편으로 화폐 주조를 건의하거나, 땅의 개간 문제를 건의하는 등 국가 재정에 관한 전반적인 대책 마련,50 왕릉을 보수하는 비용 등의 각종 공사비를 호조나 선혜청에서 획급하도록 조치했다.51 특히 각 지방의 환곡과 세금 관리는 의정부의 주요한 업무로서 전체 계언 중 상당량을 차지한다. 의정부에서 국가 재정 전체를 조정 관리했음을 알 수 있다. 전선 가설이나 포삼 관리, 개항장의 세금 관리, 주전 관리 등의 부강정책과 관련한 업무를 맡은 내무부와는 관할 내용도 다르고 업무 영역도 구분되어 있었던 것이다.

그런데 개항장의 세금 관리 문제는 내무부와 의정부가 모두 관여했다.52 개항장의 세금을 내무부가 거둬서 쓰고, 그 내역을 의정부와 호조가 함께 관리한 것이다. 특히 양 아문이 상호 협력하여 각 포구와 항구의 무명잡세로 인한 폐단을 없애고 기강을 바로잡기 위한 조칙을 내렸다. 각 도와 포구의 무명잡세가 증가하고 무뢰배가 설치는 등 혼란한 상행위에 대해 1차적으로 내무부가 첩정을 내어 엄칙하면, 의정부가 또다시 정령을 바로잡기 위한 관문(關文)을 냈다.53 좌의정 김병시가 여러 곳에서 주조를

48 『일성록』 고종 22년(1885) 7월 2번, 8월 2번, 9월 2번, 10월 4번, 11월 3번, 12월 1번 등 해마다 재결 여부 판별을 요하는 장계가 빈번히 올라오고 있다.
49 『일성록』 고종 23년(1886) 10월 14일.
50 『일성록』 고종 26년(1889) 3월 22일, 고종 29년(1892) 2월 9일.
51 『일성록』 고종 23년(1886) 5월 19일, 고종 25년(1888) 2월 25일 등.
52 『경상도 동래 關牒』 고종 27년(1890) 1월 9일자를 비롯하여 매달 의정부, 내무부, 호조로 세금장부를 보내고 있던 사실이 드러난다.
53 『경상도 동래 關牒』 고종 28년(1891) 4월 29일, 고종 29년(1892) 8월 4일, 8월

하는 폐단을 지적하거나,⁵⁴ 의정부에서 돈이 규격대로 주조되지 못하고 있는 상황과 시정의 필요성을 지적하기도 했다.⁵⁵ 이는 항구의 세금 수세와 기강 관리, 주전 관리 등의 업무가 내무부만의 영역이 아니라 양 기관의 공조체제하에 유지되었음을 보여준다.

군무사에서는 내아문 1, 2기와 같이 군제 개편을 주도했다. 청의 영향을 받아 편제한 친군5영제는 1888년(고종 25)에 친군 우영과 후영, 해방영을 통위영으로 통합하고 친군 전영과 좌영을 합쳐 장위영으로, 친군 별영은 총어영으로 하여 3영체제로 바뀌었다. 고종이 군제를 개편한 이유는 영이 여러 개로 나뉘어 불필요한 비용이 많이 들어가고, 매 영마다 500명의 병정 수는 훈련 규모에 적합하지 않다는 것이었다. 그런데 1891년(고종 28) 2월에 경리청(經理廳)을 두어 다시 4영체제로 바꾸었다.⁵⁶ 군제 개편의 진의가 무엇인지를 의심하게 하는 대목이 아닐 수 없다. 이외에 군무사는 중앙 및 지방군을 관리하고, 봄·가을 군사훈련 실시 여부도 결정했다.⁵⁷

반면 의정부에서도 농번기와 경비 문제를 이유로 군사훈련 중지를 요청하는 계언을⁵⁸ 올리고 있다. 그런데 평안도의 군진 설치와 군사훈련 중지 요청에 한해 의정부에서 단 두 차례의 계

    25일.
54 『고종실록』 고종 25년(1888) 8월 26일.
55 『일성록』 고종 26년(1889) 3월 22일.
56 『고종실록』 고종 25년(1888) 4월 19일, 고종 28년(1891) 2월 27일.
57 『일성록』 고종 22년(1885) 7월 13일, 10월 6일, 고종 23년(1886) 1월 12일, 7월 14일 등.
58 『일성록』 고종 22년(1885) 7월 21일, 고종 24년(1887) 7월 16일 등.

언을[59] 올렸을 뿐, 내무부가 전적으로 평안도 문제를 거론하고 있다.[60] 민응식과 민영준이 내무부사이자 평안감사를 겸직하고 있었기에 내무부에서 올렸을 가능성이 크다.

또한 군사시설인 진의 치폐 문제를 결정하는 데도 내무부와 의정부가 함께 관여하고 있다. 군량미 대책에 있어서는 내무부가 담당하여 황해도 사창의 환곡미를 친군영에 실어오게 한다든지,[61] 관서산성의 군량미를 나누어 군수물자로 충당하게 한다든지,[62] 주전소의 돈을 친군영과 각 군영에 적당히 분급하여 쓰도록 했다.[63] 궁방 면세전을 군사물자에 보충해주기도 했고,[64] 호서와 영남의 남는 미곡을 친군영의 물자로 사용하게 했다.[65]

이처럼 군제 개편이나 중앙 및 지방군의 관리, 진의 치폐 등 군사 관련 일에서는 주로 내무부에서 계언을 올렸다. 내무부가 국왕권의 배경이 되는 군령권에 깊숙이 개입했으며 내무부의 중요한 업무 중의 하나가 군무사 일이었음을 알 수 있다. 이는 내아문 전체 시기에 나타나는 공통된 현상이다.

전헌사(典憲司)는 호적을 정비하고 가옥문서법을 시행하여[66] 문서위조로 억울하게 집을 빼앗기는 일이 없도록 조치했다. 오가작통 절목을 완비해 도적을 예방하여[67] 민생 안정책을 마련하

59 『일성록』고종 23년(1886) 10월 15일, 고종 29년(1892) 4월 21일자 참조.
60 『일성록』고종 22년(1885) 10월 6일, 고종 23년(1886) 10월 14일, 10월 15일 등.
61 『일성록』고종 22년(1885) 7월 22일, 고종 23년(1886) 7월 22일 등.
62 『일성록』고종 25년(1888) 8월 19일.
63 『일성록』고종 26년(1889) 9월 25일.
64 『일성록』고종 30년(1893) 10월 1일.
65 『일성록』고종 31년(1894) 1월 25일.
66 『일성록』고종 27년(1890) 3월 19일, 고종 30년(1893) 2월 13일.
67 『일성록』고종 22년(1885) 12월 16일.

는 데도 부심했다. 그런데 사회를 체계적으로 다스리는 일을 내무부가 의정부와 협의도 없이 단독으로 처리하지는 않았다. 의정부도 각종 무뢰배들을 규찰할 것을 지시하는 일에 적극적으로 관여했다.[68] 이외에 의정부는 각종 조세 체납에 따른 인사 처벌과 탐학 관리 문제,[69] 진휼 문제,[70] 사회 비적 문제[71] 등 사회를 유지하고 조정하는 업무를 총괄했다.

마지막으로 7사 중 하나인 공작사(工作司)에서는 전신시설을 설치하거나 각 도의 공물과 조세를 운반하게 할 목적으로 근대적 기선을 도입, 관리했다.[72] 조선에 전선을 설치하여 통신을 교환하려고 한 것은 갑신정변 이전부터 청과 일본이 서로 경쟁적으로 힘써온 현안이었다.[73] 정변 이후 청은 조선에 대해 종주권을 강화하기 위해서 적극적으로 서로전선(西路電線)을 가설하고자 했다. 내무부는 부호군 이용직(李容直)을 대원으로 임명하여 이를 검열하고 단속했으나,[74] 전선은 청의 차관으로 만든 것이어서 결국 청이 관할하게 되었다. 그 후 공작사 산하에 전보국을 설치하고 관리들을 임명해 전선 가설을 위한 정책을 시도했으나,[75] 청의 반대로 별 성과를 거두지 못했다.

지금까지 살펴본 바와 같이 내무부는 내무부 관료들의 인사 문제, 군사와 재정 문제, 외교나 개화자강 사업에 관련된 근대적

---

68 『備邊司謄錄』고종 29년(1892) 3월 16일.
69 『일성록』고종 23년(1886) 10월 24일 등.
70 『일성록』고종 22년(1885) 12월 8일 등.
71 『일성록』고종 23년(1886) 2월 19일 등.
72 『일성록』고종 23년(1886) 7월 15일.
73 김윤식, 『陰晴史』, 564쪽.
74 『일성록』고종 22년(1885) 8월 9일.
75 『일성록』고종 24년(1887) 3월 1일.

업무를 추진하기 위해 여러 정책들을 제의하고 시행하는 위치에 있었다. 그러나 의정부를 도외시한 채 내무부 단독으로 업무를 추진한 것은 아니다. 개화자강 사업 중에서도 특히 세금 관리, 사회 기강, 군진 설치와 관련된 분야에서는 의정부와 공조체제를 이루며 활동했다. 다만 초기에 설정되었던 의정부와 내무부 간 역할 분담과 공조체제가 내무부 존속 시기 내내 원활하게 유지되지 못한 측면은 있다. 애당초 고종은 내무부의 역할 비중이 점차 커지고 중시되는 것을 의도하지 않았으나, 결과적으로 국정 운영에 걸림돌로 작용하게 되었다.

이중적 행정체제에 따른 결과와 영향

의정부와 내아문의 혼란 속 공조관계

고종은 내아문을 출범시키면서 기존의 정부조직인 의정부의 역할과 중복되거나 충돌하는 면이 있을까 우려했다. 때문에 내무부를 조직한 직후에 총리대신 이하 관료들을 소견하는 자리에서 "나라에 이익이 있고 백성들에게 편리하게 하는 것은 오직 합심하여 힘을 다하는 데 있다"[76]라며 양 기관의 협조와 공조를 당부했다. 그러나 내무부와 의정부가 국정의 양대 산맥을 이루고 있는 가운데 의정부 당상들이 내무부 총리대신을 겸직하고 내무부사 역시 유사당상 혹은 8도 구관당상, 공시당상 등을 겸직하고 있어서 업무의 분리가 명확히 이루어지기는 어려웠다.

내무부사가 당상을 겸직하며 의정부 회의에 참석하는 상황에서 어느 기관이 국정의 주요 현안을 다루고 중심적인 역할을 했

---

76 『고종실록』 고종 22년(1885) 6월 24일.

는가를 알아내기도 쉽지 않다. 개화자강 업무에 관련된 구체적인 업무는 내무부 소관, 국가를 보존하고 유지하는 총괄적인 정책 입안은 의정부 소관이었으나 개화자강 업무에 의정부도 부분적으로 관여하고 있었다. 양 기관의 업무가 대체로 구분되어 있으면서도 공조체제를 유지하는 이상, 모호한 역할 구분은 생기게 마련이다.

　모호한 역할은 양 기관에서 동시에 같은 사안을 발의하는 모습으로 드러난다. 의정부와 내무부 양 기관에서 거의 동시에 문제 해결을 위해 발의한 구체적인 예를 살펴보면 각 도에서의 군사훈련 중지 요청, 평안도 군사훈련 중지 문제, 강화 도시(都試) 연기, 강화심영 공도회(公都會) 연기, 전주부 아전과 종들 간의 불화 문제 등 주로 군사훈련이나 사회 기강과 관련한 문제들이다. 군사 문제는 국가의 자강과 관련한 막중한 과제이기에 내무부와 의정부가 공동으로 개입한 것으로 보인다. 사회 기강을 바로잡는 문제는 의정부가 사회를 운영하고 유지해야 할 책임이 있는 국가 기관으로서 마땅히 관여해야 했다. 반면 내무부 역시 개화자강 정책을 담당하는 최고 기관으로서 사회 안정을 유지하는 문제와 관련된 일에 개입할 여지가 있다. 이처럼 양 기관의 업무 영역을 구분하기가 애매모호한 점이 많았던 것이다.

　의정부와 내무부가 사안에 따라 공조할 수도 있었지만, 업무가 중복되는 경우 국가 기관 간의 위계질서를 잡아나가기는 매우 어려워진다. 기관별로 중복되는 업무에 대해 고종은 어떤 입장이었을까? 두 기관의 역할을 조정하기 위해 어떤 노력을 기울였는가? 고종은 의정부의 세 정승이 고충을 토로하며 사직소를 올릴 때면 "나라의 일에는 단 하루도 정승이 없어서는 안 되며 한 시도 비워둘 수 없고 가벼이 할 수 없는 것이 의정부이다"[77]라며 의정부를 중시했다. 반면 내무부에 대해서는 설립 당시에도 밝혔듯이 국가의 부강과 백성의 편안함을 위해 만든 '꼭 필요한 부서'로 생각했다. 개화자강과 관련한 실무를 처리하는 기관으로 인식했고, 그에 맞춰 운용하려 했다.

그런데 두 기관의 역할 분담은 고종의 의도대로 잘 이루어지지 않았다. 처음 생각한 대로 의정부는 국가를 유지하는 국정의 중심처로서, 내무부는 개화자강 업무를 담당하는 긴요하고 중요한 기관으로서 명료한 역할 구분이 어려웠던 것이다. 점차 내무부가 국가의 중대사를 거의 도맡아 처리하다시피 하는 상황이 되었다. 내무부는 의정부 소관이던 사신의 노문(路文)까지도 작성했고,[78] 성균관의 유생들보다 육영공원의 교사와 학생들을 후하게 대접하여 내무부 중심의 개화시책을 질책하는 상소가 올라오기도 했다.[79]

의정부에서도 내무부를 중시하는 고종의 개화시책을 질책하기 시작했다. 판부사 심순택은 그동안의 관례에 따르면 현임 정승이 일을 주관해왔으나 내무부가 생긴 이후부터는 현임 정승들이 총리직책을 겸임하면서 총리에 대한 고종의 특별지시를 받들고 있다며 질타했다. 나아가 현임 정승으로서 전적으로 주관할 수 있도록 해달라는 사직상소를 올렸다.[80] 의정부의 합의제를 통해 국정을 운영해야 함에도 불구하고 국왕이 내무부를 중심으로

---

77 『일성록』 고종 25년(1888) 4월 8일.
78 『승정원일기』 고종 22년(1885) 11월 6일.
79 『고종실록』 고종 24년(1887) 3월 29일.
80 『고종실록』 고종 25년(1888) 9월 27일.

일방적인 명령으로만 국정을 운영하자 대신들이 반발하고 나선 것이다.

비록 의정부 세 정승이 내무부의 총리직을 겸직하고는 있으나 안건 자체가 의정부보다 내무부에서 올라온 사안이 많고, 고종이 특별지시를 내려 이를 통과시키고 있다는 지적이다. 의정부를 중심으로 한 합의제 국정 운영 방식에서 의정부가 점차 도외시되는 분위기였음을 짐작할 수 있다. 이러한 불평에 대해 고종은 "내무부와 의정부를 구체적으로 구별하여 만든 것이니 이해하라"는 전교를 내릴 뿐이었다.

내무부를 중심으로 자강정책을 추진하는 것에 대해 좌의정 김병시도 불만을 토로했다. 그는 "통상을 허락하여 각국의 제도를 본받고자 하더라도 다스리는 법과 정사 계책에 도움이 되는 것이어야 한다. 지금 구하려는 것은 기계나 완구 따위가 아니다"[81]라며 개화시책에 부정적인 시각을 드러냈다. 이어서 그동안 새로운 기구를 만들고 또 없앴지만 무슨 도움이 되었느냐며 개화자강 정책에 대한 견해차를 보였다. 우의정 정범조 역시 "주전소를 설치하여 새로운 돈을 주조해내니 돈의 가치는 떨어지고 물가는 치솟아 이에 따른 폐단이 극심하다"[82]라면서 주전을 둘러싼 여러 가지 폐단을 지적했다.

이에 대해 고종은 백성이 편리하게 생활할 수 있도록 화폐를 주조한 것이고, 외국과 통상하려면 새로 주조한 돈을 쓰지 않을 수 없다면서 원로대신들의 의견을 묵살했다. 이는 개화시책을

---

81 『승정원일기』 고종 25년(1888) 8월 26일.
82 『승정원일기』 고종 29년(1892) 11월 27일.

담당하는 내무부의 위상을 높이려 한 의도가 있었음을 보여준다. 의정부 관료들은 새로운 기구를 만들 때의 생각과 달리 내무부가 점차 활동 영역을 넓혀나가는 데 따른 문제 제기를 한 것이라 보여진다.

두 기관의 갈등은 결국 의정부가 내무부 관리의 파직을 요구하는 사건으로 이어졌다. 공작사 소속의 조세 운반 관리인 총무관이 의정부의 전결사항인 부세대납 문제에 대해 의정부와의 협의를 거치지 않은 채 승인해준 일이 발단이 되었다. 이는 조세를 독촉하는 내무부의 권한을 넘어서는 행위였다. 이에 대해 의정부에서 월권행위를 한 내무부 관리의 파직을 요구하고 나선 것이다.[83]

이때 고종은 아무런 의견도 내놓지 않고 의정부의 요구를 들어주었다. 이 사건을 계기로 내무부에서는 지방의 부세대납 문제에 대해 의정부에 보고하는 절차를 거쳤다.[84] 또한 의정부의 지시를 받지 않은 채 진주세곡을 운반한 전운위원을 자체적으로 신문하기도 하면서[85] 좀 더 주의를 기울였다. 내무부로서도 의정부와의 관계나 역할을 조율하는 데 신경을 쓸 수밖에 없게 된 것이다.

고종은 이처럼 내무부에 비해 상대적으로 위축된 의정부의 위상에 대해 문제 제기를 하는 의정대신의 불만을 무마하면서 내무부의 운영을 둘러싼 불협화음을 줄이고자 했다. 이는 곧 국정을 책임지는 최고위 국왕 자리에서 응당 발휘해야 할 화합과 조화의

---

83 『일성록』 고종 27년(1890) 윤2월 22일.
84 『일성록』 고종 27년(1890) 11월 18일.
85 『일성록』 고종 27년(1890) 3월 25일.

리더십이기도 하다. 그런데 당시 고종은 의정부와 협의하는 과정을 거치지 않은 채 다소 독단적으로 국정을 운영했다.

인사행정에서도 그런 모습이 보인다. 고종이 의정부에서 올리는 추천과 논의의 과정인 의천을 거치지 않고 인사행정에 직접 개입해서 국왕의 명령인 중비(中批)로 임명한 관료가 점점 늘고 있었다. 고종 22년 민영익(한성부 판윤)·민치헌(홍문관 부수찬)·민치서(광주부 유수), 고종 23년 민관식(공조참의)·민병승(승정원 동부승지), 고종 26년 이봉순(병조참의), 고종 27년 김호겸(공조참의)·조병집(공조참의), 고종 29년 홍대후(홍문관 교리) 등을 임명한 것은 대표적인 사례이다. 이 중 민씨들의 경우 앞에서 말했듯이 중비에 의해 관직에 등용된 뒤 고속성장을 했다.

또한 당시는 국정 운영에 대한 직언을 하지 못하는 다소 경직된 분위기였다. 우의정 조병세(趙秉世)는 이를 문제 삼으면서 "가까이 모시는 신하들은 그저 순종만을 일삼아 임금의 뜻을 거스르려 하지 않고, 조정의 신하들은 침묵만을 굳게 지키는 것이 고질이 되어 직언하는 목소리가 들리지 않습니다"[86]라며 논의와 소통이 사라진 조정 분위기를 한탄했다. 군사제도를 개편하는 문제에 있어서도 고종은 의정부와 상의도 없이 내무부에 일방적으로 명령을 하달하여 변통을 거듭해왔다. 군제는 갑신정변 이전의 친군4영제에서 친군5영제를 거쳐 3영제, 4영제 등으로 변통을 거듭했는데 모두 국왕의 전교만으로 개편이 진행되었다.

이외에도 고종은 자신을 직접 만나서 의견을 올리고자 하는 대신들의 소망을 무시한 채 차대를 성실하게 하지 않았다. 고종

---

[86] 『승정원일기』 고종 29년(1892) 윤6월 5일.

22년(1885)부터 고종 31년(1894)까지 차대 횟수는 연평균 3회를 넘지 못한다. 이는 고종이 내무부를 중심으로 국정을 운영하면서 의정부 대신들의 간섭을 차단하려 했던 것으로 볼 수 있다.

고종이 내무부를 신설하여 국정을 운영한 의도는 개화자강 정책의 중심 기구인 동시에 자신의 정치적 기반을 굳건히 다지기 위한 기관으로 활용하려는 의미가 컸다. 의정부와 내아문이라는 이원적인 행정체제를 성공적으로 운영하면서 개화자강 정책을 적극적으로 추진했다면 결실을 얻을 수 있었을 것이다. 그러나 양 기관의 불협화음을 조정하고 중재하고 통솔하는 리더십을 발휘하지 못하는 가운데 청의 간섭이 더해지면서 부국강병을 향한 고종의 꿈도 점차 멀어졌다.

원세개의 전횡과 내아문의 위축

조선의 내적 한계와 청의 간섭 속에서 내무부를 중심으로 한 개혁정치는 점점 흔들리기 시작했다. 고종이 청의 간섭에서 벗어나기 위해 1, 2차 조러밀약(1885, 1886)을 추진하는 동안에도 김병시, 김홍집, 김윤식, 어윤중 등은 친청적인 태도를 유지하고 있었다. 러시아공사인 베베르에게 조선의 보호를 요청한 제2차 조러밀약 내용을 원세개에게 전달한 인물 역시 민씨척족 가운데 가장 유력자였던 민영익이다. 민영익은 당시 내무부사로 활동하고 있었다. 내무부의 핵심인물이 청에서 벗어나고자 한 고종의 간절한 희망을 무시한 채 청의 이익을 우선적으로 생각했음을 보여주는 사례이다. 앞서 제1차 조러밀약 내용을 청에 알린 김윤식과 동일선상에서 재평가해야 할 사안이다.

내무부에서 가장 중요한 역할을 하던 군무사 역시 후기로 가면서 고종의 명령을 받들지 않는 분위기였다. "군무사의 관리를 선발하여 내려보낸 것은 전적으로 오늘날의 군무 때문인데, 한 가지 영도 행해지지 않는다고 한다"[87]라며 고종은 자신의 명령을 전혀 집행하지 않는 데 대해 불만을 표출했다. 1894년 삼남 일대에서 동학도가 봉기하자 군무사를 통해 진압하려 했으나, 명령이 적실하게 먹히지 않고 통치권이 누수되는 현상이 나타나고 있었던 것이다.

그런데 이미 내무부 설치 초기인 1886년 7월에 청은 원세개를 앞세워 고종 중심으로 추진하고 있던 조선의 개화자강 정책을 방해하기 시작했다. 원세개는 이홍장이 이끌던 안휘군에 들어가 군경력을 쌓은 인물이다. 임오군란을 계기로 조선에 차출된 후 탁월한 통솔 능력을 인정받아 승승장구했다. 이홍장은 원세개를 신뢰했고, 조선에서 일어나는 거의 모든 문제를 원세개를 통해 해결하고 있었다.

고종보다 일곱 살 아래인 원세개는 청의 위세와 윗사람의 비호를 등에 업고 대궐 안까지 가마를 타고 들어와 무엄하게 굴었다. 서울 주재 각국 공사들은 궐문 밖에서부터 말에서 내려 도보로 이동했지만 원세개는 사인교를 탄 채 거들먹거리며 대궐을 드나들면서 안하무인의 태도를 드러냈다. 심지어 종복들까지 거느리며 호기롭게 출입하면서 사실상의 지배자처럼 행동했다.[88]

---

87 『승정원일기』 고종 31년(1894) 5월 3일.
88 알렌 지음, 김원모 옮김, 『알렌의 일기』, 단국대학교 출판부, 1991, 347쪽.

그의 위세는 곧 조선에서의 청의 지위를 반영하는 것이었다.

이러한 그가 주찰조선총리교섭통상사의(駐紮朝鮮總理交涉通商事宜)라는 직함을 가지고 조선이 추구하는 개화정책의 방향을 돌리려 한 것이다. 그는「조선의 정세를 논함」이라는 문서를 통해 조선을 '못 쓰게 된 배'에 비유하면서 조선의 재건을 위해 자신이 선장 역할을 하겠다며 나섰다.[89] 내정 간섭을 시사한 것이다. 또한 부채만 쌓인 재정 형편으로는 개화정책의 실효가 없다면서 부강지책은 후일에나 도모하라며 그동안의 개화자강 정책을 무시했다.

이에 앞서 고종이 제2차 조·러밀약을 추진하여 러시아의 도움을 받으려 했을 때도 원세개는 이상한 분위기를 눈치채고 사건의 전모를 파악했다. 그는 곧 이홍장에게 전보하여 러시아군이 도착하기 전에 청의 수군을 파견하도록 했다. 또 청과 러시아의 교전이 임박했다는 소문을 퍼뜨리게 했다. 고종에게는 청군이 오기 전에 조·러밀약을 추진한 친러파 간신들을 없애라고 협박했다. 조정대신들에게는 고종과 중전의 계략으로 러시아군이 조선 국경 점령을 기도했다며 죗값을 치러야 한다고 위협했다.[90]

원세개의 위협에 고종은 어쩔 수 없이 제2차 조·러밀약에 관계했던 김가진, 조존두, 김학우, 전양묵 등을 유배 보내야 했다.[91] 이 중 조존두를 뺀 나머지 세 사람은 내무부에서 실무를 담당하던 주사였다. 즉 청은 조선 내무부의 인사 처벌까지 압박하는 전횡을 일삼은 것이다. 청의 위세에 눌린 고종은 개화자강 정책에

---

89 『고종실록』고종 23년(1886) 7월 29일.
90 이양자,「청의 간섭」,『한국사』39, 국사편찬위원회, 1999, 21~24쪽.
91 『일성록』고종 23년(1886) 7월 17일.

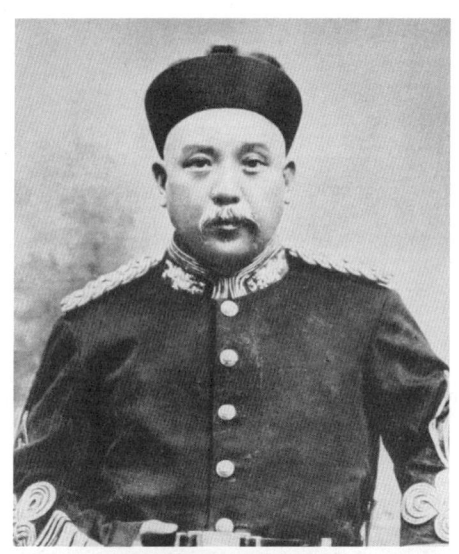

이홍장의 신뢰를 등에 업고 대궐 안까지 사인교를 타고
들어올 정도로 오만불손했던 원세개(위)와
원세개가 안휘군에서 군 경력을 쌓고 승승장구할 수 있도록
출세의 길을 열어준 이홍장(아래)

앞장서서 활동하던 내무부사들을 보호하지도 못하는 형국이 되고 말았다.

원세개는 이에 그치지 않고 국왕 폐위까지 거론했다. 그는 신민이 서로 싸우고 나라가 들끓고 있는 이때에 병사 500명만 있어도 국왕을 폐하고 주변의 무리를 납치하여 천진에서 심문받게 할 수 있다며 호언했다.[92] 나아가 이홍장에게 전보를 보내 혼군(昏君)을 폐하고 이씨 가운데 현명한 자를 왕으로 세울 것을 주장했다. 원세개가 생각한 차기 대권 주자는 이재면의 아들이자 대원군의 손자인 이준용이었다.

고종의 조카인 이준용은 고종을 대리할 수 있는 가장 유력한 인물로 자주 후보에 올랐다. 대원군도 1894년 갑오개혁기에 이준용을 내세워 정권을 다시 잡으려는 욕심을 부린 적이 있다. 고종을 못마땅해하는 여타 신료들도 그를 대신할 인물로 늘 이준용을 점찍어두고 있었다. 어릴 때부터 영리하고 행동거지가 신중한 인물로 평이 나 있었기[93] 때문에 신료들의 기대가 컸던 것으로 보인다.

이러한 분위기 속에서 이준용은 1895년 김학우 암살사건과 박영효·서광범 등의 친일개화파 암살 음모죄에 연루되는 등 파란만장한 일생을 살았다. 을미사변 직후에는 유학생이 되어 일본으로 출국했다가 귀국이 허락되지 않자 일본 각지와 유럽을 떠돌면서 시간을 낚기도 했다. 내부적으로는 친일개화파에게, 외부적으로는 일본에게 늘 제휴의 대상이 되었다. 1907년 고종이 순

---

92 林明德, 『袁世凱與朝鮮』, 159~161쪽.
93 오영섭, 『한국근현대사를 수놓은 인물들(1)』, 경인문화사, 2007, 314~315쪽.

종에게 양위한 후에야 귀국할 수 있었을 정도로 고종에게는 항상 감시의 대상이 되었다.

원세개는 이러한 이준용을 고종의 대리자로 거론하면서 고종의 우위에서 행동했다. 그의 거만함과 오만불손함은 조선에 주재하는 각국 공사들도 불편하게 여기고 있었다. 이들은 원세개가 조선인의 생사여탈권을 장악하고 있으며 흉악무도한 행위가 극에 달했다며 못마땅해했다. 원세개는 언제나 타국 공사들보다 먼저 국왕을 알현하고 나왔다. 나올 때는 국왕 집무실인 편전 밖에 도열한 각국 공사들을 마치 청의 속국에 파견된 특사처럼 대하면서 오만불손하게 굴었다. 원세개의 무례한 행동에 외교 고문관인 데니와 알렌은 극도의 모욕감을 느끼고 반감을 가졌다. 특히 데니는 원세개가 조선의 정치적 독립과 경제발전에 암적인 존재라면서 그를 추방해야 한다고 주장했다.[94]

원세개의 방해와 공작 속에서도 고종은 박정양과 심상학을 구미사절단으로 파견해 조선이 자주국임을 만방에 알리려 시도했다. 그때마다 원세개는 사절단을 파견할 때 청에 먼저 알릴 것을 요구하면서 고종의 자주의지를 무력화했다. 나아가 청은 차관 공세를 통해 조선을 속박하고 길들이고자 했다. 청의 차관은 이미 내무부의 주도로 전보국을 신설할 때 투입된 10만 냥의 차관이 있었다. 전보국을 비롯해 광무국, 해방영 등의 운영에 드는 경비 수십만 냥도 차관으로 메우고 있었다. 이를 제때 갚지 못하는 조선에게 청은 또다시 막대한 차관을 제공하면서 조선의 자주

---

94 알렌, 『알렌의 일기』, 347~348쪽.

의지를 꺾었고, 종주권을 확보하는 수단으로 삼았다.[95]

결국 내무부 출범 후 1년여가 지나면서 시작된 원세개의 전횡으로 인해 개화자강 정책은 적극적, 자주적으로 시행되기 어려운 한계에 부딪혔다. 또한 내아문 체제의 구상과 운영은 출발 초기에 정해놓은 의정부와 신설아문의 역할 분담이 끝까지 지켜지지 못하면서 정국 불안을 초래했다. 그럼에도 불구하고 고종이 내아문에 민씨 일족을 대거 등용하면서 일방적으로 내무부를 통해 권력기반을 강화하고자 시도한 점은 의정부 대신들의 불만을 키우는 요소가 되었다. 청이 종주권을 강화하고자 차관을 앞세워 압력을 행사해왔으나 이에 대해 아무런 대책을 세울 수 없었던 점도 국정 운영의 악재로 작용했다. 이 모든 것이 결국 국정의 최고경영자인 고종의 리더십의 약화로 연결되었다.

---

95 林明德, 『袁世凱與朝鮮』, 206~216쪽.

4

왕권 약화 위기에 따른 대응 방식

임오군란기, 인내와 참회

대원군에게 온 두 번째 기회

내아문을 설치하여 일본에 조사시찰단을 파견하고, 청에 영선사를 파견하면서 신문물을 들여오고 배우는 와중에도 위정척사론자들은 개화정책에 대한 강한 거부감을 드러냈다. 전술한 대로 1880년 제2차 수신사인 김홍집이 일본에서 가지고 온 『조선책략』을 둘러싸고 위정척사운동은 격화되었다. 이듬해 이만손을 비롯한 경상도 유생들은 양이를 배척하는 상소를 올렸고, 이를 필두로 1881년 신사척사운동의 막이 올랐다.

그동안 부국강병에 대한 희망과 기대 속에 추진한 문호개방과 개항 이후 추진한 개화정책은 민중의 삶을 향상시키지 못했다. 통치기구를 개편하면서 광산 등 새로운 재원을 개발하려고 시도했으나 성과를 거두지 못했다. 특히 개항 후 대규모의 자본과 기술을 바탕으로 생산된 서구 상품이 유입되면서 국내의 영세한 수공업자들은 몰락했다. 쌀의 대량 유출은 곡가의 폭등을 초래했고, 이로 인한 물가 상승은 도시민과 일반 하층민에게 심각한 피해를 주었다. 사회 불만세력이 날로 늘어났고, 정부의 개화시책에 반대하는 목소리도 점점 커져갔다.

대원군 측은 사회 전체적으로 퍼지는 척외·척사의 분위기에 편승하여 일을 꾸미기 시작했다. 1881년 8월 승지 안기영 등이 별군직(別軍職)이라는 한직에서 불만을 품고 있던 대원군의 서자 이재선을 국왕으로 추대하는 역모를 도모한 것이다. 이들은 지방 유림과도 연락을 취하면서 가산을 처분하고 모금도 하여 무기를 준비했다. 역모 계획은 반란군을 3군으로 나누어 제1군은 왕궁을 습격하여 국왕을 폐위하고, 제2군은 외척과 재상들을 타살하며, 제3군은 일본공사관과 별기군 교련장을 습격하여 일본인을 살해하고 무기를 탈취한다는 것이었다.[1]

그러나 일이 계획대로 되지 못하면서 거사가 성공할 가능성도 점차 희박해졌다. 대원군은 피해를 최소화하기 위해 다른 죄를 만들어서 고종의 개화정책에 반발하던 강달선과 이두영 등 2명의 유생을 형조에 넘겨 사건을 끝내려 했다. 그러나 모의에 가담했던 광주산성 장교 이풍래가 포도청에 밀고하여 이재선을 비롯한 관련자 30여 명이 체포되었다. 결국 사건에 연루된 자들은 처형되고, 이재선은 국왕의 근친이라는 이유로 제주도에 유배되었다가 사약을 받고 죽었다.[2]

이처럼 이재선 역모사건은 고종의 개방과 개화정책에 정면으로 도전하는 위정척사의 흐름이 여전히 강하게 남아 있음을 보여

---

1 『승정원일기』 고종 18년(1881) 10월 10일.
2 『승정원일기』 고종 18년(1881) 10월 26일; 황현, 『매천야록』, 126~127쪽.

주는 대표적인 사례이다. 또한 권력의 정점을 차지하고자 하는 대립과 알력이 정책 방향에 불만을 품은 세력과 언제라도 결합되어 폭발할 수 있음을 보여준다. 고종은 이 사건을 해결함으로써 대원군파의 기세를 어느 정도 꺾을 수 있었지만, 정책 방향을 비롯하여 정권에 반대하는 움직임이 언제 또 터져 나올지 알 수 없는 일이었다.

이런 상황에서 왕후를 비롯한 정부 관리들의 부정부패는 궁핍한 백성들의 감정을 더욱 자극했다. 특히 왕후와 관련해서는 병약한 세자를 위해 전국의 유명 사찰을 두루 돌아다니며 과다한 종교행사를 벌인다는 소문이 돌았다.[3] 실제 사찰을 돌아다니며 바치는 시주도 점점 늘어났다. 종국에는 무당들에게 참판 혹은 승지의 벼슬을 마음대로 주기도 하여 왕후는 낭비와 부정부패에 앞장서는 인물로 지목되었다.[4]

봉급미를 제때 받지 못해 불만이 쌓여가던 훈련도감을 비롯한 구식 군영 소속 군인들과 백성은 생활이 어려워진 원인이 고종의 개방정책으로 인한 외세의 경제적 침탈을 비롯하여 왕후의 국고 낭비와 부정부패에 있다고 생각했다. 왕후를 향한 적대감은 생각 이상으로 컸다. 왕후는 군인들의 월급을 관리하던 선혜청 당상 민겸호를 비롯한 민씨 일족의 영수로 인식되었기 때문이다. 따라서 민겸호에게 직접적인 화살이 돌아가긴 했지만 군중의 분노의 끝은 왕후를 향하고 있었다.

무위영 산하의 훈련도감에 소속된 하급군병들은 특히 급료가

---

3 황현,『매천야록』, 97쪽.
4 Isabella. B. Bishop 지음, 이인화 옮김,『한국과 그 이웃 나라들』, 살림, 1994, 296~325쪽.

적었다. 이들은 주로 사대문과 궁궐 각 처를 지키고 국왕이 행차할 때 호위하는 일을 맡았다. 군병의 급료는 토목공사에 고용된 노동자보다도 낮았다. 생계를 유지하기 위해 상업을 비롯한 각종 직업에 종사하고는 있었지만 대체로 어려운 생활을 하고 있었다.[5]

더욱이 개화 추진 비용이 증가하면서 국가 재정도 어려워지게 되었다. 군병의 급료도 제때 지급하지 못하는 일이 발생했다. 몇 달씩 밀렸다가 주기도 하고, 급료의 반만 지급하기도 하고, 쌀값이 폭등하는 때에 돈으로 급료를 주기도 했다. 1882년에 발생한 임오군란은 13개월치나 급료가 밀린 상태에서 한 달치 급료로 받은 미곡에 겨와 모래가 섞여 있고 양도 규정에 못 미치자 성난 군병들이 한꺼번에 들고 일어난 사건이다.

6월 5일 도봉소(都捧所)에서 지급하는 급료를 거절하며 군병들이 난투극을 벌였는데, 이 중 김춘영 등 4명을 포도청에 가둔 것이 군란의 발단이 되었다. 하층민 사이에서는 이들이 혹독한 고문을 당했고, 곧 처형될 것이라는 소문이 퍼져 나갔다.[6] 잡혀간 4명 중 3명은 왕십리에 사는 군병이었다. 당시 왕십리는 사대문 밖 교외의 하층민이 주로 사는 지역이었다. 하급군병들이 가족과 함께 다른 하층민과 섞여 살고 있었다. 이들은 상업과 수공업, 농업 등에 종사하며 근근이 생계를 유지하고 있었다.

도봉소 사건이 터지자 왕십리 주민들은 들끓기 시작했다. 김

---

5   조성윤, 「19세기 서울의 상비군 제도와 하급군병」, 『연세사회학』 10·11집, 1990; 박은숙, 「개항기 군사정책 변동과 하급군인의 존재양태」, 『한국사학보』 2, 고려사학회, 1997 참고.
6   황현, 『매천야록』, 117~121쪽.

춘영의 아버지 김장손 등은 군병들을 풀어달라는 요구를 담은 통문을 작성했다. 통문은 순식간에 각 마을로 전달되었고, 주민들이 크게 호응했다. 정부에 대한 불만이 수면 위로 분출되기 시작한 것이다. '왕십리 동리에서 늙고 어린 것 할 것 없이 일제히 입성했다'라는 기록으로 보아 호응이 어느 정도였는지 짐작할 수 있다.[7]

임오군란은 도봉소에서 난투극이 일어난 지 4일 만인 6월 9일에 거의 기습적으로, 그러나 계획적으로 일어났다. 난병들은 군의 책임자인 무위대장 이경하를 찾아가 민겸호의 부당행위에 항의하고 동료들의 구명을 요구했다. 이경하는 민겸호를 직접 찾아가 그에게 호소하도록 했다. 난병들이 안국동에 있던 민겸호의 집으로 몰려갔지만 그는 집에 없었다. 화를 풀 길이 없던 난병들은 가재도구를 부수고 무력행사를 하기 시작했다.[8] 동별영에 보관된 무기를 꺼내 무장하고 대원군이 있는 운현궁으로 몰려가 그에게 호소했다. 이재선 사건으로 위축되어 있던 대원군은 심복을 시켜 난병들의 행동에 가담하게 했다. 난병들은 대원군의 반응을 보고서는 더욱 자신감을 갖고 자신들의 행동이 정당하다고 확신했다. 폭동은 더욱 과격해졌다.

무장한 난병들은 전 선혜청 당상이며 부정축재를 한 인물로 알려진 경기도 관찰사 김보현을 처단하기 위해 경기감영을 습격했다. 감영은 돈의문 밖에 있었다. 서대문 근처에 사는 민중도 합세했다. 감영에서 김보현을 찾지 못한 난병들은 일본공사관

---

7   조성윤, 「임오군란」, 『한국사』 38, 국사편찬위원회, 1999, 279~282쪽.
8   윤효정, 『韓末祕史』, 교문사, 1995, 28쪽.

서울 서대문구 천연동에 있던 최초의 일본공사관(위)과
임오군란 당시 화가 난 군민들이 일본공사관을 공격하는 장면을 그린 삽화(아래)

청수관(지금의 서대문 근처)으로 달려가 공사관을 포위하고 일본인들을 죽이기 시작했다.9 별기군의 훈련 장소인 하도감의 일본인 교련관 육군소위 호리모토 레이조(掘本禮造)를 때려죽이기도 했다. 그들은 또 강화유수 민태호를 비롯한 민씨 일족의 주요 인물들과 개화파 관료들의 집을 차례로 습격했다. 의금부의 옥문을 부숴 죄인들을 탈주시키는 일도 벌였다.

척사를 주장하며 옥에 갇혀 있던 백낙관 등을 가마에 태워 동별영에서 풀어준 일은10 이들의 지향점을 여실히 보여준다. 백낙관은 "오늘날 조정 신료들이 공자·주자의 학문을 배우면서 예수교를 좋아하는가 하면, 부모나라의 곡식을 먹으면서 왜놈이나 서양 옷을 입고 있으며, 개인의 욕심만 채우면서 국왕을 잘못된 곳으로 이끌고 있다"11라며 개화정책에 반기를 들었던 인물이다. 그는 1881년 청주에서 한홍렬과 함께 충청도 유림 명의로 척사상소를 올리려다가 실패했다. 이듬해 6월에는 단독으로 남산에 봉화를 올려 척사상소를 제출한 죄로 체포·투옥되었다.

사태가 점점 심각하게 전개되자 정부에서는 무위대장 이경하, 선혜청 당상 민겸호, 도봉소 당상 심순택 등을 파직하여 민심을 수습하고자 했다. 그런데 서울을 수비하는 주력부대인 훈련도감 군병들이 일으킨 폭동인지라 이들을 무력으로 진압하기는 어려웠다. 포도청과 별기군의 병력은 이들을 진압하기에 역부족이었다. 폭동이 진정되지 않자 고종은 대원군의 입시를 명령한 뒤 별전으로 피신했다. 왕후는 충주목 민응식의 집으로 피했다.

9 『일성록』 고종 19년(1882) 6월 9일.
10 『일성록』 고종 19년(1882) 6월 9일.
11 『고종실록』 고종 19년(1882) 5월 4일.

대다수 민중의 지지를 받는 대원군을 전면에 내세우는 것이 사태를 진정시키는 데 도움이 되었다. 군란 이튿날, 고종은 대원군에게 전권을 위임하는 조치를[12] 내리지 않을 수 없었다. 이때부터 대원군은 33일간 고종을 대리하여 정치 전면에 나서게 된다.

고종이 친정을 시도하면서 대원군으로부터 어렵게 넘겨받은 권력은 이처럼 허무하게 다시 대원군에게 양도되었다. 대원군이 10년 섭정을 한 것이 1차 집권이라면, 대원군의 2차 집권이 시작된 것이다. 대원군의 재등장이 가능했던 이유는 일반 민중에게 민씨 일파와 개화파는 일본 세력을 끌어들이고 민중을 외면한 무리로 비쳤다는 데에 있다. 그에 반해 대원군은 개혁정치를 추진하면서도 민중의 여망에 부응하는 인물로 여겨졌다.[13] 군란이 민란으로 더욱 확대되는 것을 막으려면 대원군에게 전권을 위임할 수밖에 없었던 것이다. 고종이 군란을 겪으며 대원군에게 정사를 전격 위임한 것은 국왕의 위기 대처 능력이 그만큼 부족했음을 드러내는 것이다.

국정 수습보다 시급했던 왕후의 안위

군란이 발생한 이튿날, 고종은 의정부 회의를 소집했다. 6월 10일 회의석상에서 고종은 "오늘날의 사태는 나의 부덕의 소치이다"[14]라며 자신을 질책했다. 곧이어 대신들에게 군인들의 밀

---

12 『고종실록』 고종 19년(1882) 6월 10일.
13 조성윤, 「임오군란」, 290~291쪽.
14 『승정원일기』 고종 19년(1882) 6월 10일.

린 봉급이 어느 정도인지를 물었다. 영의정 홍순목은 13개월분이 밀렸다는 보고를 올렸다. 곧이어 "재용을 절약하고 인심을 수습하면 안정을 찾을 수 있을 것"이라며 국왕을 위로했다. 고종은 곧 안도했으나 군란은 단순히 밀린 월급 때문에 일어난 사건이 아니었다. 개화에 반감을 가진 도시 하층민과 하급군인들이 연합하여 일으킨 사회 변란의 움직임이었다. 그럼에도 불구하고 고종과 정부 대신들은 안이한 상황 인식과 사태 파악에 머물러 있었다.

고종은 당장의 국정쇄신이나 원상복귀보다 군란이 일어난 직후부터 왕후가 보이지 않는 것을 더 걱정했다. "중궁전이 어디 있는지 모르겠다"며 얼굴에 근심이 가득하자, 몇몇 대신들도 눈물을 훔치며 왕비를 걱정했다. 세자는 경우궁에 안전하게 대피해 있는 상황이었다. 회의 분위기는 가라앉고 침울했다. 고종은 계속 중전이 어디 있는지, 무사한지 걱정하며 불안해했다.

전날 군중과 합세한 반란 군병들은 대원군의 형이자 영의정까지 올랐던 이최응, 민씨 일족인 선혜청 당상 민겸호, 그의 손자 민창식 등을 보이는 대로 죽였다. 창덕궁 돈의문 안으로 몰려 들어가서는 대신과 내시들도 닥치는 대로 죽였다. 왕후를 찾아내기 위해 대궐 안을 들쑤시고 다녔다. 왕비는 민씨들의 상징적 존재였으며 고종과 함께 최고 권력자였다. 군민들은 민씨 일족을 향한 증오와 미움에 더하여 왕비가 자신들을 못살게 만든 원흉이라고 생각했다. 군민들이 왕비를 찾으려고 사방을 수색하고 다니느라 집기들은 부서지고 대궐 안은 난장판이 되었다.[15]

---

15 鄭喬, 『大韓季年史』上, 고종 19년(1882) 6월 10일.

왕비는 난리가 나자마자 평복 차림을 하고 무예별감 홍계훈의 도움을 받아 대궐 밖으로 피신했다. 당시 난병들이 왕후가 탄 가마를 막으며 수색하려 하자, 홍계훈은 상궁인 자신의 여동생이라 둘러대고 급히 빠져나갔다.[16] 곧이어 왕세자를 호위한 적이 있는 윤태준의 집에 몸을 숨겼다. 문밖에 엎드려 사방을 지키고 있던 민응식과 민긍식은 왕비가 서울에 있으면 위험하다고 여겼다. 차라리 시골로 가서 사람들의 눈을 피하는 것이 낫겠다고 생각했다.

왕비는 대궐을 얼마나 급히 빠져나왔는지 노자도 한 푼 챙기지 못했다. 윤태준이 이런 사정을 전에 승지로 있던 조충희에게 알렸다. 조충희는 마침 말을 판 돈이 있다며 선뜻 건네주었다. 민응식과 민긍식, 이용익 세 사람이 한마음이 되어 왕비를 가마에 태웠다. 이들은 황현의 『매천야록』에 기록된 대로 곧바로 여주 민영위의 집으로 가지는 않았다. 오히려 국왕의 동정과 하루 일과를 기록한 『승정원일기』가 좀 더 자세한 편이다. 그에 따르면 왕비는 12일에는 민응식의 서울 집, 14일에는 임천군수로 있던 이근영의 광주 집, 15일에는 이조판서 민영위의 여주 시골집으로 옮겼다. 왕비를 모셨던 민응식이 남긴 『임오유월일기』에는 전술했듯이 이보다 더 자세하게 기록되어 있다.

이처럼 군란 당시 사료에 기록된 왕후의 행적을 보면 그녀는 매우 급박하게 이리저리 옮겨 다녔음을 알 수 있다. 한 집에서 2, 3일 정도밖에 머물지 못했다. 혹시라도 중전이 몸을 숨기고 있는 것이 동네 사람들에게 발각되어 소문이 날까 걱정하여 여러 차례 이동한 것이다. 왕후에 대한 사람들의 시선이 곱지 않다는 것은

---

16 황현, 『매천야록』, 120~121쪽.

이미 한강을 건너면서 끔찍한 일을 겪어 짐작하던 바였다.

왕비 일행이 한강을 건너려고 할 때 뱃사공은 "한성에서는 한강을 차단하라는 명령이 내려졌고, 이런 행색으로는 의심받을 염려가 있으니 건너갈 수 없다"라며 곤란해했다. 눈치 빠른 왕비가 재빨리 금가락지를 사공에게 던져주었기에 망정이지 그마저도 없었다면 강을 건너지 못할 뻔했다. 광주를 지나다가 잠시 쉬고 있을 때는 차마 듣기 어려운 말을 들었다. 한 노파가 다가와 한성에서 피난 온 부녀자인 줄 알고 "음란한 중전 때문에 난리가 나서 낭자가 이곳까지 피난해온 것이다"라며 큰 소리로 떠들었던 것이다. 왕비는 아무런 대꾸도 하지 못하다가 환궁한 후에 그 마을을 아예 없애버렸다는 일화가 있다.[17] 다소 과장된 요소를 걷어내더라도 민씨 일족을 비롯한 왕후가 나라를 어지럽힌 개화의 중죄인, 부정부패의 원흉으로 인민들에게 인식되었음을 알 수 있다.

충주 장호원에 있는 민응식의 시골집으로 옮긴 왕후는 처음에는 자신의 존재가 드러날까 불안했지만 딱히 할 일이 없었다. 점점 무료해지면서 궁궐이 걱정되기도 했다. 언제쯤 궁궐로 돌아가 국왕과 세자를 다시 만날 수 있을까 궁금하고 염려스러웠다. 참다못한 왕후는 민응식에게 부탁해 근처의 용한 점쟁이를 수소문하게 했다. 그때 "호서지역의 이온(李媼)이 찾아와서 스스로 관왕의 딸이라고 하고 모월 모일에 궁궐로 돌아갈 수 있다고 장담했다. 왕비는 기이하게 여기면서도 곧 환궁하게 되어 무녀의 영험함이 입증되자 이후 그녀의 말이라면 무조건 따랐다. 이내 궁

---

17 위의 책, 123~124쪽.

북묘라 일컫는 관왕묘를 지어주고 왕후 곁의 무녀에게 '진령군' 호를 내려주며 지극한 숭배감을 드러냈음을 볼 수 있는 북묘묘정비(北廟廟庭碑). 1887년 건립. 현재 국립중앙박물관 야외전시장에 있다.

성 동북쪽 모퉁이에 북관왕묘를 세워서 그녀를 진령군이라 불렀다."18

이처럼 사료를 보면 왕후는 충주 시골집에서 무녀 진령군과 인연을 맺었다. 김택영이 남긴 문집에서 진령군을 '김씨의 처'라 하고, 정교의 책에서는 '김창석(金昌錫)의 모(母)'라고 했으니19 김씨와의 사이에서 아들 하나를 둔 기혼녀였음을 알 수 있다. 후일 『경성일보』기사에는 충주에서 농사를 짓던 김모의 과부라고도 나온다. 이에 따르면 진령군은 공손하고 단정한 태도로 왕비를 섬기며 말 상대가 되기도 하면서 그녀의 적막함과 무료함을 달래주었다. 또한 왕후가 고종의 연락을 받고 궁궐로 돌아간 것은 8월 1일이었는데, 진령군이 예언한 '8월 초하루'와 정확하게 맞아 떨어졌다는 것이다.20

일기에 따르면 왕후는 7월 17일 민치헌을 서울에 보내 자신의 무사함을 고종에게 알렸다. 고종은 중전 측과 긴밀하게 접촉하면서 왕비가 살아 있다는 것을 알았으나 당장 움직일 수는 없었다. 사회 일각에 퍼져 있는 왕비에 대한 증오와 분노를 우선 가라앉혀야 했다. 청에 잠시 의탁하여 도움을 받으면서, 청의 비호 아래 중전이 대궐로 돌아오는 게 안전해 보였다. 왕비의 환궁을 고민하던 끝에 고종은 어윤중을 원세개에게 보내 왕비를 맞을 호위군 차출을 요청했다. 7월 23일의 일이었으니 군란이 일어나고 한 달 보름 정도가 지난 뒤였고, 8월 1일 왕후는 환궁했다.

입궐 후 왕후는 진령군의 신통력에 놀라 곧바로 그녀를 대궐

18   김택영, 『소호당집』,「安孝濟傳」(한국고전번역원 DB).
19   鄭喬, 『大韓季年史』上, 20쪽.
20   『경성일보』1933년 10월 14일.

로 불러들였고, 정신적 의지처로 삼았다. 중전의 신뢰를 얻은 진령군은 궁궐을 무시로 출입했다. 그녀의 요사한 감언이설을 믿은 왕비는 전국에 기운이 좋다는 산천을 두루 찾아다니며 기도를 올렸다. 왕후가 병을 앓을 때마다 진령군이 손으로 아픈 곳을 어루만지면 증세가 말끔히 사라졌다고 하니[21] 정신적으로 의존하는 정도가 점점 깊어진 것으로 보인다.

진령군이 궁을 수시로 드나들자 궁궐에 무당이 상주한다는 소문이 돌기 시작했다. 소문을 의식한 진령군은 궁궐을 나와 가까운 곳에 거처할 계획을 세운 것으로 보인다. 이내 자신이 한나라 명장 관우의 딸이라며 국왕 내외에게 관왕묘를 건립해줄 것을 희망했다. 당시 관우는 조선의 거의 모든 지역에서 기복신앙의 대상이 되어 있었다. 진령군은 이러한 사회 분위기 속에서 스스로를 용맹함과 영험함의 표상인 관우의 딸로 둔갑시켜 숭배의 대상이 되고자 했다. 여기에 힘을 실어준 이들이 곧 고종과 왕후였고, 무녀에 대한 의존과 결탁은 중전뿐만 아니라 고종의 이미지에도 부정적 영향을 끼칠 수 있는 것이었다.[22]

대원군의 오만과 돌이킬 수 없는 실수

군란의 와중에 전권을 위임받고 제2차 집권기를 맞이한 대원군은 권력을 잡자마자 고종이 추진하던 개화정책을 백지화했다.

---

21 황현, 『매천야록』, 140쪽.
22 장영숙, 「명성황후와 진령군 - 문화콘텐츠 속 황후의 부정적 이미지 형성과의 상관관계」, 『한국근현대사연구』제86집, 2018, 84~86쪽.

개화정책 추진의 본산이던 내아문 1기의 통리기무아문을 폐지하여 삼군부로 바꾸고, 별기군을 폐지하여 종래의 5군영을 복구한 것이다.²³ 개화에 거부감을 느끼던 민중은 대원군을 지지하며 구제도로 돌아가는 것을 환영했다. 이들은 개화정책 추진으로 인한 혼란과 경제적 어려움을 서양과의 통상을 거부하던 대원군이 해결해줄 수 있으리라 기대했다.

대원군이 개화정책을 폐지하고 군인들의 급료를 정상적으로 지급할 것을 약속하자 민심은 점차 가라앉았다. 군민들은 최종 목표인 중전을 찾아내지 못했기 때문에 왕후를 찾아내 처단할 것을 요구했다. 왕후를 왕궁에서 물러나게 하지 않으면 해산할 기미가 없었다. 대원군으로서는 성난 군민들을 다독일 방법을 모색해야 했다. 그 결과 더 충격적이고 효과적인 방법으로 고안된 것은 왕후의 국상을 발표하는 것이었다. 사실 아무리 찾아도 중전은 보이지 않았고, 보았다는 사람도 없었다. 대원군은 시신도 없고 시간도 정확히 알지 못하는 상태에서 오시(午時)에 중전이 승하했다고 국상을 선포했다.²⁴ 만 이틀에 걸친 대규모 군란은 그제야 비로소 진정되기 시작했다.

국상 선포 후 승정원, 예조, 홍문관의 대신들은 왕후의 시신이 없는 상태에서 장례를 치르는 것은 있을 수 없는 일이라며 반대하고 나섰다.²⁵ 주요 기관에 포진한 대신들이 격한 반응을 보이는 가운데 대원군은 회의석상에서 하교를 내렸다.

23 『일성록』 고종 19년(1882) 6월 10일.
24 『고종실록』 고종 19년(1882) 6월 10일.
25 『고종실록』 고종 19년(1882) 6월 14일~6월 16일. 이 기간 내내 대신들의 반대가 지속되었다.

중전을 사방에 찾아보았지만 끝내 그림자도 없으니 어찌할 바를 모르겠다. 참혹한 순간을 보았으니 중전이 입던 옷을 가지고 장사를 지내는 수밖에 없다.

대원군은 중전의 시신을 보지 못했다고 하면서도 죽은 게 틀림없다며 중전의 죽음을 기정사실화하려 했다. 이에 영의정 홍순목과 판중추부사 김병국이 통곡하면서 다시 한 번 아뢰었다. 확인되지도 않은 일을 그렇다고 하니 할 말이 없다, 널리 수소문해서 더 찾아보자는 주장이었다. 대원군은 냉정하고 침착하게 대응했다. 자신도 온갖 방법을 동원하여 찾아보았으나 허사였다고 하면서 더는 방법이 없다고 강조했다.

신료들의 반대는 계속되었다. 1년이 지나 찾은 경우도 있고, 당대의 죄인이 될 뿐만 아니라 역사의 죄인이 될 것이며, 세자에게 아뢸 수도 없고 세자궁의 슬픔을 어찌 위로할 수 있겠는가 하면서 심사숙고할 것을 촉구했다. 그럼에도 대원군은 "오늘 회의 석상에서 한 이야기들을 조지(朝紙)에 반포하라"며 밀어붙였다.

대원군으로서는 사태를 하루빨리 마무리해야 했다. 궁궐에 기세등등하게 모여 있는 군민들을 해산시켜야 했다. 중전을 다시 보고 싶지 않은 마음도 있었다. 대원군 입장에서는 민씨 일가들을 권력의 요직에 등용하며 세력을 키워가고 있는 중전의 힘을 빼고, 싹을 자를 호기였을 수 있다. 권력을 빼앗기고 양주로, 운현궁으로 물러앉은 채 힘 빠진 호랑이 신세가 된 대원군으로서는 다시없는 절호의 기회였다.

고종은 왕후의 국상을 진행하려는 대원군에게 아무런 대응도 할 수 없었다. 군란을 초래한 데 대한 죄책감이 컸다. 그는 자신보다 훨씬 더 민심을 얻고 있는 대원군의 위세에 압도되었다. 그러나 재집권에 성공한 대원군이 개화정책을 전면 백지화한 것에 대해서는 수용하기 어려운 측면이 있었던 듯하다. 이는 대원군이 천진 보정부에 유폐된 후 고종이 개화정책을 재추진하기 위해 내아문을 다시 출범시킨 사실을 통해서도 알 수 있다. 생사가 확인되지 않은 중전을 죽은 사람으로 취급하고, 고종의 정책을 무위로 돌려놓은 대원군과는 이제 정치적 라이벌 관계가 될 수밖에 없는 상황이었다.

왕후는 국가의 중대사가 있을 때마다 고종 옆에서 조언을 아끼지 않은, 현실감각과 정치감각이 뛰어난 여성이었다. 지금은 비록 난민들에게 쫓기는 처지가 되었지만, 이치와 사리에 밝은 여성이었다. 총명하고 기억력이 뛰어나 유교경전도 두루 암기하고 있었다. 사기에도 통달하여 백관의 상소를 친히 읽기도 하는,[26] 우아한 지성미를 갖춘 여성이었다.[27] 섬세하고 높은 정치의식과 감각으로 고종의 정치적 동반자 역할을 톡톡히 해내고 있었다. 이러한 왕후를 정치적으로 매장하려 하는 대원군에 대해 고종은 정적 이상의 감정을 품지 않을 수 없었을 것이다.

일본은 군란이 발생하자 자국 거류민을 보호한다는 명분으로 군대를 파견했다. 그들은 군란을 일시적 폭동으로 생각했으나, 인천에 피신해 있던 일본공사 일행을 인천부사의 명령도 없이 부병(府兵)들이 습격하는 것을 보고 정당한 격발에 기인한 것이라고 판단했다. 일본공사가 습격을 당하자 본국의 여론이 비등했

---

26 황현, 『매천야록』, 97쪽·190쪽.
27 Isabella. B. Bishop 지음, 이인화 옮김, 『한국과 그 이웃 나라들』, 295쪽.

고 내각 내에서도 강경론이 일어났다. 곧 하나부사 요시모토(花房義質)의 지휘로 군함 4척, 수송선 3척, 1개 대대 약 1,500명의 병력이 제물포로 들어왔다. 이 배에는 일본을 방문하고 귀국하던 김옥균과 서광범도 타고 있었다. 일본은 난민들의 일본공사관 습격에 대한 사죄를 국제법이 허용하는 범위 안에서 받아내고 불타버린 공사관에 대한 배상도 받아낼 셈이었다.[28]

한편 청은 6월 18일 주일공사관의 여서창(黎庶昌) 특명전권공사를 통해 군란 소식을 들었다. 여서창이 하나부사의 조난 사실을 접하자마자 이튿날 장수성(張樹聲) 서리북양대신 직예총독에게 타전했기 때문이다. 장수성은 곧바로 직예 천진해관장의 주복(周馥)에게 명해 천진에 머물고 있던 영선사 김윤식과 문의관 어윤중을 불러 의견을 묻게 했다. 김윤식은 "국왕의 친정 이래 국세가 심히 미약해지고 종사를 지켜나가기 어려운 정도"라며 "작년에 일어난 이재선, 안기영 등의 역적이 난당을 모아 국왕의 폐립을 도모했는데 작년 역적의 남은 무리들이 난을 일으킨 것으로 의심된다"[29]라는 취지로 조선의 내부 사정을 설명했다. 하급 군병의 배후에 대원군이 있다고 본 것이다. 두 사람은 청이 군대를 파견하여 국왕을 보호하고 군란을 진압해줄 것을 요청함으로써 결과적으로 청의 개입을 야기했다.

청 또한 대원군이 정계에 다시 등장하여 통상수교 거부 정책을 추진할 경우 외교정책에 방해가 될 것이라고 생각했다. 조선을 이용해 서양 오랑캐들을 방비하려는 이이제이 정책에 차질이

---

28   田保橋潔, 『近代日鮮關係の硏究』下, 조선총독부, 1940, 787~790쪽.
29   위의 책, 830~832쪽.

생길 터였다. 청의 입장에서는 조선이 서양을 막아주는 1차 방어벽이기도 했다. 청이 이(齒)라면, 조선은 입술(脣)이었다. 청을 위해 조선은 존재해야 했다. 두 나라는 순망치한(脣亡齒寒)의 관계인 것이다. 청은 국가적 이익을 고려하여 적극적으로 군란에 개입하고자 했다. 이에 김윤식은 청의 장수 오장경이 지휘하는 3천 명의 군대와 남양만으로, 어윤중은 정여창과 마건충이 지휘하는 군함 3척과 함께 제물포로 들어오게 되었다.[30]

결국 김옥균 등 친일 성향의 개화파는 일본군과 함께, 김윤식 등의 친청적 개화파는 청의 군대와 함께 조선으로 돌아와 국가적 위기를 해결하고자 했음을 알 수 있다. 일본은 제물포로 들어와서 주모자 처벌과 피해보상을 요구하고, 병력 주둔 문제에 대해 요구 조건을 제시했다. 소문을 들은 민중의 불만은 높아갔고, 전쟁이라도 불사할 것 같은 험악한 분위기가 조성되었다.

청은 대원군을 그대로 두면 난이 진압되지 못할 것으로 보고 그를 체포하여 천진에 연금시킬 계획이었다. 마건충은 대원군을 숭례문 밖에 있던 청의 군문으로 여러 번 초청하여 융숭하게 대접했다. 대원군이 경계심을 풀고 아무런 의심도 없이 초청에 임하자, 마건충은 하인들을 따라오지 못하게 한 뒤 그를 포박하게 했다. 이어서 밀랍으로 대원군의 입을 틀어막았다. 그러고는 교자 안으로 강제로 떠밀었다. 장정 한 패가 교자를 메고 마산포까지 가서 윤선에 태웠고, 그렇게 해서 대원군은 천진에 있는 보정부에 연금되는 신세가 되었다.[31] 7월 13일, 눈 깜박할 사이에 벌

30 『魚允中文集』〈從政年表〉 고종 19년(1882) 7월 8일.
31 황현, 『매천야록』, 129~131쪽.

어진 일이다.

대원군은 두 번째로 권력을 잡은 지 33일 만에 청에 의해 전격적으로 권좌에서 내려오게 되었다. 청은 대원군을 군란의 주모자로 몰았다. 대원군의 장자인 이재면을 비롯해 이경하, 신정희 등이 체포, 투옥되었다. 하층군민들은 거세게 저항했지만, 월등히 우세한 화력을 가진 청의 무력 앞에 굴복할 수밖에 없었다. 고종은 한성 내외의 여항거리에 방문을 붙여 인민을 효유하면서 청의 무력 진압을 합리화했다. 서울 각 지역에는 오장경의 군대 3천여 명이 분산 배치되었다.[32]

대원군이 보정부에 연금된 후 고종은 대원군의 환국을 위해 청과 교섭을 하지는 않았다. 임오군란 당시 죽임을 당한 민겸호의 집안인 민씨 일족도 대원군의 환국에 신경 쓰지 않았다. 고종 즉위 때부터 대원군에 반감을 가졌던 풍양조씨의 조영하와 조성하 등도 대원군이 돌아오는 것을 바라지 않았다.[33] 그만큼 대원군은 고종을 비호하는 정치세력에 부담을 주는 존재였다.

청은 대원군 세력과 고종 측근 간의 정치적 긴장과 알력을 잘 알고 있었다. 청은 이를 적당한 시기마다 고종을 협박하는 수단으로 활용했다. 정치적으로 불리한 사건이 생길 때마다 대원군을 환국시키겠다고 으름장을 놓았다. 대원군의 환국이라는 카드는 고종을 압박하는 가장 손쉽고 강력한 수단이었다. 그 중심인물이 이홍장과 원세개이다.

군란 이후 더욱 강경해진 청의 간섭과 위세로부터 고종과 왕

---

32 鄭喬, 『大韓季年史』上, 15쪽.
33 林明德, 『袁世凱與朝鮮』, 114~115쪽.

후가 벗어나는 길은 러시아를 새롭게 끌어들이는 것이었다. 제1차 조·러밀약 사건은 이러한 상황에서 전개된 것이다. 통리교섭통상사무아문 독판 김윤식이 이 밀약을 청에 누설한 후 이홍장은 고종의 인아거청책을 막기 위해 대원군의 환국을 추진했다.[34]

대원군은 보정부에서 풀려나자마자 곧 환국했다. 1885년 8월, 청에 연금된 지 3년여 만이었다. 긴장한 고종은 대원군이 돌아온 이후 현실정치에 또다시 관여할까 우려하여 '대원군존봉의절(大院君尊奉儀節)'을 공표했다.[35] 대원군을 극진히 받들고 존대한다는 의미지만, 사실은 대원군의 문 밖 출입을 통제하고 대소신료들과의 만남도 차단했다. 운현궁 대문에 횡강목(橫杠木)을 설치하여 밖에서 잠그는 형태를 취했다. 훈련원의 하급관리인 습독관(習讀官)이 번갈아 입직했고, 조정신하들도 국왕의 명을 전달하는 일 이외에는 사적으로 대원군을 만날 수 없었다. 대원군이 정치세력을 형성하여 또다시 정계에 복귀할 것을 염려한 고종의 고육지책이었다.

고종의 인내와 참회

군란을 계기로 대원군에게 집권 기회를 내어준 고종은 군민의 지지 속에 등장한 대원군이 민심을 빠르게 얻는 지도력을 묵묵히 지켜볼 수밖에 없었다. 대원군이 통리기무아문을 혁파하고, 중전

---

34   林明德, 위의 책, 117쪽.
35   『승정원일기』 고종 22년(1885) 9월 10일.

대원군이 그린 묵란도. 대원군은 현실정치에서 멀어질 때마다 운현궁에 칩거하며 대나무와 난초, 괴석 중심의 석란화와 묵란화를 즐겨 그렸다.

의 국상을 선포했을 때에도 의견을 제시할 수 없었다. 군란을 초래한 죄인, 리더십의 부족으로 대원군에게 실권을 넘긴 상황에서 자신의 생각을 표출할 수는 없었다. 조용히 이 상황이 진정되기를 기다리며 인내하는 수밖에 없었다. 그런데 대원군이 청에 연금되면서 고종에게 다시 기회가 찾아온 것이다.

고종은 먼저 자신의 허물을 밝히고 잘못을 인정했다. 정부 관리들과 상처 입은 군민들의 마음도 어루만져주었다. 대소신료들과 향촌의 원로들, 군민들에게 내린 교서를 통해 "앞으로 변란과 관계된 모든 죄는 묻지 않겠다"[36]라면서 새로운 출발을 약속했다. 군란 이후 공식적인 정치활동은 그렇게 시작되었다. 첫 교서를 발표하고 이틀 후에는 두 번째 유서(諭書)를 내렸다. 배는 성난 파도에 의해 뒤집어질 수도 있음을 강학기의 수업을 통해 배워온 고종이다. 한 번의 교서를 내리는 것만으로는 부족했다. 절절히 자신의 과오를 되짚는 것이 필요한 시점이었다.

부덕한 내가 외람되이 윗자리에 오른 지 19년이 되었는데, 덕을 밝히지 못하여 정사가 잘못되고 백성들이 흩어지게 되었다. 죄가 위에 쌓이고 재앙이 몸에 모였는데, 나로 말미암아 초래된 것이니 후회한들 무슨 소용이 있겠는가!

임금 자리를 이어받은 이래로 토목공사를 크게 일으켰고 백성들의 재물을 빈번히 거두어들여 가난한 사람이나 잘사는 사람이나 모두를 곤궁하게 하였으니, 나의 죄이다. 화폐를 자주 바꾸고 죄 없는 사람을 많이 죽인 것도 나의 죄이며, 사당과 서원을 허물고 철폐하여 충현들

---

36 『승정원일기』 고종 19년(1882) 7월 18일.

이 제사를 받지 못하게 한 것도 나의 죄이며, 완상품을 구하고 상을 내려줌에 절도 없이 한 것도 나의 죄이다. (…) 뇌물이 공공연히 성행하고 탐오하는 자들이 징계되지 않아 곤궁한 백성들의 고통스러운 생활이 위에 전해지지 않은 것도 나의 죄이다. 저축이 오랫동안 바닥나서 군사와 아전들을 먹여주지 못하고 공물 값을 제때 주지 못하여 시정(市井)이 폐업하게 된 것도 나의 죄이다. 여러 나라와 우호관계를 가지는 것을 제대로 조치하지 못하여 백성들의 의혹만 자아내게 하였으니, 이것도 나의 죄이다. (…) 내 이제 마음을 깨끗이 씻고 전날의 교훈을 살려 앞으로 조심하겠다. 백성들에게 불편했던 종전의 정령들은 다 없애고 훌륭한 관리들을 골라 백성들을 다스리게 할 것이며 실제적인 방법을 강구하여 온 나라 사람들과 함께 고쳐 새롭게 하려 한다. 너희들도 마땅히 너희들의 일을 이루도록 힘쓰고 훌륭한 계책을 고해주어야 할 것이다.[37]

두 번째 교서를 요약하면 토목공사, 무명잡세, 화폐 주조, 사치풍조, 종친과 외척 등용, 뇌물수수, 재정 낭비, 일방적인 개화정책 추진 등 이 모두가 국왕 자신의 과오라는 것이다. 지난날의 잘못을 참회하면서 용서를 구한 고종은 앞으로는 모든 일을 의논하여 처리하겠다고 다짐했다. 곧이어 대원군에 의해 파기된 개화정책을 다시 추진했다. 통리군국사무아문은 그렇게 신설되었고 내아문 2기 체제가 출범했다. 그러나 고종이 자주적으로 할 수 있는 일은 거의 없었다. 군란의 진압을 도와준 청의 간섭과 감독이 더욱 심해졌기 때문이다.

---

37 『승정원일기』 고종 19년(1882) 7월 20일.

청은 군란을 진압한 일을 빌미로 1882년 9월 조청상민수륙무역장정(朝淸商民水陸貿易章程) 체결을 유도했다. 조선과의 전통적인 종속관계를 국제법상 종주권 관계로 정당화하면서 조선이 청의 속방임을 문서화한 것이다. 이에 따르면 조선은 반(半)주권국으로서 통상과 조약 체결은 가능했다. 이는 곧 만국공법에서는 속국 또는 반주권국가를 지칭하는 것이다. 식민지는 아니되, 제한적으로 입약권(立約權)을 가진 상태이다.[38] 묄렌도르프를 조선에 파견하여 세관을 신설하고 관리하게 한 것도 조선을 반주권국, 즉 속국에 대한 억압적 조치로 가해진 것이다.

　무역장정의 핵심은 전문과 제1, 2조에 있다. 전문에서는 "조선은 오랫동안 중국의 번국으로 있었다"는 사실을 문서화했다. 제1조와 제2조는 조선 측 사절의 북경 상주 요청을 거부하며 조선 국왕과 북양대신은 동등한 지위에 있다는 것, 양국은 개항장에 상무위원을 파견하되 청에서 파견한 상무위원은 영사재판권을 행사할 수 있다는 내용이었다.[39] 조선 국왕을 북양대신과 동격에 둠으로써 조선이 청의 속방임을 거듭 강조했으며, 편무적인 치외법권을 둠으로써 불평등을 심화시켰다.

　청은 무역장정 체결을 계기로 조선에 진출할 수 있는 길을 넓히게 되었다. 북양대신 이홍장은 상국(上國)의 대신으로서 고종보다 높은 지위에서 조선을 상대할 수 있었다. 청은 조선에서 다른 나라보다 정치·경제적으로 우위를 선점할 수 있게 되

---

[38] 유바다, 『19세기 후반 조선의 국제법적 지위에 관한 연구』, 고려대학교 박사학위논문, 2016, 47~49쪽.
[39] 최덕수 외, 『조약으로 본 한국근대사』, 열린책들, 2010, 116~118쪽; 〈朝淸商民水陸貿易章程〉(奎23400).

었다. 정치고문과 외교고문도 추천할 수 있었다. 마건충의 친형인 마건상과 천진 독일부영사를 역임한 묄렌도르프가 외교고문으로 고빙되어왔다. 묄렌도르프는 외아문 협판직을 담당하면서 근대적 통상관계에 대한 지식이 없는 조선에서 세관 업무를 도맡았다. 곧이어 청은 조선군의 기강해이와 혼란을 바로잡는다는 명분으로 군제 개편에 개입했다. 그 결과 새로 편제된 것이 앞에서 살펴본 친군영제이다.

조선은 이미 개방화 정책으로 서양제국과 외교관계를 수립하고 있었다. 조미수호통상조약(1882년 5월 22일)을 필두로 조영수호통상조약(1882년 6월 6일), 조독수호통상조약(1882년 6월 28일)을 체결함으로써 국제무대에 진출해 있었다. 그러나 청과의 불평등한 장정 체결로 조선은 만국공법상에서 자주독립국이 아닌, 반주권국이자 속국으로 인식되었다. 고종은 청의 그늘에서 벗어나고 싶었다. 마침 조미조약의 비준(1883년 1월 9일) 이후 미국의 체스터 아서 대통령은 푸트(Lucius H. Foote)를 초대 주한 미국공사로 임명했다. 곧이어 그의 지위를 주청 및 주일공사와 동격인 전권특명공사로 승격시키는 파격적인 조치를 취했다.

특히 조약 제1조에는 '미국과 조선 간에 영구한 평화와 우호를 약속하고, 만일 한 나라가 부당하게 억압적인 상황에 놓일 때는 상대국을 위해 주선(good offices)을 다하는 것으로 우의를 표해야 한다'[40]라는 내용이 규정되었다. 고종은 이를 조선에서 어려운 문제가 발생하면 미국이 적극적으로 개입하겠다는 뜻으로 이해

---

40 국회도서관 입법조사국, 『舊韓末條約彙纂』中, 1965; 통리교섭통상사무아문, 美案(奎17732).

했다. 이후 고종은 푸트 공사를 통해 미국인 외교고문과 군사고문을 초빙하기 위한 교섭을 벌였다.⁴¹ 고종 나름의 이이제이 방책으로 미국의 힘을 빌려 청의 제국주의적 간섭으로부터 벗어날 길을 모색한 것이다.

그런데 미국은 단지 조약 당사국 간의 일반적인 '우호의 뜻'을 밝힌 것일 뿐이었다. 미국은 조선이 이미 청과 일본에게 정치, 경제적으로 거의 예속되다시피 한 것을 알고 있었다. 조선과는 유리한 통상 기회를 포착할 수 없다는 것을 알고 있었기에 조약 규정을 지키는 선에서만 행동했던 것이다. 즉 조선을 목표로 하는 대외팽창에는 관심이 없었다.⁴² 미국의 이러한 외교정책을 고종은 알 길이 없었다. 미국에 요청한 군사고문과 외교고문의 파견이 한없이 지연되면서 기대가 실망으로 바뀌고 있을 뿐이었다.⁴³

고종은 새로운 외교 대상을 물색하고, 군란 후 사절단으로 일본을 방문한 김옥균과 박영효를 활용했다. 주일 러시아공사를 통해 러시아와의 외교관계를 구체화하여 조러수호통상조약(1884년 7월 7일)을 맺었다. 고종이 미국에 기대를 거는 것과 달리 원세개는 조선이 이미 내적으로는 물론이고 대외적으로도 의지할 세력이 없다는 것을 알고 있었다. 미국은 자국의 수호를 위해 근신 자중할 나라라는 것도 파악하고 있었다.⁴⁴ 고종이 미국의 외교정책과 의도를 전혀 파악하지 못한 것과는 상당히 대비되는 측면이다.

---

41 최문형, 「미국의 대한정책(1882~1905)」, 『軍史』 4, 1982, 124~125쪽.
42 위의 글, 127~128쪽.
43 李光麟, 「美國軍事敎官의 招聘과 鍊武公院」, 『한국개화사연구』, 일조각, 1982, 161~173쪽.
44 林明德, 『袁世凱與朝鮮』, 100쪽.

그럼에도 임오군란 중에 절대권력을 양도할 정도로 리더십에 상처를 입은 고종은 인내와 참회의 과정을 거치면서 재기한 것으로 보인다. 조선의 발전과 안전을 위해 외세를 다양하게 활용하고 끌어들이려는 노력도 기울였다. 상대 국가의 외교정책과 국가적 의도를 세밀하게 파악했다면 좋았겠지만 그 정도로 치밀하지는 못했다. 실로 근시안적인 인식으로 접근했다. 이러한 문제는 고종 개인의 한계 때문만은 아니다. 국제정세의 흐름과 국제조약의 해석에 대해 견문이 좁을 수밖에 없었던 조선의 현실적인 한계에서 기인한 바가 더 크다.

갑신정변기, 방관과 회피

정변으로 가는 길

고종이 집권 기간 동안 새로운 인재들을 발탁하여 정치적 배후세력으로 활용한 인물군은 시기별로 다양했음을 제2부에서 살펴보았다. 그중에서도 1870년대 후반에 형성된 초기 개화파는 고종의 집권 초·중반기를 함께한 정치세력이라 할 수 있다. 특히 김옥균을 중심으로 하는 문명개화파는 고종과 왕후 측근에서 개화정책을 전개한 핵심 세력이었다. 그러나 이들은 1884년 갑신정변을 일으키면서 고종과는 결국 파국의 길을 걷게 되었다.

자칫 왕권에 대한 위협과 중대한 도전으로 이어질 수 있었던 소용돌이의 한가운데서 고종은 위기를 극복하기 위해 어떤 태도와 방식을 취했을까? 문명개화파뿐 아니라 동도서기를 주창하는 이들 역시 개화의 필요성을 느끼고 있었음에도 불구하고 서로 가는 길이 달랐던 원인은 무엇일까? 여기에는 이미 언급한 대로 그들의 정치적 성향과 개화에 대한 인식의 차이 외에도 정책을 추진하는 과정에서 빚어진 갈등이 크게 작용했다.

　통리기무아문과 통리군국사무아문 등 내아문 1, 2기를 출범시키면서 개화자강을 목표로 하는 정책을 추진하고 있었지만, 정부는 만성적인 적자 상태였다. 고종이 개화파의 주장대로 『한성순보』를 창간하여 세계정세와 새로운 지식을 국내에 소개하는 데는 기본적으로 자금이 필요했다. 구미각국과 통상조약을 체결한 후 사절단을 교환하며, 신식 군대를 창설하고, 영선사와 조사시찰단을 파견하여 신문물을 보고 배워오는 데에도 자금이 필요했다. 국가 재정이 튼튼해야 자강을 위한 정책도 추진할 수 있었다.

　각 정치세력들은 국가 재정난을 타개하기 위한 대책들을 내놓기 시작했다. 김옥균 일파는 일본으로부터 차관을 도입하자는 주장을 폈다. 그들은 쉽게 차관을 들여올 수 있으리라 믿었다. 1882년 10월 임오군란을 수습하기 위한 수신사로 박영효 일행이 일본에 파견되었을 때 김옥균도 동행하여 17만 원의 돈을 빌려온 적이 있었다. 차관 조건은 2년 거치 후 10년 동안 매년 원금 1만 7천 원씩 상환해야 하는, 연 8푼의 높은 이자였다.[45] 당장 사절단의 여비도 궁색한 지경이어서 돈을 빌려 쓸 수밖에 없었다. 이런 경험이 있었기에 이들은 국가 재정이 어려워지자 손쉽게 차관을 생각했던 것으로 보인다.

　반면 민씨 일족은 외교협판 묄렌도르프의 조언에 따라 당오전을 발행하여 재정 위기를 해결하고자 했다. 김옥균은 당오전을 주조할 경우 재정난을 타개하기는커녕 물가가 치솟아 민중의 생

45 　『일본외교문서』 메이지 15년(1882) 12월 18일, 287~288쪽.

활이 더 어려워질 것이라며 반대했다. 양측의 의견이 팽팽히 맞서자 고종은 중간에서 두 정치세력의 의견을 모두 받아들여 추진하게 했다. 민씨 일족을 비롯한 동도서기파에게는 당오전을 주조하여 재정난을 타개하도록 하고, 김옥균을 위시한 문명개화파에게는 1883년 6월에 300만 원의 국채모집 위임장을 주어 일본에 파견했다.

그러나 차관을 도입하려던 노력은 실패로 돌아갔다. 일본도 재정 상태가 썩 좋지 않아서 거금을 빌려줄 여유가 없었기 때문이다. 일본 정계에서 김옥균의 정치적 역량을 신뢰하지 못했던 것도 원인 중 하나였다. 김옥균은 『갑신일록』에서 다케조에 신이치로(竹添進一郎) 공사가 묄렌도르프의 모함에 넘어가서 일본 외무대신 이노우에 가오루에게도 의심을 제기한 것으로 술회했다.[46] 이는 곧 김옥균이 일본에서 차관을 들여오지 못한 것도 친청파이자 동도서기 세력의 방해로 여겼음을 보여준다. 서로 간의 불신의 골이 얼마나 깊었는지를 짐작하게 하는 대목이다.

김옥균이 차관 도입에 실패하고 돌아와서 보니 조정은 이미 민태호와 민영익을 비롯한 여흥민씨와, 이들과 밀착한 친청파로서 친군영을 지휘하던 윤태준, 한규직, 이조연 등이 장악하고 있었다. 이들은 작은 나라인 조선이 큰 나라인 청국을 섬겨야 하는 현실을 비판의식 없이 받아들였다. 군란이 터지자 청군에 도움을 요청한 것도, 청의 비호 속에서 군제 개편을 단행하여 군영대장을 맡고 있던 이들도 모두 친청파였다. 청으로부터 벗어나 자주독립국의 지위를 갖추는 것을 가장 중요하게 생각하던 문명개

---

46 『갑신일록』(김옥균전집), 27쪽.

화파와는 목표와 이상에서 이미 어긋나고 있었다. 그러나 문명개화파 또한 청으로부터의 독립만을 주장했을 뿐, 일본의 차관과 원조를 얻게 되면 그들의 내정 간섭과 압박이 거세질 것이라는 사실을 놓치고 있었다.

친청파와의 대립과 불신의 골이 깊어가는 한편으로, 한성판윤 박영효가 진행하던 도로정비 사업을 둘러싸고 잡음이 커지면서 박영효는 1883년 4월 광주유수로 좌천되었다. 한성판윤이나 광주유수나 모두 정2품에 해당한다. 그런데 수도의 중앙이 아닌, 지방으로 전출된 것이었기 때문에 문명개화파는 이를 좌천으로 받아들였다. 더욱이 박영효는 6개월 만에 광주유수직에서도 물러나게 되었다.

때마침 고종이 푸트 미국공사를 통해 군사교관 고빙을 요청했으나 답변이 없자, 민영익은 군대훈련을 위해 청국의 장교를 초빙하려는 움직임을 보였다.[47] 군사교관이라면 김옥균의 소개로 일본 호산학교에서 수학한 후 1884년 4월에 귀국한 서재필 등 14명의 사관생도들이 있었다. 만약 청국의 장교가 와서 교관을 맡게 되면 이들은 임용되지도 못한 채 실직할 공산이 컸다.

이래저래 문명개화파를 둘러싼 형세와 분위기는 불리하게 돌아가고 있었다. 결국 이들은 실권을 장악하고 있는 친청파에 의해 언제 제거당할지 모르는 위기감과 불안감 속에서[48] 정변이라는 방법을 선택하게 되었다. 베트남을 사이에 두고 청과 프랑스 사이에 전운이 감도는 것도 좋은 기회로 여겼다. 청나라는 서울

---

47 『윤치호일기』 1884년 8월 26일.
48 『윤치호일기』 1884년 6월 18일.

에 주둔 중인 3천 명의 청군 가운데 1,500명을 안남(베트남) 전선으로 이동시키고 있었다. 김옥균 일파는 청이 프랑스와의 일전을 앞두고 조선에서 싸울 여력이 없을 것이라 판단했다.

또한 이들이 정변을 감행하게 된 데는 때마침 김옥균 일파를 적극 부추기면서 '기회를 놓치지 말라'며 선동적인 발언을 거듭 해온 다케조에 공사의 영향도 컸다. 일본은 임오군란 당시의 손해배상금 40만 원을 돌려주면서까지 국왕과 정변 주도세력에게 호의를 베풀었다.[49] 김옥균 일파는 일본의 태도에 반신반의하면서도 정변을 모의하고 행동으로 옮기는 데 협력자로 의지하게 되었다. 다케조에는 고종에게 40만 원을 환납하면서 "독립을 도모하기 위한 군사를 양병하는 자금으로 써달라"고 말했다. 이들이 입으로는 조선의 독립을 운운하지만, 정변이 성공한 뒤에 어떻게 나올지는 충분히 예상할 수 있는 일이다. 환심을 선뜻 받아들이기는 어려웠으나, 그렇다고 거부할 여유도 없었다.

김옥균은 애당초 다케조에를 '믿을 수 없는 사람'이라 생각했다. 그래서 거사 날짜도 알려주지 않았다. 다케조에가 경솔하고 변덕스러우며 일본의 정책 또한 수시로 바뀌곤 해서, 정변이 사전에 누설될 가능성을 염려했던 것이다. 일본을 왕래하는 우편선 치토세마루(千歲丸)가 1884년 12월 7일(양력) 입항 예정으로 인천을 출항하고 난 뒤인 12월 3일에야 거사계획을 일본 측에 알렸다. 12월 4일에 정변을 일으켰으니 하루 전에 알린 것이다. 일본의 의도와 야욕을 어느 정도는 파악하고 있었음을 엿볼 수 있다.

---

49 『갑신일록』(김옥균전집), 36~38쪽.

갑신정변을 일으킨 4명의 주역들.
앞줄 왼쪽에서 시계 방향으로 박영효, 서광범, 서재필, 김옥균

정변을 모의하던 시기인 11월 16일에 이들의 일원인 유대치는 "일본 정부의 정략을 그대들이 과연 깊이 알고 있는가?"[50]라고 물은 적이 있었다. 이에 김옥균은 "설혹 일본의 원조가 없다 하여도 우리의 형편이 배수의 진을 치고 양식이 떨어진 것처럼 절박한 상황에 이르렀다"라며 정세는 이미 시위를 떠난 화살이라고 생각했다. 이들은 일본이 도와주면 다행이고, 설령 도와주지 않는다고 하더라도 개의치 않았다. 일본의 원조와 도움 여부가 정변을 결행하는 데에 결정적인 영향을 미치지는 않았다. 이들은 상황을 그만큼 절박하게 받아들이고 있었다.

긴박했던 3일간의 행로

갑신정변이 진행된 3일간의 과정을 김옥균의 『갑신일록』을 통해 재구성하면서 고종과 왕후의 행보를 따라가 보면, 국가가 혼란스러운 절체절명의 순간에 왕권을 지키기 위해 고종이 어떻게 대처하려 했는지가 명료하게 드러난다. 정변은 우정국 건물 낙성식 축하연을 계기로 집권당 요인들이 모인 후 안국동 별궁에 불을 지르는 것을 신호로 진행되었다. 이때 창덕궁에서 고종을 알현하고 있던 김옥균 일파는 우정국에서 변고가 났으니 서둘러 자리를 피해야 한다고 주청했다. 궁녀 고대수(顧大嫂)는 때맞춰 대궐 안 통명전(通明殿)에서 폭발약을 터뜨림으로써 다급한 사태를 더욱 부채질했다.

---

[50] 『갑신일록』(김옥균전집), 49~50쪽.

김옥균 일파는 폭약 소리에 아연실색한 고종을 모시고 창덕궁 서쪽의 경우궁으로 몸을 피했다. 경우궁은 왕실 사당이 있던 자리로 궁역이 넓지 않아 수비하기 편했기 때문이다. 일본군 150여 명 정도를 포함하여 300명에서 400명 정도의 적은 군병으로 정변을 일으켰기에 수비하기 편한 곳을 고려하지 않을 수 없었던 것이다. 경우궁으로 이어하기 전 왕후는 "이 난이 청으로부터 나왔는가? 일본으로부터 나왔는가?"라며 김옥균에게 캐물었다. 사태에 예민하고 민감하게 대응하던 중전이었기에 고종보다 앞서서 상황을 파악하고자 한 것이다.

당황한 김옥균이 대답을 못하고 있을 때, 통명전 쪽에서 폭발 소리가 나서 그 순간의 위기를 모면할 수 있었다. 정신을 가다듬은 김옥균은 "이와 같은 위급한 때를 당하여 일본 군사를 요청해서 호위하도록 하면 만전을 기할 수 있습니다"라고 아뢰었다. 곧이어 고종에게 '일본공사래호짐(日本公使來護朕)'이라는 문구를 써달라고 했다. '일본공사는 와서 짐을 호위하라'는 의미였다. 창덕궁 서북쪽 요금문(曜金門)으로 가는 길 위에서였다. 고종의 친필 칙서는 다케조에가 일본 군사를 출동시키는 명분으로 삼겠다며 요구한 것이었다.

경우궁에 도착한 김옥균 일파는 이곳을 철통같이 지키며 국왕을 뵙기 위해 궁으로 찾아온 집권 수구세력을 무참하게 살해했다. 윤태준, 한규직, 이조연, 민태호, 조영하, 환관 유재현 등이 차례대로 죽어나갔다. 평소 친청 태도를 보여온 군영 대장들이자 고위관료이다. 유재현은 국왕 주변에 있던 환관으로서 원래 개화당에 속했으나 변절한 인물이었다.

곧이어 정변 주도세력은 정부 주요 직책을 교체하여 조각(組

閣)을 단행했다. 고종의 사촌형 이재원을 영의정으로, 29세의 홍영식을 좌의정으로 정했다. 박영효, 서광범, 김홍집, 김옥균, 김윤식, 이재면, 이준용 등 민씨세력에 억눌려 지냈거나 고종과 사이가 좋지 않은 형과 조카 등등의 인물들이 주요 직책을 맡았다. 이들은 '개각 단행의 변'을 통해 민씨 일파에게 억압받은 인물 중심으로 관직에 천거했다고 했다. 김윤식과 김홍집은 정변 주도세력과는 달리 동도서기론자로 분류되지만, 각각 예조판서와 한성판윤으로 등용되었다. 따라서 김윤식은 적어도 민씨세력에 포함시키지 않았고, 적대세력으로 분류되지 않았음을 알 수 있다.

정변 이튿날, 경우궁에서 하룻밤을 지낸 중전은 끊임없이 불평을 했고, 궁이 좁아 견딜 수 없다며 환궁할 것을 요구했다. 난감해진 김옥균 일파는 경우궁 바로 남쪽 이재원의 집인 계동궁으로 옮겼다. 미국, 영국, 독일의 공사와 영사들이 계동궁을 연이어 찾아왔다. 그들은 이번 정변을 관망하겠다며 외국인을 보호해달라고 요청했다. 관망하면서 사태의 정황과 시세를 파악할 요량이었다.

그러나 중전이 계속 환궁을 요구하자 고종은 다케조에를 불러 일본의 의사를 타진했다. "비록 청군의 내습이 있다 한들 창덕궁이나 계동궁이나 다를 바가 없다"는 것이 고종의 일관된 생각이었기에 곧 환궁을 결정했다. 김옥균은 다케조에에게 "계동궁에 있어야 수비가 쉽고, 개화당이 자립할 수 있는 시간을 번다"는 뜻을 이미 전달한 상태였다. 그럼에도 불구하고 다케조에는 정변 주도세력의 처지를 헤아려주지 않았다. "수비가 한결같으니 걱정하지 말고, 여러 말 마시오"라며 고종과 중전의 뜻에 따라 환궁해버렸다.

일행 모두가 창덕궁으로 돌아온 것은 오후 5시 무렵이었다. 다케조에와 김옥균 일파는 모두 한 방에 머물렀다. 궁궐 내 수비는 개화당의 장사(壯士)들이, 중간 수비는 일본 병사가, 바깥 수비는 4영의 병사가 맡았다. 이들 중 전영 병정들이 근위를 담당했다. 전영군은 남한산성의 병력들이 이속된 부대로 박영효가 광주유수로 있을 때 일본식 훈련을 받았다. 다른 어느 부대보다 든든했고, 병사들 역시 개화당 인사들을 추종하고 있었다.

청의 진지에서는 그날 밤 원세개와 오장경이 회의를 주관하며 긴박하게 움직였다. 정변 주도세력이 창덕궁 각 궐문에 자물쇠를 채우려 하자 오장경 휘하에서 병정을 보내와 선인문(宣仁門)은 잠그지 말라고 했다. 이때 박영효가 과격한 행동을 저지르려 하는 것을 김옥균과 다케조에가 간신히 말리는 등 일촉즉발의 위기감이 감돌았다. 엄중한 경계를 펼치는 가운데 정변 이튿날이 지나가고 있었다.

『갑신일록』에는 정변 이튿날에 정령을 반포했다고 기록되어 있다. 반면 신기선을 문초한 기록에 따르면 12월 5일 저녁부터 6일 새벽까지 저녁도 굶고 밤을 새우면서 협의했다고 한다. 따라서 거사 3일째인 12월 6일 오전 10시경에 반포한 것으로 보는 것이[51] 타당하다. 정령의 주요 내용은 대원군을 하루빨리 모셔 올 것, 문벌을 폐지하여 인민이 평등한 권리를 갖는 제도를 마련할 것, 지조법을 개혁할 것, 간악하고 탐오하여 나라를 병들게 한 자는 정죄할 것, 규장각을 혁파할 것, 혜상공국을 혁파할 것 등등

---

51 박은숙, 『갑신정변 연구』, 역사비평사, 2005, 145쪽.

대략 80여 개 조항에 이른 것으로 추정된다.[52] 그러나 『갑신일록』에는 14개 조항만 기술되어 있다.

정령은 이들의 개혁 구상을 구체화한 것으로 청으로부터의 독립과 국가 재정의 확보, 정치체제와 국가권력의 운영 방안에 대한 내용이 주를 이룬다. 갑신정변이 지금까지 근대의 서막을 여는 획기적인 사건으로 기억되는 이유는 조선의 독립과 인민 평등권에 대한 주장, 조선식 입헌군주제를 상정한 의정소 중심의 회의체를 구성하자는 주장 등에 있다. 그때까지 누구도 제안하지 못했던 파격적인 내용들이요, 공고한 전제군주국이던 조선 사회의 지축을 뒤흔드는 역모에 해당하는 것이었다.

한편 정변 주도세력이 발표한 것은 정강이 아닌 정령이다. 정강은 정당이나 정치집단에서 그들이 이루고자 하는 공약사항을 밝히는 것이다. 이에 반해 정령은 나라의 법령이나 국왕의 명령을 의미한다. 따라서 이들은 개화당으로서 국정 운영의 요강을 드러내는 '정강'을 밝혔어야 한다. 그러나 이들은 국왕의 명령을 직접 내리거나 하는 듯 '정령' 형식으로 반포했다. 고종이 자신들을 지원하고, 정변을 암묵적으로 인정하며, 자신들과 함께하고 있다고 생각하지 않고서는 하기 어려운 행동이다. 박영효는 갑신정변을 회고하면서 고종이 정변 배후에서 사전에 알고 있었다는 사실을 강하게 부정했다.[53] 그럼에도 김옥균 일파가 국왕의 총애를 믿고 국왕도 지지할 것이라 막연히 기대한 측면이 있었음을 부인할 수 없다.

52　近藤吉雄, 『井上角五郎先生傳』, 도쿄: 大空社, 1943, 57~59쪽.
53　이광수, 「박영효씨를 만난 이야기-갑신정변 회고록」, 조일문·신복룡 편역, 『갑신정변 회고록』, 건국대학교 출판부, 2006, 224쪽.

정변 3일째 아침 일찍 김옥균은 원세개에게 편지를 보내어 궐문 닫는 것을 저지한 일에 대해 나무랐다. "추후 다시 사리에 어긋나는 일이 생길 때에는 결코 좋은 말로 상대하지 않겠다"라며 단호한 태도를 보였다. 이어서 시급한 군사 업무를 살피기 위해 각각의 부대에서 보유하고 있던 총과 칼을 점검했으나 모두 녹이 슬어 있었다. 군비를 확충하기 위해 각종 개화정책을 추진했음에도 성과가 별반 없었음을 보여주는 장면이다. 사실 그동안 신식 총기류를 수입하고도 한 번도 사용해본 적이 없었다. 군제 개편이 있을 때마다 서양식, 일본식 제식훈련을 받는 군사들을 바라보며 고종이 몹시 흡족해했다는 기록만 남아 있다.

박영효, 서광범 등이 신복모와 사관생도들을 시켜 바쁘게 총을 분해하여 소제하게 하는데 다케조에가 갑자기 "군대를 철수하겠다"는 뜻밖의 말을 했다. 김옥균은 다급한 소리로 "도대체 이게 무슨 말이오? 지금 공사가 철수하면 일은 반드시 실패하고 말 것입니다. 3일쯤만 더 기다린 후 병정을 철수하면 우리 당의 일이 차츰 준비되어 근심이 없겠소"라며 간신히 다케조에를 말렸다.

한참 뒤에는 원세개가 고종의 알현을 요구하며 병사 600명을 거느리고 입궐한다는 통역의 말이 전해졌다. 김옥균은 "원세개의 알현은 막을 수 없지만, 군사를 거느리고 오는 일은 허락할 수 없다. 만일 굳이 고집하여 강행한다면 좋지 못한 일이 있을 것이다"라며 타일러 보냈다. 이어 참찬 여러 사람과 더불어 창덕궁 관물헌 후당에서 회의를 주관했다. 관물헌은 창덕궁 안에서도 지대가 높고 사방이 적당하게 가려져 있어 적에게 쉽게 노출되지 않는 곳이다. 정변 주도세력이 작전본부로 택할 만한 공간이었다.

그런데 오후 2시 반에 갑자기 포성이 울리더니 동문과 남문으로부터 청국 병사들이 몰려 들어왔다. 창덕궁은 순식간에 피비린내 나는 전장으로 변했다. 왕비와 세자, 세자빈은 벌써 궁궐 문을 나가 북산으로 향했다. 고종은 시종 무감(武監)과 병정 4, 5명만 거느린 채 뒷산 기슭을 올라가고 있었다. 김옥균은 급히 고종을 만류하여 창덕궁 깊숙이 위치한 연경당으로 모시고 내려왔다. 비 오듯 떨어지는 총탄 속을 뚫고 개화당의 일원인 변수(邊燧)가 다케조에를 찾아서 데리고 왔다. 전·후영 군사들은 총을 분해하고 무기가 없던 터라 모두 맨손으로 도망치고 없었다.

김옥균은 고종을 모시고 인천으로 가서 후사를 도모하려 했으나, 고종은 완강히 거부했다. 동북쪽 궁문에 이르자 북묘(현재 명륜동 일대)에 다다른 왕비와 측근들이 국왕이 빨리 오기를 청했다. 날은 이미 저물어가고 포 소리는 한층 더 가까이에서 요란해지고 있었다. 다케조에는 일본군이 고종을 호위하고 있어 청군 측에서 포를 쏘아대는 것이라며 기어이 철수를 결정했다. 고종은 서둘러 북문을 나가려 했다. 북문을 나가면 필경 청군이 매복하고 있을 터였다. 김옥균은 갈피를 못 잡고 다케조에에게 "장차 어찌해야 좋은가?"라며 수차례 묻다가 그의 뒤를 따를 수밖에 없었다. 홍영식은 민영익, 원세개와 평소 친분이 두터웠다. 때문에 나쁜 일이 생기지는 않을 것이라고 생각하고 그의 주장대로 고종의 뒤를 따르도록 했다.

고종은 김옥균이 갑작스럽게 사퇴를 고하니 "지금 이와 같이 위태롭고 혼란한 때에 나를 버리고 어디로 가려 하느냐?"라며 놀라 물었다. 김옥균은 "오늘 전하를 모시고 따라가 죽지 않는 것은 국가와 전하를 위해 후일을 도모하려 잠시 이별을 고하는 것입니다"라며 비통하고 절절한 심정을 아뢰었다. 곧이어 김옥균 일파는 다케조에를 따라 북산에 이르렀다. 일본공사를 따라가더라도 생사를 알 수 없는 상황인 것은 마찬가지였으나 대안이 없었다. 이들은 각자 인천으로, 원산으로, 또는 부산으로 향해야 할지 고민하다가 "빨리 따라오라"며 재촉하는 다케조에의 말에 놀라 모두 그를 따라 인천으로 향했다. 김옥균이 일본으로 밀항하기로 결심하고 떠나는 순간, 고종에게 그는 더 이상 개혁의 동반자가 아니었다.

고종의 방관과 회피

갑신정변이 실패로 돌아간 원인으로는 예상하지 못했던 청의 반격과 일본 정부의 갑작스러운 배신, 개화에 대한 일반 백성의 냉담한 무관심과 무지, 개화파의 준비와 역량 부족 등 여러 가지가 있었다. 정변에 직·간접적으로 연루된 자들은 가혹하게 숙청되거나 죽임을 당했다. 고종을 청군 진영으로 호위해갔던 홍영식, 박영교, 신복모 등 개화파 요인들은 참살당했다.[54] 고종은 김홍집, 김윤식, 어윤중 등 친청파 중심의 신정권과 함께 김옥균, 박영효, 서광범, 서재필을 역적으로 규정하고 체포령을 내렸다. 그러나 이들은 이미 일본 나가사키(長崎)로 가는 치토세마루에 오

54　田保橋潔, 『近代日鮮關係の硏究』下, 986쪽.

른 뒤였다.[55]

김옥균과 사이가 좋지 않았던 외무협판 묄렌도르프는 다케조에 공사에게 역적 김옥균과 박영효를 체포하러 왔으니 즉시 배에서 내리게 할 것을 요구했다. 그렇게 하지 않으면 국제문제로 사건이 확대될 것이라고 협박했다. 배신자 다케조에는 김옥균과 박영효가 배에서 내리면 그 길로 곧 참살되리라는 것을 알면서도 그들에게 하선할 것을 요구했다. 그때 선장이 나서서 선박 안의 모든 일은 선장인 자신의 책임과 지휘 아래 있다고 말했다. 이어서 그는 "김옥균과 같은 조선인은 승선하지 않았다"[56]라고 단언했다. 그렇게 가까스로 위기를 넘긴 김옥균 일행은 일본 망명길에 올랐다.

목숨은 부지했으나 김옥균 일파를 기다리고 있는 것은 일본의 냉대와 암울한 현실뿐이었다. 일본에서 망명객으로 10년 세월을 허송하다가 청의 이홍장을 만나 새로운 구상을 펼치려 계획하던 중 암살당하고 말았으니 '비운의 주인공' 그 자체이다. 이홍장조차도 김옥균에 대해 "젊고 재주 있는 사람이 뜻하지 않게 그 몸을 위험에 빠뜨렸다"[57]라고 평가했다. 그가 품은 이상, 그가 도모한 개혁구상들은 국민주권주의를 지향하는 근대적인 정치개혁의 내용들이다. 아직 준비가 되어 있지 않은, 왕조사회인 조선의 현실에서는 그를 담아내기 어려울 정도로 시대를 앞서간 결과였다.

정변과 관련하여 처형당한 희생자는 50여 명으로 추산된다. 정변 관련자의 가족들까지 포함하면 희생자 수는 더욱 많아진다.

---

55 『승정원일기』 고종 21년(1884) 10월 22일.
56 신용하, 「갑신정변」, 『한국사』 38, 국사편찬위원회, 1999, 428~429쪽.
57 林董, 『後は昔の記他』, 평범사, 1970, 72쪽.

홍종우에 의해 상해에서 암살된 김옥균의 시체가
다시 한 번 능지처사를 당한 모습

정변에 직접 관련된 자들은 능지처사형을 받는 '모반대역부도죄'가 적용되었다. 참형에 처해지는 '모반부도죄'와 '지정불고죄(知情不告罪)'가 적용되기도 했다. 정변 관련자들은 재산을 몰수당하고 가옥을 부수는 형이 집행되었으며, 그 부모와 형제 및 처자에게는 연좌법이 적용되었다.[58] 정변의 당사자들뿐 아니라 가족들까지도 교형을 당하거나, 유배를 가거나, 재산을 몰수당하는 형벌을 받았다. 정부 입장에서는 나라를 전복시키고자 하는 엄청난 변란으로 받아들인 셈이다.

고종은 정변을 일으킨 자들에 대해 다른 누구보다도 더 분개해했다. 한때 김옥균 일파를 총애하고 개화의 동반자로 여겼으

---

58 박은숙, 『갑신정변연구』, 512~525쪽.

나, 정변을 계기로 김옥균을 '대역부도죄인(大逆不道罪人)'으로 낙인찍어 체포령을 내렸다. 김옥균과 함께 움직이며, 이들의 뒤를 봐주던 일본에게 '와서 국왕을 보호하라' 명했던 고종이었다. 김옥균의 입장에서는 국왕이 그들의 뜻을 지지하고 동의하는 것으로 생각할 수 있었다. 정변 과정에서 정부 인선을 새로 조직하고, '정강'이 아닌 '정령' 형태로 발표한 것도 국왕이 자신들의 뜻에 동조하리라 믿었기 때문이었을 것이다.

제2부에서 서술했듯이 정변 주도세력의 뜻과 행동은 고종의 생각과 일치하는 부분이 많았다. 청의 속방 신세에서 벗어나고자 한 고종에게는 조선의 자주와 독립을 주장하는 문명개화파가 든든한 의지처가 될 수 있었다. 고종의 개혁정책을 적극 지지해주고 보좌해주던 이들은 믿음직한 정국 운영의 파트너였다. 문명개화파 덕분에 일본을 알고, 서양을 알고, 세계를 배우게 되었다. 이들은 고종으로 하여금 마음과 귀를 열고 세상을 향해 나아가도록 인도해준 장본인이었다.

그러나 고종은 정변을 일으킨 김옥균 일파의 행동을 도저히 묵과할 수 없었다. 특히 정변이 시작되자마자 친청파 인사들을 무참히 살육한 것은 자신에게 충성하던 신료집단에게 위해를 가하고 권력기반을 약화시키는 행위였다. 반면 김옥균 등은 4영사를 비롯한 친청파 인물들을 애당초 개혁정책의 걸림돌로 여겨왔다. 친군4영을 맡고 있던 윤태준, 한규직, 이조연, 민응식 등과 정변 주도세력 간에는 서로 이질적인 성향이나 감정이 많았다.

『윤치호일기』에는 이들과 서로 교류하기 어려웠던 감정들이 일찍부터 자리하고 있었던 것이 엿보인다. "한규직은 마음이 음흉하고 성품이 사나우며 (…) 이조연은 사람 속이기를 좋아하고 (…) 윤태준은 유유낙락하여 가부를 결정하는 바가 없다 (…) 민영익은 사람을 받아들이는 아량이 없고 (…) 4영의 대장들은 썩지 않은 사람이 없다."[59] 이처럼 두 정파 사이에 감정의 골이 깊었음에도 불구하고 고종은 양 정치세력 모두를 배후기반으로 삼으려 했다. 따라서 김옥균 등이 정변을 감행하는 과정에서 친군4영사를 비롯한 친청 성향의 인물들을 살해하거나 중상을 입힌 데 대해 고종은 이들을 용서할 수 없는 반역 음모를 획책한 자들로 규정짓지 않을 수 없었다.

고종은 성향이 다른 두 정파를 서로 화합시키려는 노력은 별로 기울이지 않았다. 개화파 인물인 윤치호는 일기에서 "고종이 주저하고 의심이 많아 잠시의 편안함만을 얻으려 하며 간사한 자들에게 현혹되어 결단하는 것이 별로 없다"[60]면서 고종에 대한 부정적 인식을 드러내고 있다. 또한 자신의 제안에 고종이 자주 수긍을 하자 "간언을 잘 듣는 것으로 보아 군주의 자질이 있어 보이기는 하지만, 간언의 내용을 곧잘 잊어버리고 추진하지 않는 것은 불만이다"라고 밝히기도 했다.

윤치호를 비롯하여 대내외 인사들에게 비친 고종은 결단을 못 내리는 우유부단한 성격의 소유자로서 자신의 의견을 감추고 남의 말에 쉽게 현혹되며 추진력이 없는 인물이었다. 따라서 문명개화파가 일으키는 정변을 강하게 반대도 못하다가 문제의 본질이 드러나는 순간 적극적인 해결 노력을 보이기보다 사태를 부인하고 회피하는 태도로 일관한 것으로 보인다.

---

59   『국역 윤치호일기 1』(송병기, 연세대학교 출판부, 2001) 1885년 3월 27일, 1885년 8월 12일, 1886년 10월 22일 등.
60   『국역 윤치호일기 1』 1884년 1월 18일.

위 왼쪽은 윤치호, 오른쪽은 윤치호의 아버지로 군부대신을 역임한 윤웅렬과 그 가족, 아래는 창의문 밖 부암동 비탈길에 있는 윤웅렬의 별장이다.

왕권 약화 위기에 따른 대응 방식   263

정변 주도세력이 '정령'에서 주장한 규장각 폐지, 혜상공국 폐지, 의정소 위주의 국정 운영 등은 국왕 권력을 규제하고 침해하는 것이나 다름없었다. 고종은 이들의 주장을 왕권에 대한 심각한 위협과 도전이라 생각하고 김옥균이 자신을 기만하고 농락했다고 보았으나 곧바로 강경한 행동으로 이들을 제재하지는 못했다. 김옥균 일파를 정권을 찬탈하려 한 역적으로 규정짓고, 일본으로 밀항한 이들을 잡아오라는 어명을 내린 것은 정변이 청에 의해 진압된 후였다. 그동안은 사태를 직시하지 못한 채 본질을 외면하거나 회피하려고 했던 것이다.

고종과 정변 주도세력은 조선을 청의 속방에서 벗어나게 하려 했다는 점, 만국공법 체제를 받아들여 국제사회에서 평등한 자주국으로 인정받으려 했다는 점에서 생각이 같았다. 나아가 개화의 필요성을 자각하고 부국강병의 목표를 수립하여 이를 실행에 옮기려 했다는 점에서도 고종과 문명개화파는 현실 인식을 공유하고 있었다. 그러나 이를 추진하는 과정에서 정변이 일어나자 개화 분위기는 급격히 냉랭해졌다.

정변 발생 후 개화에 대한 사회 분위기는 경색되었다. 개화정책도 침체되었다. 대신들도 거세게 반발했다. 대신들의 주된 불만은 국왕이 작은 일에까지 개입함으로써 국가적 변란이 초래되었다는 데 있었다. 경연관 김낙현은 "정령(政令)은 반드시 노숙한 대신들에게 물으소서. 선왕의 올바른 법도를 고치지 마시고 신진들의 감언이설을 쓰지 마소서"[61]라며 김옥균 등의 정변 주도세력을 총애하고 그들을 지지해준 고종의 잘못을 지적했다.

---

61 『승정원일기』 고종 21년(1884) 11월 24일.

이러한 지적에 대해 고종은 백성에게 유서를 내려 "지금부터 나는 스스로 총명한 체하지 않을 것이며, 감히 여러 가지 사무에 간섭하지 않을 것이다. 소인배들과 접촉하지 않고 사사로운 재물을 모으지 않으며 오직 공적인 것만 들을 것이다. (…) 전적으로 의정부에 맡긴 소임을 우러러 이루게 할 것이다. 의정부에서는 합심해서 정사를 보좌하며…"[62]라는 입장을 밝혔다. 정변 세력을 '소인배'라 칭하면서 더 이상 신진세력에 휘둘리지 않고 공론에 입각한 정치를 펼 것을 다짐한 것이다. 아울러 정치에서 한 걸음 물러서겠다는 의사를 표명했다.

정변 이후 의정부를 중심으로 한 국정 운영 세력으로부터 책임을 추궁당하자 다시 의정부에 정국 운영의 비중을 두겠다며 상황을 회피하고 있다. 적극적으로 리더십을 발휘하여 문제를 해결하려 하기보다 스스로를 책망하고 낮추며 국왕으로서 중심에 서지 않고 의정부에 일의 해결을 떠넘기면서 관망하고자 하는 자세를 보인 것이다. 당장의 불만을 잠재우기 위해 일보 후퇴하며 시간을 벌면서 또다시 왕권을 강화할 기회를 엿보는 것이 고종이 국정을 운영하는 한 방식이었던 것으로 보인다.

[62] 『승정원일기』 고종 21년(1884) 11월 30일.

갑오개혁기, 관망과 반격

안일한 현실 인식과 농민항쟁의 확산

1894년 7월부터 진행된 갑오개혁의 직접적인 계기는 내적으로 엄청난 폭발력을 가지고 전개되었던 동학농민항쟁이다. 농민항쟁 때 자국민 보호를 이유로 조선에 진주한 일본이 청과의 전쟁에서 승리하면서 조선에 내정개혁을 제시한 것이 갑오개혁으로 이어졌다. 여기에 김홍집, 유길준을 비롯한 다수의 친일적 개화파가 동참하여 조선왕조 국가를 근대국가 체제로 전환하려는 개혁을 추진하게 된 것이다.

그렇다면 내외적으로 개혁을 추동시킨 동학농민항쟁은 어떤 원인과 계기로 요원의 불길처럼 퍼져 나간 것인가? 이에 대한 답을 찾기 위해서는 먼저 농민항쟁이 발발하기 전부터 농민들 사이에 고조되던 정부에 대한 원망과 분노의 실상을 살펴볼 필요가 있다. 항쟁이 폭발적으로 일어나기 전 고종은 내아문 3기인 내무부를 중심으로 국정을 운영하고 있었다. 국가의 당면과제인 부강을 도모하기 위해 개화정책을 추진했으나, 정책의 가시적인 효과는 나타나지 않았다. 오히려 개혁을 위해 자금을 조달하는 과정에서 수많은 민폐를 끼치고 있었다.

그 실상을 살펴보면 내무부에서는 홍삼 전매와 화폐개혁은 물론, 내무부 산하 광무국을 통해 광산도 개발하고자 했다. 세곡 운송 기구인 전운국을 통해서는 현익호(顯益號), 이운호(利運號) 등의 신식 기선도 사들였다. 부를 창출하고 널리 이롭게 운행한다는 의미이다. 청의 관독상판(官督商辦) 기업인 초상국(招商局)을 모방하여 만든 것이다. 정부 관리가 감독하고 상인들이 경영하는 형태의 관영회사나 다름없는 것인데 기선 구입 비용은 외국 차관을 통해 해결했다. 상환 시기가 돌아오면 어쩔 수 없이 또 다른 차관을 들여와야 했다. 악순환의 연속이었다. 세곡 수송에만 주력하고 연안이나 대외무역을 진흥시키는 정책은 추진하지도 못했다.[63] 세곡 운반권을 가진 전운국 관리들이 횡포를 부리면서 농민들의 조세 부담이 커졌다. 이는 결국 민폐를 유발하는 요인이자, 민의 저항을 초래하는 원인이 되었다.

각 도와 포구를 중심으로 활개를 치는 무뢰배들이 상행위를 어지럽히면서 유통의 혼란 또한 심각했다. 내무부와 의정부에서 무명잡세를 금지하도록 계도하는 관문(關文)을 셀 수도 없이 많이 냈다.[64] 그만큼 전국의 도와 포구에 명목을 알 수 없는 각종 세금이 부과되고 있었다. 세금의 가중은 외국과의 통상조약 체결 이후 힘들어진 농민과 상민의 경제적 여건을 더 가혹하게 만

---

63 한철호,『한국 근대 개화파와 통치기구 연구』, 선인, 2009, 240~241쪽.
64 『경상도 동래 關牒』고종 28년(1891) 4월 29일, 고종 29년(1892) 8월 4일, 고종 29년(1892) 8월 25일.

들었다. 동학농민항쟁 발발도 이처럼 개혁 사업을 이유로 민들을 수탈하고 고통 분담에 대한 요구가 심해진 데 따른 누적된 불만이 터져 나온 것이었다.

정부는 동학농민군의 봉기가 고부민란을 시작으로 전라도 각지로 확산되자 홍계훈을 양호 초토사로 임명하여 농민군을 진압하게 했다.[65] 정부는 농민군의 기세를 심각하게 받아들이지 않았고, 조기에 진압할 수 있으리라 믿었다. 그러나 5월 10일 홍계훈이 이끄는 정부군이 황토현 전투에서 농민군에게 대패했고, 항쟁은 걷잡을 수 없이 거세졌다. 정부는 별다른 대책을 세우지 못한 채 청에 파병을 요청했다. 만국공법을 통해 세계 각국이 서로 평등한 관계라는 것을 인식한 후 청으로부터의 탈피를 꿈꿔온 고종이지만, 군사력이 뒷받침되지 않은 자주와 자강 의지는 물거품처럼 허망한 것이었다.

조정신료들은 파병을 이유로 청이 더 강도 높게 내정을 간섭할 것이라며 반대했다. 갑신정변 후 청과 일본 사이에 체결한 천진조약에 따라 청이 파병하면 일본 또한 파병할 것이라는 우려도 컸다. 정부 대신들의 반대 속에서도 민영준은 원세개에게 농민군 진압을 위한 군대를 파견해줄 것을 요청했다.[66] 원세개는 이 같은 요청이 있기 전인 5월 26일경 민영준을 방문해 농민군을 5일 내로 평정할 자신이 있다며 거들먹거렸다. 사태는 날로 급박해져서 5월 31일 전주감영까지 함락되었다. 그러자 민영준은 급한 마음에 원세개의 제안을 받아들였고, 이에 청군이 파병되

---

65 『고종실록』 고종 31년(1894) 4월 2일.
66 『일본외교문서』 제27권 2책, 문서번호 498.

었다.[67]

청군의 파병이 조선 정부의 자발적인 요청이었는지는 그다지 중요하지 않다. 조선 측에서 청군 파병을 먼저 언급하지 않았다고 하더라도 원세개의 호언과 제안에 솔깃해한 것은 분명하다. 조선 정부는 원세개의 제안을 수동적으로 받아들였을 뿐이라고 하더라도 이미 사태를 해결할 능력이 없었기 때문이다.

청군 파병을 요청했던 민영준은 1896년에 청군 파병과 관련한 자신의 행동에 대한 오해를 풀어달라는 상소를 올리게 된다.[68] 자신도 다른 대신들처럼 군대 파병을 원치 않았다는 것이다. 그런데 "오늘날까지도 의혹이 씻기지 않고 있으니, 국왕이 나서서 오해를 풀어주길 바란다"는 상소를 올린 것이다. 고종은 "이미 다 알고 있는 일이니 염려 말라"는 비답을 내리고 더 이상 언급하지 않았다. 농민항쟁을 진압하기 위해 조선을 도와준다는 명분으로 청군이 개입하자 일본군까지 조선에 들어와 청일전쟁으로 번지게 되었고, 조선은 전쟁의 피해를 고스란히 입을 수밖에 없었다. 전쟁에서 막대한 희생을 치른 조선의 여론은 민씨 일파에 사뭇 부정적일 수밖에 없었다.

청군 파병을 둘러싼 대신들의 격론 속에서 고종은 적극적인 리더십을 발휘하지 못했다. 정부에 대한 분노와 반감으로 가득한 민들의 마음을 누그러뜨리고 위무하기 위해 신기선을 비롯하여 선유사를 몇 차례 파견하기는 했다. 그러나 별다른 성과는 없었고, 갈수록 항쟁이 격화되자 다른 방도를 빨리 모색해야 했다.

---

67 이태진, 「1894년 6월 청군 조선 출병 결정 과정의 진상-조선정부 자진 요청설 비판」, 『한국문화』 24, 1999.
68 『고종실록』 고종 33년(1896) 9월 27일.

당시 고종으로서는 외국 군대가 들어와서 폐단을 일으키는 문제보다 종묘사직이 위태로운 지경에서 벗어나는 길이 급선무라 생각했던 것으로 보인다. 외국 군대를 요청하는 것이 얼마나 심각한 결과를 낳을지, 어떠한 파장으로 이어질지 따질 겨를이 없었다. 당장 발등의 불을 끄기 위해 외국 군대를 요청함으로써 소극적이고 안일하게 대응하는 리더십의 전형을 보여주었을 뿐이다.

왕권 위기와 대원군에게 온 세 번째 기회

청군이 조선에 진주하자 일본도 즉각 군대를 파병했다.[69] 사실 일본은 조선 주재 오토리 게이스케(大鳥圭介) 공사의 보고를 받고 서울의 상황이 평온하고 동학농민군이 진정되어 많은 호위병이 필요치 않다는 사실을 이미 알고 있었다. 목적은 세 가지였다. 우선 청을 상대로 조선에 대한 종주권 문제를 거론하여 청군을 축출하는 것이었다. 조선에 대해서는 조선 정부가 이웃 국가를 소란스럽게 한다는 구실로 내정개혁을 강력하게 권고하고자 했다. 또한 어떻게든 전쟁의 구실을 찾아 청과의 일전도 불사한다는 것이었다.[70]

농민항쟁을 진압하기 위해 진주한 청·일 양국 군대는 동시 철병을 놓고 첨예하게 대립했다. 일본은 조선을 상대로 청군의 철

---

69 杉村濬 지음, 한상일 옮김, 『在韓苦心錄』, 건국대학교 출판부, 1993, 89~92쪽.
70 위의 책, 91~107쪽; 『일본외교문서』 제27권 2책, 문서번호 482.

갑오을미개혁기 총 네 차례나 내각 총리대신직을 맡아
개혁을 주도했던 김홍집(위)과 김윤식과 함께 대표적인 친청파였으나
갑오개혁에 동참한 어윤중(아래)

수와 조청상민수륙무역장정의 폐기를 요구하면서 내정개혁을 제시했다.[71] 일본이 내놓은 5개 항의 내정개혁은 중앙과 지방정부의 제도 개선과 인재 등용, 재정 정리와 국가의 자원 창출, 법률 정비와 재판법 개정, 사회 질서 유지에 대한 준비, 교육제도 확립 등이었다.[72] 대체로 조선의 내정에 적극 간섭하면서 훈수를 두려는 의도였다. 조선 정부는 일본의 제안을 무시하고 폐정 개혁을 단행한다는 조칙을 반포한 후 7월 13일 교정청을 설치하여 독자적으로 개혁에 착수하려 했다.[73]

조선의 움직임을 간파한 일본은 곧 독자적인 수단을 강구하겠다고 통지한 후, 7월 23일 일본군 혼성여단 2개 대대를 주축으로 경복궁에 무단침입했다. 조선으로서는 예상치 못한 무력도발이었다. 새벽 5시경 경복궁 정문과 서쪽 문인 영추문으로 불의의 공격을 감행했던 것이다. 조선 측 궁성수비대 약 600여 명은 격전을 벌이다가 70여 명의 사상자를 내고 흩어졌다. 일본군은 경회루에 지휘본부를 설치했다. 이때부터 일본은 서울과 수원 등 궁성 내외의 조선 군대를 무장해제시키면서 조선 내정에 깊이 개입하기 시작했다.[74]

일본은 청을 상대로 선전포고도 없이 7월 25일 남양 풍도 해전을 시작으로 전쟁을 일으켰다. 동시에 대원군을 옹립하고 김홍집, 박정양, 김윤식, 유길준, 어윤중 등 친일개화파 인사들로 구

---

71 『주한일본공사관기록』 2, 문서번호 84, 550쪽.
72 『주한일본공사관기록』 3, 문서번호 22316, 518~519쪽.
73 『승정원일기』 고종 31년(1894) 6월 11일.
74 『승정원일기』 고종 31년(1894) 6월 21일; 유영익, 「갑오경장」, 『한국사』 40, 국사편찬위원회, 2000, 159쪽.

성된 군국기무처를 설치하여 이른바 '갑오개혁'을 추진했다.[75] 개혁에 참여한 김윤식과 어윤중은 점진적 개혁을 도모하는 동도서기론자들로서 친청개화파로 분류되는 대표적인 인물들이다. 친청파인 이들이 친일개화파와 함께 개혁의 일선에 나선 것이다.

김윤식은 자신이 한때 친청파로서 청 측 인사들과 교유하며 청의 입장을 대변하는 행동을 했던 것에 대해 당대의 시의(時義)에 따라 행동했을 뿐이라고 주장한 적이 있다. 그런데 청이 일본에 패망한 뒤에는 떠오르는 신흥대국 일본을 따르는 것을 새로운 시의로 받아들인 듯하다.[76] 외세를 이리저리 따른 김윤식의 변명은 당시 정치일선에서 활동하던 개화파 관료들이 대부분 했을 법한 고민이었을 것이다.

일본이 경복궁을 침입해 들어갈 때 대원군을 옹립하여 추대한 까닭은 여러 나라들이 일본에 대해 반감을 가지고 있었기 때문에 이를 의식한 것으로 보인다.[77] 조선 민중도 일본에 대한 감정이 격앙되어 있었기에 이러한 반일감정을 의식한 측면도 있다. 이를 가라앉히고 무마하기 위해 민중의 여망이 높은 대원군을 끌어들인 것이다. 대원군과 손을 잡음으로써 일본의 침략행위를 희석시키고 반일감정을 무마하고자 했던 것이다. 대원군에게는 다시 한 번 정치적 주도권을 잡을 기회를 주는 것처럼 포장할 수 있었다.

일본의 복잡한 셈법 속에 정계에 재등장한 흥선대원군에게 고

---

75   杉村濬, 『在韓苦心錄』, 121~129쪽.
76   장영숙, 「김윤식, 시대를 읽고 시대에 답한 인물」, 『현실주의자를 위한 변명』, 동녘, 2013, 101~105쪽.
77   F. A. Mckenzie 지음, 申福龍 옮김, 『大韓帝國의 悲劇』(The Tragedy of Korea, 1908), 평민사, 1985, 54~59쪽.

종은 경복궁 침입 이튿날인 7월 24일, 정무친재의 권한을 넘긴다는 전교를 내리지 않을 수 없었다.[78] 임오군란에 이어 두 번째로 통치권력을 송두리째 양보하는 위기를 맞은 것이다. 대원군으로서는 임오군란 시기의 2차 집권에 이어 갑오개혁 시기에 연이어 3차 집권을 하게 된 것이다. 일본공사관이 발급하는 문표 없이는 궁궐 출입이 불가능한 상황에서, 일본의 비호를 받으며 대원군은 3차 집권을 시작하게 되었다.

대원군은 어떤 속셈과 의도로 일본의 제안을 받아들인 것일까? 대원군은 일본이 그를 활용하려는 계책 못지않게 자신이 권력을 잡은 후 외세의 침탈에 대항하여 나라를 안정시키는 마지막 기회로 활용하려는 속셈이 있었다. 그는 국왕의 교지를 받은 후 경복궁 영추문을 통해 입궐했다. 백성의 여망과 내외의 신뢰를 한 몸에 받으며 등장했기에 한껏 고무되어 있었다. 입궐 후 대원군은 제일 먼저 나라를 이 지경으로 몰고 온 국왕의 실정을 나무랐다. 국왕은 계단 아래까지 내려와 대원군을 눈물로 맞이하며 자신의 불찰을 사죄했다.[79] 고종에게는 국왕으로서의 리더십에 상처를 입은 굴욕적인 순간이요, 대원군에게는 대내외적으로 우월한 정치역량을 인정받는 순간이었다.

갑오개혁은 1894년 7월부터 고종이 러시아공사관으로 파천하는 1896년 2월까지 진행되었다. 개혁 기간 동안 총 4차례 내각의 변동을 거치는 등 국정 전 부문에 걸쳐 총체적인 변화가 시도되었다. 제1차 김홍집 내각은 군국기무처를 통해 행정과 사법기구

---

78 『승정원일기』 고종 31년(1894) 6월 22일.
79 杉村濬, 『在韓苦心錄』, 129쪽.

를 비롯하여 정치, 경제, 사회 등 국정 전반에 일대 혁신을 일으켰다. 의정안 가운데 3분의 1에 해당하는 정치와 행정제도의 개혁은 약 50여 건에 달했다.[80] 개혁의 초점은 가히 정치와 행정제도였음을 알 수 있다. 그중에서 특히 정치개혁과 관련한 군주권은 일본, 고종과 왕후, 개화파, 그리고 재집권하게 된 대원군 모두에게 중대한 관심사였다.

일본은 민씨세력이 실질적인 권력을 잡고 있으면서 청국에 의해 쉽게 움직이는 세력이라고 보고 있었다. 나아가 일본이 청과 함께 개혁을 진행하더라도 속으로는 고종으로 하여금 개혁을 반대하게 할 수도 있는 집단으로 보았다.[81] 즉 고종과 민씨세력을 통해서는 개혁이 순조롭게 진행되지 못할 것이라고 짐작했다. 고종의 결정에 영향을 미칠 수 있는 막강한 배후세력으로서 민씨 일족을 평가하고 있었던 것이다. 또한 민씨 일족을 친청 성향의 정치세력으로 파악하고 있었음은 물론, 반일 세력으로도 보고 있었다.

일본이 경복궁을 침입할 때 대원군을 앞세운 데에는 이러한 사전조사도 한몫을 했다. 이들은 대원군과 고종을 비롯한 민씨 사이에 정치적 알력이 있다는 사실을 이미 알고 있었다. 이노우에 가오루 공사가 무쓰 무네미쓰(陸奧宗光) 외무대신에게 보낸 보고문에는 대원군과 중전이 정치적 알력 관계에 있다는 것, 왕비를 견제하기 위해서는 대원군을 적절히 활용할 필요가 있다는 내용[82]이 자주 나온다.

80 유영익,「갑오경장」, 153쪽.
81 『주한일본공사관기록』 4,〈朝鮮事件〉3, 93~95쪽.
82 『주한일본공사관기록』 5, 기밀 제217호 本132, 72~74쪽.

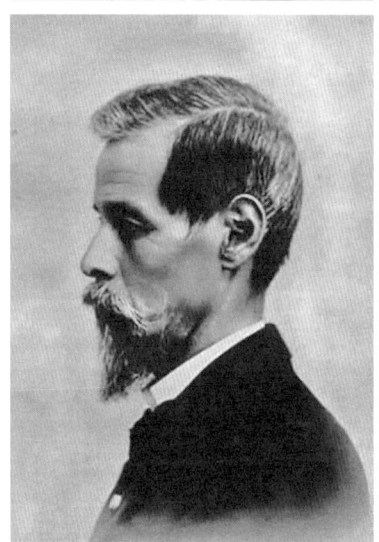

이노우에 가오루(위)와 무쓰 무네미쓰(아래).
이노우에 가오루는 이토 히로부미와 절친한 친구로서 1885년 이토가
총리가 된 후 외무대신, 내무대신, 재무대신을 두루 역임했으며,
명성황후 시해사건에도 깊숙이 관여했다. 무쓰 무네미쓰는 이토 히로부미 내각의
외무대신으로서 청일전쟁 후 이토와 함께 일본 측 전권대표로 활약했다.

일본의 입장에서는 두 정치세력의 알력과 갈등을 이용하는 것이 개혁을 성공으로 이끄는 지름길이었다. 일본은 개화파에 대해서도 그들의 이합집산에 따라 계파별로 분류하고 있었다. 즉 일본을 추종하고 우호적으로 생각하는 김홍집·어윤중·김윤식 등을 구파로, 고종과 왕후의 총애를 받고 있던 박영효·서광범 등을 신파로 분류하는 등 이들의 동태를 자세히 파악하고 있었다.[83]

그런데 일본이 대원군을 정치에 이용하는 것은 생각만큼 쉬운 일이 아니었다. 대원군은 일본과 친일개화파가 추진하는 개혁이 너무 급진적이라 생각하여 일본을 못마땅해하고 있었다. 청일전쟁이 지속되면 동양평화를 크게 해칠 것이라는 생각도 했다.[84] 실제로 개혁 과정에서 일본은 대원군과 상의도 없이 그의 의사에 반하는 급진적 제도개혁을 추진했다. 농민군이 주장한 문벌 타파와 과부 재가 허용 문제를 비롯하여 공노비 폐지 등의 개혁은 대원군도 환영하는 바였다.

그러나 일본의 경제 침략이 노골화되고 직접적으로 침탈을 받을 소지가 있는 철로를 통한 광산 개발 등에 대해서는 방어할 수밖에 없었다. 대원군도 개혁의 필요성은 어느 정도 인정하면서도[85] 은 본위의 일본식 화폐제도를 도입할 경우 일본에 의한 경제 침탈이 더욱 쉬워질 것이라고 생각했기 때문이다. 도량형을 바꾸는 안건도[86] 조선 사회에 필요한 개혁이었지만, 당장 급진적

---

83 『주한일본공사관기록』 7, 기밀 제56호.
84 『주한일본공사관기록』 4, 電送 제566호, 102~103쪽.
85 『일본외교문서』 제27권 2책, 문서번호 473.
86 『고종실록』 고종 31년(1894) 7월 11일 〈군국기무처 안건〉.

으로 바꿀 수 있는 일은 아니라고 보았다. 특히 민중 생활에 직접적인 영향을 미치는 경제적 요소는 단시일에 강경일변도로 추진하고 시행할 문제가 아니라고 여겼다.

이처럼 서로 다른 복잡한 셈법 속에서 대원군은 군국기무처의 개혁에 영향력을 발휘하려고 했다. 이준용을 비롯하여 자신을 지지하는 세력을 군국기무처 관료로 임명하고자 했다. 그러나 일본 또한 대원군이 자신의 의도를 관철하도록 놔둘 만큼 호락호락하지 않았다. 대원군은 급기야 이준용과 함께 평양에 집결해 있던 청군으로 하여금 남진하도록 내통했다. 삼남지방의 유생과 동학농민군에게는 항일의병을 규합하여 북진하도록 사주했다.[87] 결국 겉으로는 일본과 융화한 듯 가장하며 갑오개혁에 협조하는 듯했지만, 이 같은 반일활동은 대원군을 실각하게 만드는 결정적 계기가 되었다.

대원군이 일본과 불협화음을 일으키고 있을 때 일본 정부의 조선에 대한 정책은 변화하고 있었다. 일본 정부는 경복궁을 점령한 오토리 게이스케 공사가 지나치게 온건하고 관망하는 자세로 내정개혁을 추진하는 것을 못마땅하게 여기고 있었다. 그는 지나치게 신중했다. 그의 태도는 일본 정부의 조선 경영 목표에서 기인한 문제이기도 했다. 일본은 개혁을 진행하면서 러시아의 남하를 막기 위한 전략적 시설을 구축하고자 했다. 이를 위해 조선을 일본의 보호국으로 만들어야 했다. 그런데 오토리 공사는 조선에 대한 적극적인 간섭보다 보호국으로 만들기 위한 최소한의 법적 근거를 마련하는 것이 필요하다고 보았다. 이러한 소

---

[87] 유영익, 『갑오경장 연구』, 43~44쪽.

극적인 태도로 인해 오토리 공사는 청일전쟁에서 확실한 승기를 잡은 일본군 지도부로부터 무능하다는 비판을 받으면서 교체되었다.[88]

일본은 과감하게 개혁을 추진할 인물로 이노우에 가오루를 후임 공사로 임명했다. 곧이어 대원군 대신 고종을 지원하기로 방향을 전환했다.[89] 이노우에 공사는 10월 27일 서울에 들어와 다음 날 고종에게 신임장을 받은 후 새 공사로 활약했다. 그는 고종에게 "왕궁의 안위에 문제가 생길 때는 언제라도 자신이 앞장서서 문제를 해결해드리겠다"며 안심시켰다. 고종을 '중흥의 대군주'로 만들어주겠다고도 했다. 이노우에는 적극적이고 우호적인 자세를 보이면서 국왕 내외에게 접근했고, 곧 경계심을 늦추게 했다.[90]

그런데 초면 보고 후 한 달이 채 안 된 11월 20일과 21일의 어전회의에서 이노우에는 예상과 달리 20개조에 달하는 내정개혁안을 고종에게 전달했다.[91] 대원군이 청국과 비밀리에 내통했다는 이유로 국무에서 배제된 것은 이때부터이다. 왕후 또한 정치에 관여하지 못하게 했다. 대원군을 정치에서 배제한 것은 그에게 내렸던 정무친재의 권한을 철회하면서 공식화되었다. 일본의 도움을 받긴 했지만 이로써 고종만이 정무친재를 할 수 있는 유일한 존재가 되었다. 국왕의 권위와 지위를 다시 회복한 것이다. 농민군을 추동하여 일본에 대항하려 한 대원군과, 일본이 다루기

88　위의 책, 206~207쪽.
89　『일본외교문서』 제27권 2책, 문서번호 469.
90　『일본외교문서』 제27권 2책, 문서번호 482.
91　『일성록』 고종 31년(1894) 11월 20일, 11월 21일.

까다롭다고 판단한 민씨 일족의 영수인 왕후는 정치 관여 통로를 철저히 차단당했다.

　서울 시내에는 안경수, 김가진, 조희연, 권형진 등의 친일개화파가 일본군의 입궐을 유도했다는 유언비어가 나돌았다. 이들이 외세와 결탁하여 개혁을 진행한다고는 하나, 사사로운 이익을 도모하는 것으로 보는 시선이 많았다. 이러한 분위기 속에서 대원군이 개혁의 주체에서 제외되자 민중의 실망감은 폭발했다. 운현궁 대문 앞에는 은어 장사가 출몰했다는 소문이 나돌기도 했다. 은어는 도로목(도루묵)의 별명이다. 은어가 도로목이 된 것처럼 대원군이 민중을 위한 개혁에 동참하지 못하고 '도로' 운현궁 깊이 들어앉게 된 것을 비웃는 풍문이었다.[92]

군주권 수호를 위한 반격

민심은 등을 돌리고 있었다. 왕실의 권위는 실추될 대로 실추되었다. 고종은 국왕으로서 상황을 반전시킬 리더십을 발휘하지 못했다. 다만 대원군에게 쏠렸던 민심을 자신에게로 돌려놓는 것이 시급해 보였다. 바닥까지 떨어진 군주의 권위와 왕실의 권위를 다시 세우는 것이 중차대한 일이었다. 이토록 초조한 고종 앞에 이노우에 공사가 군주권의 범위 및 운용에 관한 개혁안을 내놓은 것이다. 정권은 모두 하나의 원류에서 나오게 한다는 것과 대군주는 정무친재의 권한을 가짐과 동시에 법령을 준수할

92　尹孝定, 『風雲의 韓末秘史』, 133쪽.

의무를 진다는 것, 왕실 사무를 국정으로부터 분리한다는 것 등이다.

군주는 정무를 자유로이 주재하는 존재라고 생각해오던 국왕이다. 그런데 이제 군주는 국회를 개설하여 인민의 승낙을 받은 뒤 국정 사무를 주재해야 했다.[93] 법률에 의해 군주권이 제한받게 된 것이다. 고종은 '정권이 하나의 원류에서 나오게 한다'는 의미에 대해서도 국왕이 전적으로 권력을 행사하는 것으로 받아들였다. '왕실 사무를 국정으로부터 분리한다'는 조항도 국왕이 예전처럼 의정부를 통해 회의를 주관하고 주재하는 권한을 가지는 것으로 이해했다.

그러나 국가를 운용하는 데 필요한 사항들인 법령 제정권과 관료 인사권, 세입·세출과 관련한 재정권, 외국과의 조약 문제 등은 내각으로 바뀐 의정부 회의에서 다뤄지는 것으로 규정되었다.[94] 군주는 이 모든 사안과 관련한 결정에 대해 재가를 주청할 수 있을 뿐이었다. 고종이 신료들의 상주문에 대하여 인가하지 않거나 특별한 명령을 내려도 총리대신 등이 이의를 달아 국왕의 의사대로 봉행하지 않을 수 있었다.[95] 군주권은 개혁의 과정에서 철저하게 훼손되었다. 전제군주이던 국왕의 존재는, 군림은 하지만 통치력은 발휘할 수 없도록 지위와 권한이 축소되었다. 일본은 고종을 명목상의 군주로 만들어놓았을 뿐, 실제로는 군주권을 무력화했다. 고종은 왕권의 축소와 약화의 과정을 지켜보면서 군주로서의 권력을 통째로 내각에 빼앗긴 것으로 생

---

93 『일본외교문서』 제27권 2책, 문서번호 481.
94 『韓末近代法令資料集』I, 칙령 제38호 〈內閣官制〉, 1895년 3월 25일, 198~200쪽.
95 『주한일본공사관기록』 7, 기밀 제57호, 29~30쪽.

각했다.

 개혁 초기에 군국기무처에 대한 세목을 논의할 때만 하더라도 고종은 자신의 권한이 심각하게 약화되리라고는 생각하지 못했다. 그는 총리대신 김홍집과 대화하면서 "각국은 회의 때 임금이 가서 본다고 하던데 실제로 그러한가?"[96]라고 물었다. 내각회의 때 군주가 참석하여 실권을 행사하는지에 대한 의문이었다. 내심 개혁에 기대를 걸기도 했다. 이노우에가 오토리 공사의 뒤를 잇는 2단계 계획을 추진한다며 고종과 왕후를 안심시키고 300만 원의 차관을 제공할 것처럼 접근해왔을 때까지도 그를 믿었다. 당시 고종은 이노우에의 의견을 반영하여 박영효를 내무부대신에, 서광범을 법무대신에 기용하여 새 내각을 구성했다.[97]

 갑신정변을 주도한 세력의 일원으로 일본에 망명 중이던 박영효는 유혁로, 이규완 등과 함께 일본의 보호를 받으며 8월 초에 이미 귀국해 있었다. 서광범 역시 미국 망명생활을 정리하고 일본 외무성의 주선으로 12월에 귀국했다. 이노우에가 고종을 명목상의 군주 자리에 세우자 고종은 이들을 중심으로 2차 내각을 구성했다. 이들과 더불어 김홍집, 유길준, 안경수 등 기존의 갑오개혁 관료들도 2차 개혁정부의 구성원으로 활동하게 되었다.

 김홍집의 2차 내각 인사 가운데 일본과 국왕 양쪽의 기대를 받고 있던 인물은 박영효이다. 일본 측에서는 박영효가 내각의 중추 역할을 하리라 믿었다. 그가 철종의 부마였기에 왕족의 신분을 활용하여 국왕과 왕비를 일본과 더욱 가깝게 연결해주리라 기

---

96 『승정원일기』 고종 31년(1894) 6월 27일.
97 『일본외교문서』 제27권 1책, 문서번호 365.

대했다. 내각과 왕실 양쪽을 감시하면서 일본의 조선 침략 정책을 도와줄 것이라 기대했던 것이다.[98]

고종의 입장에서도 일본과의 원만한 관계를 유지하기 위해 일본통인 박영효가 필요했다. 국왕은 국왕 나름대로 서광범 등 박영효와 가까운 인물들을 활용하여 왕권을 구축한다는 생각이었다. 때문에 고종과 왕비는 일본 망명에서 돌아온 박영효의 복권을 앞장서서 논의했다. 옷감과 저택을 하사하고, 몰수했던 재산도 돌려주었다. 그에 따라 갑신정변 전의 신뢰관계가 어느 정도 회복되기도 했다.[99]

그런데 고종의 예상과 달리 2차 내각이 추진한 개혁은 왕정과 국정을 분리하여 군주권을 축소하는 방향으로 진행되었다. 왕실 관련 기구도 모두 궁내부로 개편되었다. 승선원, 경연청, 규장각, 통례원 등 모두 15개의 부처를 통합하여 궁내부로 이속했다. 그에 따라 왕실 기구가 대폭 축소되었다. 축소 후에도 국왕이 승선원을 통해 정무에 관여할 수는 있었다. 그러자 군국기무처에서는 승선원이 원래 '정령을 출납하는 곳'이라는 이유로 의정부 아래 두어야 한다고 의결했다. 이는 왕실과 승선원을 아예 분리하려는 의도였다. 여기서 그치지 않고 11월 21일에 승선원을 아예 폐지해버렸다. 결국 국왕의 정무 관여 통로는 완전히 봉쇄되었다.

고종의 좌우에서 시중을 들던 승선원의 내관도 폐지되었다. 고종은 10명 정도의 내관이라도 있으면 국왕의 체면이 설 것이라

---

98 유영익, 『갑오경장 연구』, 49쪽.
99 『주한일본공사관기록』 5, 기밀 제227호, 78~79쪽.

며 왕의 권위와 품위가 실추된 데 대해 극도로 예민해졌다.[100] 자신의 예상과 다르게 군주권이 허울뿐이라는 것을 알게 된 상황에서 고종은 더 이상 개혁을 고분고분하게 수용하려 들지 않았다.

고종은 김홍집이 청대하여 입시하는 자리에서도 "승선원을 없앴으니 별도로 시종하는 관원을 두어야 할 것"[101]임을 밝혔다. 그러자 김홍집은 궁내부 직제를 개정했으므로 시종은 당분간 궁내부 참의가 겸행하는 것이 낫겠다고 답하는 데 그쳤다. 국왕 곁에 서 있던 승선 신병휴가 "승선원은 임금의 명령을 출납하는 곳으로서 국가가 생긴 이후로 반드시 승지와 사관이 곁에서 시종해왔는데, 이번에 갑자기 혁파해버리니 서글퍼서 답답한 마음을 견딜 수가 없습니다"라고 하자 김홍집은 가차 없이 묵살하는 만용을 부리기도 했다. 이제 국왕은 자리만 있을 뿐, 권력과 권위라고는 찾아볼 수 없는 처지가 된 것이다.

왕권을 회복할 기회는 외부로부터 찾아왔다. 1895년 3월 이후 국내외 정세는 급변하고 있었다. 러시아가 주동이 된 삼국간섭의 결과 일본이 청일전쟁의 전리품으로 차지한 요동반도를 반환하게 되었다. 일본의 국제적 지위는 실추되었다. 조선 조정에서는 일본보다 더 강한 나라인 러시아에 새로운 기대를 걸어보려는 움직임이 일었다. 그 중심인물이 왕비였다.

고종과 왕비는 러시아공사 베베르를 친견하면서 러시아 정부와의 친선을 도모했다. 왕실의 친러적 분위기에 힘입어 박정양, 안경수, 서광범, 이완용, 이범진 등의 정동파가 생겨났다. 정동파

---

[100] 『주한일본공사관기록』 5, 기밀 제227호, 77~78쪽.
[101] 『승정원일기』 고종 31년(1894) 11월 21일.

는 지금의 정동에 거주하던 미국·영국·러시아 등 서울 주재 외교관 및 선교사들과 밀접하게 교류하면서 정치·외교적 사교모임을 이끌어가던 세력이다. 이들은 1880년대와 1890년대에 거쳐 활동하면서 근대적 문물과 사상을 체험했던 개혁 지향적인 친미 또는 친러 성향이 강한 인물들이다.[102]

일본은 조선 내부의 이상기류를 감지하고 상황을 예의주시했다. 내각을 구성하고 있는 인물들 사이에 개화파인 군부대신 이윤용, 외부대신 이완용, 내부대신 박정양 등의 파와, 수구파인 탁지대신 심상훈, 법부대신 한규설 등의 파가 서로 갈등 관계에 있는 것으로 파악했다.[103] 일본이 보기에 이들 두 파는 모두 러시아의 세력권 안에 있었다. 박영효 등의 친일 관료들은 친러파가 주축이 된 조정 분위기 속에서 국왕이 러시아공사관으로 잠행이라도 하게 되면 그동안 추진하던 개혁이 모두 허사가 되기 때문에 긴장했다.[104]

결국 이러한 분위기를 타파하기 위해 박영효 등은 국왕 주변의 호위병을 폐하고 일본군 지도하의 훈련대로 왕궁수비대를 교체하려 했다. 왕궁을 호위한다는 명분으로 궁정 내부를 감시하려 한 것이다. 고종은 개혁의 진행과 더불어 군주권이 위축되자 위기감을 느끼고 있던 차였다. 일본은 물론, 개혁의 주체 세력인 김홍집 일파도 더 이상 신뢰할 수 없는 상황이었다. 이들이 조직하고 훈련한 신병은 더더욱 믿기 어려웠다.[105] 결국 일본인들이

---

102 한철호, 『친미개화파연구』, 국학자료원, 1998.
103 『주한일본공사관기록』 9, 〈朝鮮의 現況 및 장래의 傾向에 관한 上申〉, 214~216쪽.
104 『주한일본공사관기록』 7, 기밀 제71호, 50~54쪽.
105 『주한일본공사관기록』 7, 기밀 제64호, 38~39쪽.

궁궐을 호위한다고 하자 심한 불쾌감을 느낀 고종은 격노했다. 이에 박영효에게 왕후 시해를 계획했다는 불궤음모를 씌워 면직했다.[106]

이어서 고종은 민영준, 조병식, 민영주, 민형식 등 갑오개혁과 함께 정계에서 축출당한 민씨 일족을 사면했다. 이들을 중심으로 권력기반을 공고히 다지는 노력을 다시 기울이기 위함이었다.[107] 동시에 1895년 7월 5일 김홍집을 총리대신에, 박정양을 내부대신에 임명하며 제3차 개각을 단행했다.[108] 개각 단행 이전에 이미 고종은 지금껏 개혁을 진행해왔으나 잘 추진되지 않은 사실을 지적하면서 앞으로 "공평정대한 정사로 이용후생의 방도를 행하고자 한다"[109]는 의지를 다지기도 했다. 자신이 국정 장악력을 높여 나감은 물론, 군주권을 절대화하면서 개혁의 중심에 서려는 의지를 표명한 것이라 볼 수 있다.

고종이 군주권을 수호해나간 과정을 보면, 갑오개혁 초기에는 새로운 정부관제가 군주권을 제한하리라는 것을 명확히 파악하지 못했다. 제1, 2차 내각의 개혁 때는 왕실 관련 기구가 축소되고 의정부의 직권이 커지는 방향으로 개혁이 진행되는 것을 관망하다가 군주권이 실질적으로 위축되는것을 경험했다. 관망과 위기 속에서 종국에는 다양한 성향의 정치세력을 동원해 군주권 수호에 나선 것이다. 일본, 미국, 러시아 등 외세와 결탁한 정치세력을 상황의 변화에 따라 달리 활용함으로써 의외의 발 빠른 대

---

106 『주한일본공사관기록』 6, 기밀 제71호, 198~201쪽.
107 『고종실록』 고종 32년(1895) 7월 3일.
108 『고종실록』 고종 32년(1895) 7월 5일.
109 『일성록』 고종 32년(1895) 윤5월 20일(양력 7월 12일).

명성황후의 집안인 여흥민씨 일원으로 중용되어
부정과 탐학을 일삼은 민영준. 후에 이름을 영휘로 개명하고
자신의 이름자를 따서 휘문학교를 설립했다.

처를 보여주었다.

고종이 군주권 수호를 적실하게 할 수 있었던 배경에는 왕후를 비롯한 민씨세력의 도움이 있었다. 이들은 고종의 권력이 약화되면 가장 먼저 배척의 대상이 되었다가 고종이 국왕의 권한을 회복함과 동시에 복권되었다. 실질적으로 고종과 정치적 운명을 같이한 집단이다. 개혁 초기에 고종이 정치일선에서 물러나고 대원군이 권력을 잡자 민씨세력은 곧바로 축출 대상이 되었다. 이때 정계에서 물러난 민씨세력은 좌찬성 민영준과 전 통제사 민형식, 민응식, 경주부윤 민치헌 등이다.

이들 가운데 민영준과 민형식은 탐욕스럽고 백성을 착취하여 그 해독이 이웃 고을에까지 미쳤다는 원망을 사서 원악도로 유배

되었다. 민응식은 군영을 설치한 후 세금을 과다 징수해 물의를 일으켰다는 이유로 절도에 귀양을 갔다. 경주부윤 민치헌은 지방관으로 재직할 때 분수에 넘치는 짓을 하고 욕심이 끝이 없어 만족할 줄 몰랐다는 이유로 먼 곳에 귀양 가게 되었다.[110]

민씨 일족이 일망타진당했을 때 사회 분위기는 '조야가 모두 기뻐 어쩔 줄 몰라 했다'고 할 정도이다.[111] 민영준은 재기를 도모했지만 조선의 기강을 문란하게 한 죄가 너무 커서 정계에 쉽게 복귀하지 못했다.[112] 세간의 이러한 평가에도 불구하고 고종은 3차 개각을 단행한 후, 군주권을 강화해나감과 동시에 이들을 1차적으로 복권시켰다. 이는 결국 고종이 믿고 의지할 만한 최대의 정치세력은 왕후를 비롯한 처족 세력이었음을 보여준다.

이처럼 고종은 나라 밖의 상황을 예의주시하면서, 성향이 다른 정치세력을 적절히 이용하면서, 일본에 반격을 가하기도 하는 등 의외의 용의주도한 면모를 보였다. 그에게는 개혁이라는 과제 이상으로 국왕으로서의 지위와 군주권 수호가 중차대한 문제로 인식되었음도 볼 수 있다. 이를 위해서는 위기를 기회로 만들며 반격을 시도하는, 주도면밀한 리더십을 발휘한 시기도 있었던 것이다.

---

110 『승정원일기』 고종 31년(1894) 6월 22일.
111 尹孝定, 『風雲의 韓末秘史』, 128~129쪽.
112 『주한일본공사관기록』 9, 別紙 〈민영준의 務靜〉, 244쪽.

대한제국기, 개혁과 저항

광무개혁의 장으로 나아가다

제3차 김홍집 내각은 일본의 간섭이 약화되는 가운데 고종과 왕후가 중심이 되어 구성한 내각이다. 따라서 고종은 그동안 위축된 왕권을 원상태로 복구하는 데 초점을 두었다. 먼저 제3차 내각의 주요 인물들과 함께 국가의 자주성을 고취시키고 독립을 선양하는 일에 치중했다. 1895년 7월 16일을 503회 개국기원절로 밝히면서 자주독립의 의지를 대내외에 천명했다. 개국기원절 행사를 하루 앞둔 15일에는 행사 추진을 위한 부총재로 이범진, 한성부 관찰사 이채연, 제용원장 민상호, 외부협판 윤치호 등을 임명했다.[113] 민영준을 비롯한 민씨세력도 속속 정치에 복귀함으로써 고종 주변에는 민씨 일파와 정동파가 배후세력으로 역할을 하게 되었다.

---

113 『승정원일기』 고종 32년(1895) 7월 15일.

이들과 함께 고종은 조정 관리들의 조복과 제복(祭服)을 구례대로 행하라는 칙령을 반포하면서 소매가 넓은 옷을 없애고 예복 외에는 검소함에 힘쓸 것을 당부했다.114 이는 결국 갑오개혁으로 시행되었던 내정개혁의 내용을 원상태로 복구시키고, 일본의 영향으로부터 벗어나고자 하는 움직임을 노골적으로 드러내는 것이었다. 여기서 그치지 않고 고종은 권력 주변에 있던 친일 성향의 관료들을 배제해나갔다. 갑오개혁에 동원되었던 중추원 의장 어윤중을 면직하고, 유길준은 의주부 관찰사로, 농상공부대신 김가진은 중추원 일등의관으로, 이범진은 농상공부대신으로 임명했다.115

1895년 을미년에 일어난 명성황후 시해사건은 조선 정계의 이러한 친미·친러적이자 반일적인 태도 변화에 위기의식을 느낀 일본이 조직적이고 계획적으로 일으킨 역사상 미증유의 사건이다. 삼국간섭으로 인해 동북아를 둘러싼 세력의 중심이 러시아로 옮겨간 것, 그에 따라 조선에서 친러파 세력이 확대된 것은 일본으로 하여금 더 강경한 입장으로 선회하도록 했다. 조선에 300만 원의 차관 제공을 거론한 이노우에 대신 미우라 고로(三浦梧樓)를 새로운 공사로 임명한 것도 일본이 선제적으로 조선을 장악하여 이용하겠다는 의도가 다분했다. 미우라가 공사직을 수락하기 전에 일본은 이미 독점적으로 조선을 방어하고 개혁을 담당해나갈 것을 촉구하는 안을 미우라에게 제시하고 있었기 때문이다.116

---

114 『승정원일기』 고종 32년(1895) 8월 10일.
115 『승정원일기』 고종 32년(1895) 8월 10일, 8월 16일, 8월 17일.
116 강창일, 「三浦梧樓 公使와 閔妃弑害事件」, 『명성황후시해사건』, 민음사, 1992,

왕후 시해사건을 일으키고 난 뒤에도 일본은 사건에 깊숙이 개입한 아다치 겐조(安達謙藏)와 구니토모 시게아키(國友重章)가 주필로 활동했던 『한성신보』를 통해 고종과 왕후를 비롯하여 대원군에 대한 이미지 조작을 시도했다. 고종은 부정과 부패, 간신들에게 둘러싸인 무능력한 정치 지도자의 이미지를, 대원군은 공명정대하게 개혁을 추구하면서 조선을 반석 위에 올려놓을 위대한 개혁가의 이미지를 만들어나갔다. 왕후에 대해서는 부덕함과 왕후답지 않은 처신을 비난하는 태도로 일관했다. '사변'의 과정을 거치면서는 당연히 없어져야 할, 사라져야 할 '원흉'으로 한층 조작된 이미지를 퍼뜨렸다.[117]

세계가 놀랄 충격적인 사건에 뒤이어 일본은 단발령을 내려 조선에 강도 높은 개혁을 강제했다. 전국에서는 이에 반발한 의병운동이 거세게 일어났다. 사회가 매우 불안한 가운데 친러파는 이범진을 중심으로 정권을 장악하기 위한 새로운 기회를 얻기 위해 아관파천을 일으켰다. 1896년 2월 러시아공사 베베르와 미국대리공사 알렌의 도움을 받아 고종을 러시아공사관으로 피신시킨 것이다. 이를 계기로 일본과 러시아는 조선 문제를 둘러싸고 날카롭게 대립했다.

아관파천은 고종과 친러세력이 일본을 견제하기 위해 러시아에 의존하며 새로운 기회를 엿보고자 계획한 것이다. 러시아공사관에서 고종은 개혁의 여파와 왕후 시해사건 등 잇따른 사건들로 인해 실추된 군주권을 회복해야 했다. 또한 왕후 시해와 단발

45~47쪽.
117 장영숙, 「〈한성신보〉의 명성황후시해사건 보도 태도와 사후조치」, 『한국근현대사연구』 제82집, 2017, 59~61쪽.

명성황후 시해 두 달여 만인 1895년 11월, 단발령이 공포된 후
머리털을 자르는 체두관(剃頭官)이 행인을 잡아 강제로 상투를 자르는 모습

령의 강제로 인해 의병이 궐기하는 와중에서 자주독립의 기상도 확고히 해야 했다. 고종은 먼저 개혁에 대한 반발로 사회 분위기가 급랭하는 상황에서 의병들을 선유하기 위해 신기선과 이도재를 각각 남로선유사(南路宣諭使)와 동로선유사(東路宣諭使)에 임명하여 영호남 일대 지역으로 파견했다.[118] 약 한 달 후에는 최익현을 선유사에 임명했다.[119]

선유사로 임명된 이들은 갑오개혁이 선왕의 제도를 무시하고,

[118] 『승정원일기』 고종 33년(1896) 1월 15일.
[119] 『고종실록』 고종 33년(1896) 2월 20일.

일본의 사주를 받아 우리의 주체성을 상실한 상태에서 일본의 신법을 모방한 것이라고 여겼다.[120] 때문에 이들은 유교적 도의를 회복하고 구제도로 전면 복귀할 것을 주장하면서 개혁에 반발하고 있었다. 유교적 도의를 회복하고 군주권을 강화하는 것은 누구보다도 국왕이 가장 원하던 바였다. 따라서 자신과 뜻을 함께 하는 인물들을 선유사로 임명하여 충효에 입각한 유교정신을 드높임으로써 불안한 민심을 회복하고 안정시키는 역할을 맡겼던 것이다.

실제로 고종은 갑오개혁 초기 국왕의 권한을 제약받고 지위가 추락했음에도 불구하고 충군효친의 유교 윤리를 준수하는 재야 유생들로부터는 지지를 받고 있었다. 그러한 여세를 몰아 소모사(召募使) 이건영(李建永)을 통해 동학세력의 총궐기를 앞둔 전봉준에게 밀지를 내려 거의(擧義)를 독려했다.[121] 이는 일본이라는 외세의 침탈 앞에서 민들을 통합하는 구심점으로서 국왕의 역할이 유효하게 작동하고 있었음을 보여준다.

다른 한편으로 남궁억은 선유사로 춘천에 파견된 뒤 홍천에서 난민들을 만나 이들을 타일렀으나 오히려 포박당할 위험에 빠졌다. 간신히 산중으로 도망치긴 했지만 선유사의 권위는 물론, 선유의 효력을 기대할 수 없는 상황이었다. 신기선은 의병을 위무하며 독려하려 해도 언설이 먹히지 않는 세 가지 이유를 일찌감치 제시한 적이 있었다.[122] 그중 하나는 선유 명령이 국왕에게

---

120 오영섭, 「갑오개혁 및 개혁주체세력에 대한 보수파 인사들의 비판적 반응-그들의 상소문을 중심으로」, 『국사관논총』 제36집, 1992, 104~109쪽.
121 『주한일본공사관기록』 8, 〈同件 密旨의 漏洩防止 指示文〉, 54쪽.
122 『주한일본공사관기록』 9, 기밀 제18호, 161~162쪽.

서 나왔다는 것을 백성이 알지 못한다는 점이다.[123] 나아가 그는 "갑오년의 개혁은 위협받는 분위기에서 진행되었으며 군권을 빼앗겼으므로 명령과 법규가 임금에게서 나온 것이 아니었다는 점, 지금이라도 관제와 문물격식을 예전대로 복구한다면 백성이 기뻐 따를 것이며 난도 진정될 것이다"[124]라는 의견을 개진했다.

신기선은 1896년 2월 선유사를 그만두고 학부대신에 취임하면서 내각제 폐지론을 들고 나왔다. 국왕이 의정부를 복구하여 군권을 지켜나간다면 상하가 복종하며 난도 진정될 것이라는 뜻이 들어 있었다. 그에 따라 고종도 정부 운영을 정상화하기 위해 내각제를 폐지하고 의정부를 복설한 후 의정부 관제를 새로 제정했다.[125] '대군주폐하께서 만기를 통령한다'는 명문을 구체화한 것이다. 이는 국정 운영권은 국왕의 고유 권한임을 분명히 한 것이며, 이로써 갑오개혁 과정에서 약화되었던 군권을 다시 확보했다. 의정부 회의에서 재가를 거친 법률과 장정을 반포하는 권한은 물론, 특명으로 회의 안건을 내려보내 회의도 주관할 수 있게 되었다.

그런데 러시아공사관 생활이 길어지자 각계각층에서 국왕의 환궁을 요구하는 목소리가 높아졌다. 환어를 위해서는 우선 국왕의 신변을 위협하는 요소를 없애야 했다. 이를 위해 친러파는 러시아에 군사교관 파견을 지속적으로 요청하여 푸챠타를 단장으로 하는 13명의 군사교관이 들어오게 되었다.[126] 이들의 지도

---

123 『申箕善全集』上, 〈辭宣諭使學部大臣疏〉.
124 『申箕善全集』上, 〈辭宣諭使學部大臣疏〉.
125 『한말근대법령자료집』II, 칙령 제1호 〈의정부관제〉, 1896년 9월 24일, 179~184쪽.
126 『국역 한국지』, 한국정신문화연구원, 1984, 678~679쪽.

에 따라 친위대가 새로 조직되어 궁궐 경비를 맡게 되자 고종은 1년간의 러시아공사관 생활을 마치고 환궁을 단행했다.

독립의 기반을 마련하고 자주의 상징으로 황제 자리에 오르라는 내외의 열화와 같은 요청을 받아들여 길일인 음력 9월 17일에 황제 즉위식을 거행했다.[127] 곧이어 새로운 의정부 관제와 강화된 군권을 바탕으로 국호를 '대한(大韓)'으로 정하고 황제국인 대한제국(大韓帝國)을 선포했다. 이렇게 출발한 대한제국이 살아남기 위해서는 제국의 위상에 걸맞게 국가체제를 정비하고, 근대적 개혁을 추진해야 했다. 개혁을 통해 부국강병을 이루어야 제국주의 국가들 사이에서 살아남을 수 있었다. 그런 점에서 고종은 제국의 운명을 걸고 국가를 유지하기 위한 개혁을 추진해야 함은 물론, 개혁의 구심체로서 황제의 지위를 공고히 해야 하는 과제를 동시에 안고 있었다.

그에 따라 고종은 '구본(舊本)'과 '신참(新參)'을 절충하면서 집권 초반기 동도서기 개혁과 유사한 광무개혁을 추진했다. 다행히 러시아와 일본은 대한제국 출범을 전후하여 총 세 차례에 걸쳐 양국 간 협정을 맺으면서 세력균형을 유지하고 있었다. 1896년 베베르-고무라 각서, 로바노프-야마가타 협정, 1898년 로젠-니시 협정을 통해 양국은 사전 협의 없이는 한국의 내정과 군사적·경제적 문제에 간섭하지 않을 것을 약속했다. 한국에서 러시아나 일본에게 군사교관과 재정고문의 임명을 요청해올 때에는 양국이 상호 협의한다는 내용도 확인했다.[128] 이 협정으로

---

127 『고종실록』 고종 34년(1897) 10월 12일.
128 『일본외교문서』 제31권, 문서번호 159, 178~179쪽.

육군복장규칙에 맞춰 가장 높은 계급인 육군대장 복장을 한
대한제국 고종황제

아관파천 이후 한때 약화되었던 일본 세력이 다시 회복되고, 러시아의 진출이 두드러지면서 양국은 적절하게 평형을 이루는 상태가 되었다. 이러한 여건을 이용하여 광무개혁을 추진하게 된 것이다.

개혁은 정치적으로는 갑오개혁 과정에서 약화된 군주권을 강화하는 데 초점이 맞춰져 있었다. 의정부 관제를 국왕의 의사가 개입될 수 있는 구체제로 부활시키고, 전제군주권을 법적으로 공인받는 '대한국국제'를 제정한 것은 정치 면에서 가장 중심적인 내용이다. 사회경제적으로는 양전지계사업(量田地契事業)을 시작으로 정부 재정과 왕실 재정을 분리 시행하고, 산업부흥을 위한 공장과 은행 설립, 실업교육을 위한 학교 설립에 이르기까지 광범위한 분야에서 개혁이 진행되었다.

광무개혁에서 주목할 만한 것은 고종이 집권 초기에 개화정책을 추진하기 위해 의정부와 별도로 내아문을 설치하여 운용했던 것과 마찬가지로 궁내부 산하의 조직을 확대하면서 이를 중심으로 개혁을 추진했다는 점이다.[129] 특히 궁내부 산하의 내장원은 역둔토, 광산, 홍삼, 잡세 등의 재원을 관리하면서 개혁 자금을 지원하고 조달하는 역할을 했다. 이외에도 인삼과 광산 등에 대한 외세의 침탈을 저지하기 위해 홍삼 전매제를 실시했다. 광산, 해세(海稅) 등에 대한 서리들의 중간 수탈을 없애기 위해 관원들이 내장원의 허가 없이는 광산에 개입하지 못하게 했다. 또한 인삼업의 성장을 위해 종삼회사(種蔘會社)를 설립하여 지원하고 광산 채굴 비용과 세금을 감면해주는 등 해당 분야의 산업이 발전

---

129 徐榮姬,「1894~1904년의 政治體制 變動과 宮內府」,『韓國史論』23, 1990.

할 수 있도록 했다.[130]

토지를 실측하여 근대적인 토지소유권을 설정하는 양전지계사업도 주목할 만한 개혁사업이다. 토지소유권을 정확하게 하기 위해 1898년 7월 양전을 담당할 양지아문을 설치하여 토지조사사업을 우선적으로 실시했다.[131] 1901년 10월에는 지계아문(地契衙門)을 세워 토지문서인 관계(官契)를 발급함으로써 토지소유권을 공인해주는 사업을 실시했다.[132] 이러한 정책은 전국의 모든 토지를 파악하여 국가의 소유권 관리체계에 끌어들임으로써 지세(地稅)를 합리적으로 징수하기 위한 것이었다. 또한 외국인들이 한국의 토지를 함부로 침탈하지 못하도록 방지하려는 의도도 있었다. 나아가 토지문서에 지가(地價)를 기입하게 하고, 이에 근거하여 근대적인 지세제도를 시행하고자 했다.[133]

산업진흥을 위해 식산흥업정책을 추진한 것도 중요한 개혁정책 중 하나였다. 철도, 광산, 기선 등은 외국의 이권 추구에 시달리는 주요 업종이었다. 이들 자원의 개발이 국부에 중요한 원천임을 깨달은 후, 정부와 민간은 함께 철도 부설을 위해 힘을 쏟았다. 1898년 이후부터 전국에 철도 관련 회사가 우후죽순으로 설립될 정도로 관심이 증폭되었다. 문제는 자본이었다. 자본과 경영 역량을 갖추지 못한 한국의 실정에서 경부선과 경의선 철도 부설권은 일본에 넘어가고 말았다. 그러나 일본이 주식으로 철도를 부설하는 자본금을 모으자, 신문에서는 우리도 철도회사 주

130 양상현, 『대한제국기 내장원 재정관리 연구』, 서울대학교 박사학위논문, 1997.
131 『고종실록』 광무 2년(1898) 7월 6일.
132 鄭喬, 『大韓季年史』 下, 86쪽.
133 이영학, 「대한제국기 토지조사사업의 의의」, 『대한제국의 토지조사사업』, 민음사, 1995, 32쪽.

1890년대 말 전차의 모습(위)과 전차 노선이 가설된 종로(아래)

1899년 1월 1일 착공하여 9월 18일 개통된 경인선.
제물포와 노량진 사이를 운행했다.

식을 사서 경부나 경의철도를 부설하는 자본금을 마련하자는 기사가 실리기도 했다.[134] 철도가 고용을 창출하는 새로운 시장이자 산업의 근간이 된다는 점을 깨달은 것이다.

근대교육 운동도 다양하게 전개되었다. 교육은 개화정책을 추진하면서 무엇보다 중요하게 인식된 분야였다. 고종은 "국가에서 학교를 개설하고 인재를 양성하는 것은 지식과 견문을 넓혀 이용후생하는 기본이 되게 하기 위한 것이다"[135]라고 생각했다. 특히 상공학교를 하루속히 설립하라는 조령을 반포할[136] 정도로 실용교육에 중점을 두었다. 이에 따라 농상공학교, 광무학교 등

---

134 『제국신문』 1900년 4월 16일 〈잡보〉.
135 『승정원일기』 광무 3년(1899) 3월 18일.
136 『고종실록』 광무 2년(1898) 10월 30일.

의 기술학교가 설립되었다. 일본에서 양잠 기술을 배우고 돌아온 인물들을 중심으로 조직한 양잠소에서는 양잠교육도 활발하게 진행되었다.137 일본어, 한어, 영어, 프랑스어, 러시아어 등을 가르치는 외국어 교육기관도 나날이 생겨나고 번창했다. 외국어를 가르치는 교사들도 본국에서 직접 고빙되어 왔다. 그러나 국가 재정이 늘 문제였다. 재정난에 시달리면서 학교에 획급될 예산이 정지된 적도 있었고,138 교사 월급이 밀리기도 했다. 개혁은 다방면으로 진행되고 있었으나 이를 뒷받침해줄 재정은 충분히 확보되지 못했기 때문이다.

재정 곤란은 대한제국이 전반적으로 국가 규모가 작고 영세한 데서 기인한 면도 있지만, 재정을 관리하는 탁지부 대신 내장원이 국가의 각종 재원을 황실비로 이관하면서 왜곡·운영된 데서 생기는 요인도 컸다. 재정 관련 분야, 특히 민중을 상대로 한 수세 문제는 탁지부와 내장원이 그 소속과 업무의 범위를 두고 난마처럼 얽히게 되었다. 이 과정에서 문제가 된 것은 갑오개혁기에 혁파된 무명잡세, 즉 각 궁(宮)과 사(司)에서 징수하던 여각·포구에 대한 세금과 어·염·선·곽에 대한 세금 징수가 다시 부활했다는 점이다.

내장원에서는 세원들을 새로 발굴하여 징수했고, 각 관청이나 이서배·토호배가 징수하던 잡세까지 이속시켜나갔다. 이 과정에서 무명잡세에 시달리는 민중의 청원이 다양한 내용으로 접수되었다. 선박을 제조하며 살아가는 선민(船民)들에게 한양에서

137 『제국신문』 1900년 4월 25일 〈잡보〉.
138 『황성신문』 1900년 1월 19일 〈잡보〉.

내려온 파원(派員)이 선척의 크기에 따른 수세만 했는데 색리(色吏)가 각종 명목으로 무명잡세를 거두어 가니 이를 시정해달라는 요구가 있는가 하면,[139] 염세는 자염처(煮鹽處)에서 매년 810냥씩 수납했으나 근래 호방 색리청(戶房 色吏廳)과 균역청 등지에서 중징하고 있으니 잡세를 혁파해달라는 진정도 있었다.[140] 또한 무지(貿紙)를 생업으로 하는데 낙동강 선수세(船收稅)의 경우, 의령에서 부산항에 도착할 때까지 수세하는 곳이 7곳이나 되니 중간 작폐를 금해달라는 청원도 있었다.[141]

이처럼 내장원에서 거둬들이는 무명잡세에 불만을 품고 소장을 제기하며 저항하는 민들의 청원을 살펴보면 중간 서리배들이 이중으로 거둬들이는 폐단에 더하여 무명잡세의 명목 자체가 셀 수 없이 많았음을 알 수 있다. 그런데 징수된 재원은 징수 과정이 서로 달랐기 때문에 체계적으로 관리되지 못했다. 내장원은 재원 확대에만 관심을 가졌고, 이로 인한 폐해는 고스란히 민중에게 돌아갔다.

민중의 억울한 사연을 담은 청원에 대해 정부에서는 잡세를 금하거나, 폐단을 바로잡아 억울한 일이 없게 하겠노라는 답을 내렸다. 그러나 판결문에 따르지 않는 경우나,[142] 같은 내용의 청원이 다시 올라온 경우도 많았다. 이를테면 경북 연일에 사는 염

---

[139] 『慶尙南北道各郡訴狀』 2책(奎19154) 〈1901년 8월 경남 巨濟 船民 李仁五 等訴〉; 『內藏院各道各郡訴狀要約』 1, 서울대학교규장각, 1998, 270쪽.
[140] 『慶尙南北道各郡訴狀』 3책(奎19154) 〈1902년 3월 경북 延日 鹽民 陽在華 等訴〉; 『內藏院各道各郡訴狀要約』 1, 280쪽.
[141] 『慶尙南北道各郡訴狀』 3책(奎19154) 〈1902년 11월 경남 宜寧 貿紙商 嚴元吉 等訴〉; 『內藏院各道各郡訴狀要約』 1, 299쪽.
[142] 『內藏院各道各郡訴狀要約』 1, 판결문을 준수하지 않는 사음(舍音)을 엄징해줄 것과 〈1898년 4월 麻田 居民 朴元裕 訴〉, 124쪽.

민 양재화는 무명세를 혁파하라는 처분을 받았으나, 사검관이 정공(正供) 외에 균역청 염세와 내장원 백일세(百一稅)를 거둔다며 1년여가 지난 1903년 5월에 재청원서를 냈다.[143] 이처럼 수세에 저항하는 민들의 양태가 더욱 다양해지면서 과도한 세금이 부과되거나 세금을 강제로 징수당하면 해당 관서인 농상공부에 호소하거나,[144] 세금을 거두러 내려온 파원을 난타하고 억류하는 사건도 생겨났다.[145]

그런데도 고종은 상황을 그리 심각하게 받아들이지 않았다. 한 번은 평양을 다녀온 의정부 의정 이근명이 "장단 고량포를 지나는 길에 백성들이 몰려와 잡세가 많아서 본 포구에서 강화까지 100리도 안 되는데 세금을 거두는 곳은 18곳이나 된다며 호소하더라"[146]며 일선 현장의 분위기를 전했다. 무명잡세 징수의 심각성을 보고한 것이다. 이에 대해 고종은 수차례 무명잡세 혁파령을 내렸는데 아직도 시정되지 않았느냐며 "그중에는 무명잡세뿐 아니라 백성이 응당 내야 하는 세금(正稅)도 있을 것이다"라면서 다소 안일한 인식을 보였다.

내장원의 활동이 긍정적으로 기여한 부분도 물론 있다. 인삼과 광산 분야에서 외세와 지방수령의 침탈을 막았고, 이 분야의 산업 발달을 위해 자금을 지원하기도 했다. 그러나 세금을 걷는 과정에서 민중과 직접 부딪치게 된 결과, 민중은 내장원을 수탈의 주체로 인식하게 되었다. 수세한 재정의 상당액이 개혁을 위

---

143 『慶尙南北道各郡訴狀』4책(奎19154);『內藏院各道各郡訴狀要約』1, 308쪽.
144 『제국신문』1898년 12월 6일 〈잡보〉, 1900년 8월 9일 〈잡보〉.
145 『제국신문』1899년 11월 20일 〈잡보〉.
146 『승정원일기』광무 7년(1903) 10월 22일.

한 자금으로 상당 부분 쓰였을지라도 민생의 문제를 외면한 채 황실 산하기구로서의 임무에만 충실했던 것이다. 이는 곧 민중이 정부를 원망하는 이유가 되었다.

고종이 내장원을 통해 개혁사업에 가장 중요한 물적 근간을 확보하려 한 이유도 황제권을 강화하기 위해서였다. 재정을 기반으로 황제권이 구축되면 국권도 자연히 강화되리라 믿었기 때문이다. 민중은 그에 맞춰 따라오면 되는 존재라 생각했다. 그 결과 황실 재정을 확대하는 과정에서 민중에게 전가된 고통을 돌아보지 못했다. 포괄적이고 광범위하게 개혁을 추진했으나, 민중의 삶과 유리된 채 진행되었다. 개혁을 추진하는 단계에서 가장 중요한 재원 마련과 그 과정에서 파생되는 문제의 피해자가 될 수밖에 없었던 민중은 그런 면에서 개혁의 희생자였다.

러일전쟁의 위기와 소극적 대응

광무개혁에서 표방한 구본신참은 집권 초기 고종이 내세웠던 동도서기와는 성격이 조금 다르다. 1880년대의 동도서기는 동도를 중심에 두고 서기를 제한적으로 수용하는 정치 방략이었다면, 대한제국기의 구본신참은 동도로의 구심점을 강조하기보다 서기의 변화와 수용에 더 큰 비중을 두고 있다. 동도 가운데서도 꼭 지켜야 할 강상윤리로서의 동교, 즉 종교로서의 유교는 중요시하면서도 서양의 학문, 제도, 법률을 폭넓게 참작하며 절충하고자 하는 동교서법의 정책론이다.

대한제국기는 동도를 수호하려는 논의보다 서기를 확대 수용하고자 하는 논의가 독립협회의 활동을 필두로 거세지고 있었다. 이러한 사회 분위기 속에서 인민헌의 채용을 허용하는 중추원 관제를 마련한 것은 입헌군주제 논의까지도 수용하려 한 고종의 정치의식의 일단을 보여주는 것이다.[147] 비록 의원내각제의 수용과 정착을 열망하는 사회 여론에 떠밀려 수용한 것이었고, 집권보수파의 획책 속에서 중도에 무산되었으나 정치제도상의 변화를 가져올 수 있는 기회였다. 이와 함께 광무개혁이 진행되는 동안 근대적 상공업이 발흥하고 실업교육이 강화된 측면 등을 볼 때 고종은 상당히 개혁적인 성향을 나타낸 군주였다고 볼 수 있다.

다른 한편으로 고종은 동교를 우선하고 절대시하는 보수적인 군주의 모습도 보였다. 개혁을 주도하면서도 갑오개혁 당시 축소되었던 군주권을 확대 강화하고, 폐지되었던 연좌법과 노륙법을 부활하는 등 반동적인 면모를 보였다. 광무개혁이라는 이름으로 정치·사회 부문에서 다양한 변화가 진행되었지만, 자주적이고 근대적인 개혁보다는 전제군주 체제를 더욱 강화하는 방향에 초점이 맞춰져 있었다.

개혁의 내실 측면에서 볼 때 상공업의 발흥, 근대적 교육 기회의 확대, 도로 개선 및 전차·철도·전화 같은 근대적 문물의 이기를 수용하는 가시적인 성과도 있었다. 반면 내적으로는 황실 재정을 확충하고자 내장원을 앞세운 과도한 수탈로 민중의 반발과 불신을 초래했다. 군비를 강화하기 위해 국가 재정의 40퍼센트가 넘는 예산을 책정하여 3만 정도의 군사도 확보했으나, 일본

---

147 장영숙, 「대한제국기 고종의 정치사상 연구」, 『한국근현대사연구』 51집, 2009, 178~179쪽.

이 보유한 100만 군대와는 비교할 수 없는 열악한 처지에 놓여 있었다. 1905년을 기준으로 조선의 군사 수는 3만 정도인 데 비해 일본은 육군 99만, 해군 4만 4,959명을 보유하여 총 100만이 넘는 병력을 갖추고 있었다.[148] 여기에 고종의 리더십 부재는 물론, 개혁에 대한 마스터플랜을 제대로 갖추지 못한 상태에서 급변하는 국제정세를 맞고 있었다.

1900년 중국에서 발생한 의화단 사건은 대한제국을 소용돌이 속에 빠지게 하는 일대 계기가 되었다. 의화단은 중국에서 경제적 이권을 침탈해가는 서구열강을 몰아내기 위해 일어난 배외적인 민족운동이다. 의화단은 러시아의 동청철도를 파괴하는 등 그 기세가 자못 격렬해졌다. 중국 정부가 사건을 진정시키지 못하는 상황이 되자 영국, 프랑스, 러시아, 일본 등의 열강이 이에 개입하게 되었다.

특히 러시아는 자국의 철도 보호를 이유로 만주 일대에 군사를 집결시키면서 국가의 권익을 극대화하는 데에 의화단 사건을 이용하려 했다. 러시아 군대가 만주에 주둔하자 열강은 촉각을 곤두세웠고, 이는 곧 러일 간의 갈등과 충돌로 이어졌다. 만주를 점령한 러시아는 1901년 2월 만주를 러시아의 보호령으로 삼는다는 내용을 골자로 하는 12개조를 중국에 요구했다. 이외에도 12개조에는 러시아군이 만주에 주둔하며 철도를 보호하고, 중국이 군비를 배상하는 것만이 아니라 철도와 인명과 재산 손실을 보상하고, 동청철도와 북경을 연결하는 철도부설권을 허용할 때까지 군대가 주둔한다는 내용 등이 포함되었다. 중국의 주권과

---

148 內閣官房, 『內閣制度七十年史』, 內閣官房, 1955, 565쪽.

영토권을 노골적으로 침탈하는 내용이다.

이는 곧 '아청조약'으로 알려지면서 중국에서 반대여론이 비등하게 되었다. 러시아의 요구가 강압적이고 지나치다며 비준을 거부하는 사태에 이르렀다. 호광성 총독 장지동은 비분강개한 연설을 하며 마땅한 대책을 세울 것을 정부에 촉구했고, 각 성의 총독들도 조약에 조인하지 말 것을 상주했다. 일본은 청·러 간의 조약이 자국의 이익을 심대히 손상시킨다고 간주하여 내각회의를 열어 대응책을 논의했다. 나아가 직접 나서서 만주조약을 당장 파기할 것을 청에 여러 차례 권고했다.[149]

일본은 만주를 둘러싼 일련의 사태를 계기로 한국 문제도 해결하려 했다. 1903년 4월 이토 히로부미와 가쓰라 타로(桂太郞) 총리, 고무라 주타로(小村壽太郞) 외상 등이 모여 네 가지 사항을 의결했다. 첫째, 러시아가 만주에서 철병하지 않고 있는 것에 엄중히 항의한다. 둘째, 만주 문제를 기회로 한국 문제의 해결을 도모한다. 셋째, 한국에서의 일본의 우월권을 승인하게 한다. 넷째, 만주에서의 러시아의 우월권을 인정한다. 이 조항들은 일본이 만주와 한국 문제를 가지고 수차례 러시아와 협의했으나 해결을 보지 못하는 가운데 내부 논의를 거쳐 의결한 것이다. 유사시에는 러시아와 전쟁도 불사한다는 입장이었다. '한 개의 물건을 가지고 두 사람이 경쟁할 때, 그 전부를 차지하기 위해서는 오직 전쟁으로 승패를 결정할 수밖에 없다'는 내부 노선도 이미 정해놓고 있었다.[150]

---

149 『황성신문』 1901년 3월 25일 〈외보〉; 『제국신문』 1901년 4월 6일 〈외보〉.
150 山辺健太郎, 『한일합병사』, 범우사, 1982, 184~185쪽.

일본이 전쟁도 불사할 정도로 러시아에 대해 강경한 태도를 보인 데는 이유가 있었다. 일본은 1902년 1월에 이미 영국과 동맹을 체결했기 때문에 유사시에는 원군을 얻을 수 있었다. 영일동맹은 일본에게 든든한 배경이 되고 있었다. 영국은 청일전쟁에서 승리한 일본이 급속도로 군비를 증강하는 것을 보고 해군 작전을 능히 수행할 수 있는 나라라고 판단했다. 일본은 러시아가 동아시아로 팽창하면서 남하정책을 추진하는 것을 막을 수 있는 국제적 파트너였다. 더불어 장차 적이 될 수도 있는 프랑스나 독일과 전쟁이 벌어질 경우에도 영국을 안전하게 도와줄 동맹국으로 부족함이 없다고 판단했다.

한편 일본의 입장에서는 유럽 열강 가운데 동아시아 국가에 영향을 미칠 만한 능력을 보유한 국가와 협조할 필요가 있었다. 일본은 삼국간섭에서 중요한 교훈을 배웠다. 유럽 열강들이 일본에 적대적인 관계를 형성해서 요동반도를 반환하게 만든 삼국간섭이 일어났을 때 일본은 달리 저항할 방법이 없었다. 앞으로 그런 일을 반복해서 겪지 않으려면 열강과 긴밀한 관계를 구축해야 국가적 이익을 기대할 수 있다. 그래서 특히 철도와 해군 함정의 제작 등에서 선진기술을 지원받을 수 있는 영국과 동맹을 체결하게 된 것이다.[151] 삼국간섭에서 얻은 역사적 교훈을 현실에 반영한 결과라 하겠다.

영국과 동맹을 체결해 든든한 후원국을 얻은 일본은 러시아를 상대로 만주와 한국 문제를 두고 협상을 벌였다. 협상은 고무라 주타로 외상과 로젠(R.R. Rosen) 공사 간의 교섭으로 진행

---

[151] 金景昌, 『동양 외교사』, 박문당, 1982, 505~520쪽.

되었다. 몇 차례 진행된 협상을 통해 고무라 외상은 1904년 1월, 로젠 공사에게 최종 수정안을 제시했다. 일본은 만주와 그 연안이 일본의 이익 범위 밖이며, 한국과 그 연안이 러시아의 이익 범위 밖이라는 점을 상호 승인하자는 내용이었다. 이와 동시에 일본은 러시아가 요구한 내용으로 한국에서 군사시설의 설치 금지와 39도 이북에 중립지대를 설치하자는 제안, 만주 거류지 설치 금지 등의 조항은 삭제했다.[152] 러시아는 일본의 제안을 정식으로 거절했고, 양국은 2월 6일 국교 단절에 들어감과 동시에 전운이 고조되기 시작했다.

한국에서도 걱정과 우려가 한층 증폭되었다. 『황성신문』과 『제국신문』 등의 주요 언론에서는 러시아와 청국이 맺은 만주밀약의 내용에 반발하는 중국 내 분위기를 전하기도 했다. 일본이 장차 염려스러운 일에 대비하기 위해 해군과 육군을 재정비하고 있다는 기사가[153] 연일 지면을 장식했다. "청의 불행은 곧 동양의 불행이요, 동양의 불행은 곧 세계의 불행이다. 작금의 만주 사태는 우리 한국의 안위와 무관하지 않다"[154]라는 주장이 제기되기도 했다.

정부도 러일 협상이 순조롭게 진행되지 못하는 것을 심각하게 받아들였다. 혹시라도 전쟁이 일어날 경우에 대비하여 황제를 안전한 곳에 피신시킬 행궁이 필요하다는 의견이 나오기도 했다. 행궁을 건설할 최적의 장소로는 평양이 꼽혔다. 평양은 기자조선의 옛 도읍지로서 예법과 문화의 중심지였다. 또한 풍수도참

---

[152] 위의 책, 530~534쪽.
[153] 『제국신문』 1901년 4월 9일 〈외보〉.
[154] 『황성신문』 1901년 4월 17일 〈寄書〉.

설에 따르면 지기(地氣)가 왕성한 곳으로 알려져 있었다. 고려 묘청의 서경 천도 움직임에서도 볼 수 있듯이 '만년왕기(萬年王氣)'를 가진 곳으로 평가된 곳이다.[155] 평양은 러일전쟁의 승전국으로 점쳐지는 러시아와도 가까운 지역이다. 여기에 행궁을 짓고 친러 외교노선을 걷는다면 일본을 방어하는 이이제이 방책으로도 손색이 없었다. 이러한 곳에 군대를 증설하고 이궁을 짓는다면 평양이 가지고 있는 장구한 역사성을 계승함은 물론, 전쟁에도 대비할 수 있는 여유를 갖게 될 터였다. 궁내부 특진관인 김규홍은 "서경에 이궁을 짓고 군대를 더 두어 수비하게 함으로써 나라의 위엄을 장대하게 하자"[156]라는 의견을 제시하기도 했다.

여러 가지 논의 속에서 고종은 서울에서 불미스러운 정변이 일어나거나 러일 간의 충돌이 발생할 경우에 대비하여 안전하게 대피할 수 있는 행궁을 건설하도록 했다.[157] 이에 1902년 5월 14일 고종이 건립 령을 내린 후 공사가 시작되어 1903년 11월에 일부 완공되었다. 서경영건소(西京營建所)를 설치하여 역사(役事)를 행한 결과 태극전(太極殿)을 비롯한 3개의 전각과 황건문(皇建門)을 비롯한 3개의 문이 웅대하게 구성되었다. 지어질 건물은 총 360여 칸으로 화성 행궁의 다음가는 규모였다.

특히 1902년 6월부터 1903년 6월까지 1년 동안 풍경궁 공사에 들인 총비용은 1천만 냥을 조금 넘었다. 1902년 당시 정부예산이 1천만 원을 채 넘지 못한 것과 비교하면 한 해 예산보다 많

---

155 『고종실록』 광무 6년(1902) 6월 10일.
156 『승정원일기』 광무 6년(1902) 3월 24일(양력 5월 1일).
157 『고종실록』 광무 6년(1902) 5월 14일; 菊池謙讓, 『近代朝鮮史』 下, 鷄鳴社, 1939, 568~569쪽.

은 자금이 1년여 공사에 투입된 것이다. 이마저도 평안남북도 각 군에서 거두어들인 향례전(鄕禮錢)과 원조전(願助錢)에 크게 의존했다.158 그에 따라 행궁 공사로 인한 백성의 부담은 과중될 수밖에 없었다.

행궁 건설의 총책임자는 평안도 관찰사 민영철(閔泳喆)이었다. 그는 철도원 감독으로 시작하여 특명전권공사, 원수부 군무국 총장, 군부대신, 탁지부대신 등을 두루 역임했다. 평양행궁을 지을 당시에는 평안도 관찰사로서 궁역(宮役)을 빙자해 백성의 재산을 빼앗기도 하여 원성을 샀다.159 당대 신문에는 민영철이 행궁 건축에 쓸 재목을 편취했다는 기사를160 비롯하여 백성들이 고통을 호소하는 내용이 넘쳐나고 있다. 민영철 외에도 공사 담당 관리, 서리배 등이 다양한 명목으로 무명잡세를 거두고 노역비를 횡령하거나 공사 자재를 빼돌리기도 하여 인민에 부담을 안겼다. 행궁 공사 기간에 저지른 관리들의 부정부패가 너무 심해서 대한제국 자체가 민들에게 '무능한 정부', '부패한 국가'로 인식될 정도였다.161 이는 결국 지배층에 대한 불만과 불신으로 이어졌으며 정권의 부담으로 작용했다.

행궁 건설은 유사시 황권을 보호하기 위한 방안으로 강구되었지만, 러일전쟁의 와중에 이궁 건립은 중단되었다. 일부 완공된 후에도 제대로 활용되기는커녕 자혜의원으로 부지를 내어주게 되었다.162 전쟁에 대한 대비책이 아무런 실효를 보지 못한 채 민

158 『西京豊慶宮營建役費會計冊』(奎16886).
159 황현, 『매천야록』, 534쪽.
160 『제국신문』 1902년 10월 28일 〈잡보〉.
161 『제국신문』 1905년 11월 18일 〈기서〉.
162 장필구·전봉희, 「풍경궁과 화성행궁의 자혜의원 전용에 관한 연구」, 『대한건축

들의 광범위한 원성만 키웠던 것이다.[163]

고종은 내적인 측면 외에 외교적으로도 전운을 피해갈 방법을 모색했다. 러시아와 일본 사이에 전쟁이 일어나면 한국이 가장 큰 피해를 입는 것은 분명한 일이었다. 고종은 가급적 전쟁을 피하기 위해 1903년 8월 현상건으로 하여금 국외 중립을 선언하는 문제를 두고 러시아 외무성과 협의하게 했다.[164] 이에 현상건은 주러공사 이범진을 만나 이 문제를 논의했다. 이범진은 한국이 중립에 따른 법규를 다하지 못하면 국제공법상 문제가 될 것이라고 판단했다. 따라서 차라리 러시아와 동맹을 맺는 것이 낫겠다고 생각하고 있었다.

중립화 선언에 관한 논의가 지지부진하자 고종은 유사시에 러시아공사관으로 피신하는 것도 하나의 방책이라 생각했다.[165] 결국 러일전쟁의 기운이 고조될 즈음 고종과 대한제국의 관료들이 고안한 대비 방책은 세 가지였던 셈이다. 내부적으로는 러시아와 가까운 평양에 행궁을 건설하여 안전한 피신처를 마련하는 것, 외교적으로는 중립화를 선언하여 전쟁에 가담하지 않음은 물론 피해를 최소화하는 것, 앞의 두 가지가 모두 여의치 않을 때는 러시아공사관으로 피신하겠다는 것 등이다.

그러나 세 가지 대책은 일본의 압박과 침탈 앞에서 아무런 실효성이 없었다. 일본은 1904년 1월, 러일전쟁이 임박한 가운데 한일의정서 체결을 강요해왔다. '대한제국 정부는 대일본제국

학회논문집』제28권 12호, 2012.
163 평양행궁 건립에 따른 민중의 제반 인식에 대해서는 장영숙, 「대한제국기 고종의 豊慶宮 건립을 둘러싼 제 인식」, 『한국민족운동사연구』 103, 2020 참고.
164 『주한일본공사관기록』 21, 往電 第247號, 336쪽.
165 현광호, 『대한제국과 러시아 그리고 일본』, 선인, 2007, 293~294쪽.

정부의 행동이 용이하도록 충분히 편의를 제공할 것이며, 전략상 필요한 지점을 수시로 사용할 수 있다'[166]라는 내용의 의정서였다. 러시아를 향해 전쟁의 포문을 열면서 한국의 영토를 아무런 제약 없이 이용하겠다는 일방적인 선포였다. 이에 따라 한국에 대한, 한국인에 대한 인적·물적 징발과 그에 따른 피해는 물론, 엄청난 고통이 예상되었다.

일본이 한일의정서 체결을 요구하며 압박해오자 고종은 1월 21일 세계 각국에 동시적으로 중립을 선포했다. 이는 고종이 이미 "일본과 러시아가 전쟁을 할 때 우리는 관계하지 않고 중립을 지킨다"[167]라고 선언했던 바를 재확인하는 행보였다. 한국의 중립 선언에 대해 영국, 독일, 프랑스, 이탈리아 등 주한 각국 공사들은 본국 정부를 대신하여 성명을 받아들인다는 뜻을 회답해왔다. 그러나 일본은 러시아와의 전쟁에 대비하기 위해 2월 8일 일본군을 인천에 상륙시키고, 2월 11일에는 한성에 군대를 배치한 후, 러시아에 대한 선전포고 조칙을 한국인들에게 제시했다.[168] 우리의 중립 선언이 일본의 무력시위에 의해 와해되는 순간이었다.

이때 일본은 이지용과 이용익을 불러 군대의 행군 경로를 사전에 타진한 뒤, 먼저 서울에 2,500여 명 내외의 군대를 파병했다. 일본 군대가 입성하자 황제는 불안하고 불길한 마음을 어쩌지 못해 프랑스공사관으로 파천할 생각도 했다. 황제의 이러한 움직임은 일본에 의해 이미 파악되고 있었고, 일본은 행여 황

---

166 『일본외교문서』 37-1, 事項 5.
167 『고종실록』 광무 7년(1903) 11월 23일.
168 『주한일본공사관기록』 23, 往電 제106호, 1904년 2월 8일, 156쪽.

제가 다른 공사관으로 파천이라도 할까 예의주시하고 있었다.[169]

일본은 전쟁을 하더라도 한국 황실과 국토를 보전해주겠다는 하야시 공사의 상주문을 보내오는 한편,[170] 중추원 의정인 심상훈을 통해 황제를 안심시키려는 노력을 기울였다.[171] 일본은 한국 황제가 주변에서 불안감을 부추기며 총명을 흐리는 군소잡배로 인해 거취를 고민하는 것으로 파악했다. 따라서 자신들이 황실의 안전을 위해 만전을 기하겠다는 점을 여러 차례 강조했던 것이다. 일본이 지목하는 군소잡배는 이범진을 비롯한 친러파와 이용익, 민영환, 민영철 등의 근왕세력과 민씨 일족 등이었다.

이처럼 한국은 국외 중립을 관철시키기 위해 필요한 군사력도 준비하지 못했고, 외교력도 제대로 발휘하지 못했다. 이런 상황에서 단지 선언적인 중립 표방은 실효적으로 지켜지기 어렵다. 세계 여러 나라는 물론 전쟁 당사국들도 중립 선언이 유효하게 지켜질 수 있도록 협조해주어야 가능하다. 당시는 강자만이 살아남을 수 있는 제국주의 시대였다. 한국의 국외 중립 선언은 그야말로 선언적 의미로만 끝나고 말 운명이었던 것이다.

침묵의 저항과 리더십의 약화

일본은 1904년 2월 9일 지상군 2천 명의 선발대를 앞세워 인천

---

169 『주한일본공사관기록』 23, 往電 제107호, 1904년 2월 8일, 156~157쪽.
170 『주한일본공사관기록』 23, 往電 〈韓國皇室과 國土保全을 保障하겠다는 林公使의 上奏文〉, 1904년 2월 8일, 157쪽.
171 『주한일본공사관기록』 23, 往電 제109호, 1904년 2월 8일, 157쪽.

을 거쳐 서울로 진주했다. 일본 군대가 서울 일원을 장악하자 한국의 중립 선언은 아무런 실효성이 없게 되었다.[172] 한일의정서는 그로부터 2주 후에 체결되었다. 의정서가 체결되기 전부터 일본의 침략적 공세와 준비는 이미 계획대로 진행되고 있었다. 일본은 고종 주변의 인사들을 고종과 격리시키거나 멀리 보내는 방식을 취하여 황제가 도움을 요청할 세력도, 논의할 상대도 없게 만들었다. 친러적인 인물이나 조약 체결에 반발할 것 같은 인물들도 고종에게 접근하는 경로를 차단했다.

1차적 대상이 된 인물은 이용익이다. 일본이 파악하기에 이용익은 황제의 최측근으로서 한일의정서 체결뿐만 아니라 향후 전개될 일본의 정책에 반대할 것으로 예상되었기 때문에 '일본을 유람시켜준다'는 핑계로 당분간 조정에서 떨어뜨려놓았다. 이외에도 길영수, 이학균, 현상건 등을 친러파로 분류하여 일본 유람을 보낼 계획을 세워두었다.[173]

이러한 계획에 따라 이용익은 의정서 체결 전날인 22일에 일본군에 납치되어 일본으로 추방되었다. 그 후 10개월 동안 일본에 연금되었으므로 자연히 고종 곁을 떠나 있게 되었다. 평양행궁 건설에 파견되었던 민영철은 청국주차공사로 임명되어 고종 곁을 떠나게 되었다.[174] 길영수는 선산군수로 좌천되었고, 현상건과 이학균 등 궁내관들은 프랑스공사관으로 피신했다.[175] 이

---

172 윤병석, 「일제의 구한국강점과 무력 위협」, 『한국사 시민강좌』 19, 일조각, 1996, 56~61쪽.
173 山辺健太郎, 『한일합병사』, 189~191쪽.
174 『승정원일기』 광무 7년(1903) 12월 12일.
175 서영희, 『대한제국 정치사 연구』, 서울대학교 출판부, 2003, 199쪽.

근택도 강원도 관찰사로 임명받아 내려가게 되어[176] 고종 측근의 주요 일파가 일시에 와해되는 상태가 되었다. 이처럼 한일의정서는 근왕세력이라 일컬어지는 인물들이 배제된 채 친일파 외부대신 이지용과 일본공사 하야시 곤스케(林權助)에 의해 체결되었다.

한일의정서에는 한국이 일본의 '보호국'임을 명시하고 있지 않지만, 사실상 보호국으로 볼 수밖에 없는 표현이 포함되어 있다. 의정서 제1조의 '대한제국 정부는 대일본제국 정부를 확신하고 시설의 개선에 관하여 그 충고를 받아들일 것'이라는 대목에서 '충고'라는 것은 국제법상으로 명령과 같은 의미이다. 이는 상위의 나라가 하위의 나라에게 명령하는 것과 같아서 사실상 일본의 지배하에 들어간 것으로 볼 수 있다는 것이 일본 내부의 해석이다. 제4조의 '전략상 필요한 지점을 수시로 사용할 수 있다'는 내용도 한국의 주권이 일본에 예속된 것을 나타내는 것으로 보고 있다.[177] 강력한 상위의 지위를 갖는 나라가 하부에 있는 나라를 마음대로 활용할 수 있다는 점을 드러낸 것으로 보호국의 지위로 격하된 것이나 다름없다는 것이다.

한일의정서 체결 이후 한국에서는 "한국의 군신들이 국가를 경영해나갈 능력이 없어 백성을 도탄에 빠뜨린 것도 모자라 한일의정서를 체결했음은 물론, 우리의 각종 권리를 일본에 넘겨주게 되었으니, 한국이 독립국이라 하나 세계 여러 나라들은 우리를 독립국으로 보지 않을 것이다"[178]라는 자조적인 인식이 지배적이

---

176 『고종실록』 광무 8년(1904) 2월 20일.
177 山辺健太郎, 『한일합병사』, 192~193쪽.
178 『황성신문』 1904년 7월 20일 〈別報〉.

러일전쟁 풍자화. 동북아 지도가 그려진 링 위에 '유럽 챔피언'이란 띠를 두른 러시아인이 만주 땅 위에 서 있고, 한반도와 일본열도를 딛고 왜소한 일본인이 '아시아 챔피언'이라는 옷을 입은 채 러시아인을 쳐다보고 있다. 링 밖에는 독일, 영국, 미국 등 열강이 관전하고 있으며 청나라 대표는 휘장 밖에서 이를 엿보고 있다(『르 프티 파리지앙』, 1904.4.3).

었다. 한국의 독립권과 주권이 심각하게 훼손되고 침해된 것으로 보았던 것이다. 일본이 국외 중립을 선언한 한국을 철저히 무시한 채 의정서를 체결할 수 있었던 것은 2만여 명의 선발대가 이미 북진을 위해 상륙해 있었기 때문이다.

강력한 군사력을 배경으로 일본은 러시아와의 전쟁에서 거듭 승리했다. 1905년 1월에는 여순에서, 3월에는 봉천전투를 승리로 이끌었고, 5월에는 동해 해상에서 러시아의 발틱함대를 완전히 궤멸시켰다. 일본은 전승이 확정된 순간 한국에 대한 보호권을 확립할 시기가 왔다고 판단했다. 그런데 한국의 외교권을 박탈하면 한국과 외교관계를 맺고 있는 각국 공사관도 철수해야 하기 때문에 국제사회에 미칠 파장은 생각보다 클 수 있었다. 따라서 열강의 도움을 받으며 순조롭게 처리하는 것이 안전했다.

일본은 자국에 우호적이던 미국의 시어도어 루스벨트(T. Roosevelt) 대통령에게 러일전쟁의 강화 중재를 요청했다. 강화회의는 미국 군항 포츠머스에서 개최되었다. 이와 동시에 일본은 한국을 보호국으로 삼기 위해 1905년 7월 가쓰라-태프트 밀약을 통해 미국의 승인을 받았다. 미국의 필리핀 지배를 인정해주는 대가로 일본의 한국 외교권 강탈을 묵인하는 밀약이었다. 8월에는 제2차 영일동맹을 체결해 영국의 지지를 얻어냈다. 구미를 대표하는 강대국인 미국과 영국의 승인을 받은 것이나 마찬가지인 상황에서 일본은 한국의 보호국화를 신속하고 용의주도하게 밀어붙일 수 있었다.

1905년 11월 2일, 하야시 곤스케 공사가 보호조약을 체결할 책임자로 일본 군대와 함께 한국으로 건너왔다. 이토 히로부미는 일주일 뒤인 11월 9일에 한국 황실을 위문하기 위한 천황의

한국의 외교권을 빼앗는 을사조약을 강제하고
초대 통감으로 부임한 이토 히로부미가
대한제국의 황태자 영친왕 이은과 찍은 사진(1905)

특사 자격으로 파견되어왔다.[179] 이튿날 이토는 고종을 알현하는 자리에서 천황이 보낸 친서를 봉정했다. 연이어 15일에도 고종을 알현하여 한일협약안을 내밀히 바쳤다.[180] 이 자리에서 고종은 조약안은 물론, 러일전쟁 이후 일본의 여러 조치에 대해 불만을 표했다. 그러자 이토는 "조약안을 승낙하시거나 거부하시는 것은 마음대로 하실 수 있습니다. 그러나 만약 거부하시게 되면 조약을 체결하는 것 이상으로 곤란한 경우에 이를 것이며 더 불리한 결과도 각오하지 않으면 안 될 것입니다"[181]라며 황제를 협박했다.

이토의 강경한 태도에 당황한 고종은 정부 대신들에게 자문하겠다는 의사를 표시했다. 의정부 대신들에게 의견을 물어보겠다며 곤란한 상황은 일단 미루면서 이토가 내건 조약안은 절대 윤허하지 않겠다는 뜻을 분명히 나타냈다.[182] 하야시 공사도 그 사이에 각 대신을 초대하여 협약안을 설명하고 이를 승인하게 했다. 대신들은 황제를 일단 만나보고 황제의 의사가 무엇인지를 확인한 후 어전회의를 통해 논의하려 했다.

하야시는 협약안 처리와 관련하여 이토와 은밀하게 논의해두었다. 하세가와 요시미치(長谷川好道) 주한 일본군사령관에게 헌병을 동원해 파수를 서게 한 것이다. 두 사람은 하세가와에게 일본공사관에서 논의하다가 궁중으로 돌아가게 되면 중간에 도망치는 대신들과 자결하는 대신들이 생길 것이니 이에 대한 대비를

---

179 『주한일본공사관기록』 25, 〈伊藤特派大使遣韓 件〉, 143~144쪽.
180 『고종실록』 광무 9년(1905) 11월 15일.
181 山辺健太郎, 『한일합병사』, 210~211쪽.
182 『대한매일신보』 1905년 11월 18일 〈잡보〉.

할 것, 국새 관리관을 철저히 감시할 것 등을 주문하며 혹시라도 일어날 사태에 만전을 기했다.[183]

11월 17일 오후 3시경, 경운궁 중명전(수옥헌)에서 조약을 통과시키기 위한 어전회의가 열렸다. 하세가와가 거느리는 무장군인이 궁궐 안팎을 여러 겹으로 호위하고 있었다. 일본공사관 주변과 서울시내도 철통같이 경계 근무를 서고 있었다. 본회의장인 궁내에는 칼을 착용한 헌병경찰들이 다수 포진해 있었다. 시내에는 무언가 좋지 않은 일이 일어날 것 같은 불길한 움직임이 감지되고 있었다. 하세가와는 유사시를 대비하여 육군과 헌병경찰을 대기시켜놓았다.[184] 회의는 계속되었으나 조약 체결에 찬성하는 사람은 없는 상황에서 시간만 흘러가고 있었다. 기다림에 지친 이토가 황제 알현을 요구했지만 고종은 대신들과 상의하라며 철저히 침묵으로 일관했다.

당시 고종의 침묵은 일종의 항거로 해석되고 있었다. 언론에서도 고종이 침묵으로써 일제에 저항한 것으로 인식했다.[185] 고종 스스로도 후일 자신은 조약에 날인한 적이 없으며 일본의 강압에 마지막까지 저항했다고 주장했다. 이는 런던의 일간지 『트리뷴(The Tribune)』의 더글러스 스토리(Douglas Story) 기자가 『대한매일신보』에 조약의 부당함을 호소하는 고종의 친서를 게재함으로써 알려지게 되었다.[186] 고종이 침묵이라는 소극적 저항을 선택한 것은 대신들이 자신의 의지와 뜻을 미루어 판단해주리라

---

183 山辺健太郎, 『한일합병사』, 208~214쪽.
184 『주한일본공사관기록』 25, 別紙 〈奉使記事摘要〉, 145~146쪽.
185 『대한매일신보』 1905년 11월 21일 〈논설〉.
186 『대한매일신보』 1907년 1월 16일.

믿었기 때문이다. 그러나 고종의 희망은 여지없이 무너진 채 조약이 체결되었다.

조약이 체결되었다는 궁내부 대신의 말을 전해들은 고종은 "이처럼 중요한 조약을 그와 같이 쉽게, 급박하게 체결하게 된 것은 천세에 남을 한이다"[187]라며 무능한 대신들을 개탄했다. 고종은 눈물을 흘리고 토혈까지 하면서 대신들이 일본과 한 몸이 되어 자신을 협박하는 가운데 조약에 조인했노라며 항변하기도 했다.[188] 그런데 조약이 일사천리로 끝난 데는 고종의 소극적 리더십이라는 가장 큰 문제가 원인으로 작용했다. 전제군주 체제 하의 황제로서 국가적 위기 앞에서 보다 적극적으로 강력하게 거부권을 행사하지 못한 한계점이 분명 있는 것이다.

이토와 하야시는 이튿날 새벽 12시 30분경까지 대신들을 압박하면서 강경한 방법을 동원했다. 한 사람 한 사람마다 찬부(贊否)를 물어가며 표시를 했다. 침묵하는 박제순은 강제로 찬성 쪽 의견으로 몰아갔다. 탁지부대신 민영기는 절대적으로 반대한다는 의사를 표했다. 참정대신이던 한규설은 갑자기 소리를 지르며 통곡하다가 별실로 연행되었다. 이토는 "지나치게 떼를 쓰는 모양을 하면 죽이겠다"[189]라며 속삭이면서도 모두가 들을 수 있게 엄포를 놓으면서 대신들을 겁주었다.

이러한 상황에서 "한국이 부강해지고 독립을 유지할 수 있는 실력을 갖추게 되면 조약은 철회한다"는 문구를 넣는 조건으로

---

187 『주한일본공사관기록』 25, 〈保護條約〉 1.
188 『주한일본공사관기록』 24, 〈協約調印後 皇帝의 悲憤·韓圭卨行方不明·儒生敎育會員·靑年會 등의 反對示威件 報告〉, 375쪽.
189 西四辻公堯, 『韓末外交秘史』.

대신들이 찬동한 끝에[190] 조약 체결은 일사천리로 진행되었다. 고종은 병이 날 것 같은 피로감을 호소하며 취침에 들었고, 대신들은 일단 원하던 문구를 삽입한 것에 안심하며 자리를 떠났다. 한국의 부강, 독립을 유지할 만한 실력, 이 모든 것은 우리의 판단이 아니라 일본의 시각에서 판단하고 결정하는 일이므로 결국 그들 손에 모든 것을 맡긴 꼴이었다.

이른바 '을사오적'의 찬성을 받아낸 후 하야시와 박제순 외부대신이 협약에 조인한 시각은 18일 오전 1시이다. 고종의 윤허는 받아내지 못한 채로 외부대신 박제순을 회유하여 조약문에 조인한 것이다. 총 5개조로 되어 있는 을사조약은 '일본이 한국의 외국에 대하는 사무를 감리·지휘한다. 한국은 일본의 중개를 거치지 않고 향후 국제적 성질을 갖는 하등의 조약이나 약속을 하지 않기로 한다. 황제 아래 1인의 통감을 두되 통감은 전적으로 외교에 관한 사항을 감리한다'[191]라는 내용이었다.

무력을 동원하고 강제와 협박을 자행하며 진행한 조약 체결이라는 점 때문에 국제사회에서도 불법성에 대한 논의가 분분했다. 특히 총리대신 한규설의 불참과 고종의 윤허가 없었다는 점에서 당대 언론에서도 이미 이 조약이 곧 무효가 될 것으로 예측했다.[192] 반면 중추원 의장 민종묵을 비롯한 대한제국 관료들은 조약 절차상의 문제가 국제법적으로 결격사유가 된다는 것을 인식하지 못했다.[193]

---

190 『주한일본공사관기록』 25, 〈日韓新協約調印始末〉, 157~162쪽.
191 〈韓國外交權의 讓渡(對日) 및 統監府設置에 대한 約定〉(奎23051).
192 『대한매일신보』 1905년 11월 21일 〈논설〉.
193 서영희, 「을사조약 이후 대한제국 집권세력의 정세인식과 대응방안」, 『역사와 현실』 66호, 2007, 60~66쪽.

그런 가운데 궁내부 특진관 조병세는 "온갖 위협과 협박 속에서도 황제의 뜻은 확고하여 흔들림이 없었다"는 사실을 강조하고 나섰다. 그는 한편으로, "나라에 큰 일이 있으면 존귀한 임금이라도 독단적으로 처리할 수 없으며, 시원임대신과 2품 이상 및 지방 유현들에게 의논하게 한 후 사안을 결정해야 한다"[194]라며 절차상의 하자를 지적했다. 이어서 조약에 참여한 대신들은 매국의 형률에 의거하여 처리함은 물론, 즉시 조칙을 내려 의안을 파기하고 각국의 공사관과 영사관에 성명을 낼 것을 촉구했다. 이처럼 국제법적 인식을 가지고 조약이 안고 있는 문제를 국제사회에 제기하라는 주장은 부분적이지만 당대에도 나오고 있었다. 조약의 강제체결과 잇따른 강제 병합조약의 불법성 문제는 오늘날까지 논란이 되고 있다.

한국의 일반 민들은 우리의 외교권을 박탈하는 조약이 체결되는 줄도 몰랐다. 조약 당일 삼엄한 일제의 경비태세를 보고 심상치 않은 일이 벌어지고 있음을 짐작할 뿐이었다. 이러한 상황에서 『황성신문』의 주필 장지연이 쓴 「시일야방성대곡(是日也放聲大哭)」[195]은 민족의 항거를 전국적으로 들불처럼 번지게 하는 기폭제가 되었다. 2천만 살아 있는 우리 국민을 남의 나라 노예로 만든 정부 대신들을 돼지와 개만도 못한 자들로 비유하고, 원통함과 분통함을 절절히 호소함으로써 민족의 가슴을 타오르게 했던 것이다.

장지연은 논설을 통해 국권 침탈을 폭로하고 일제의 침략과

---

194 『승정원일기』 광무 9년(1905) 11월 23일.
195 『황성신문』 1905년 11월 20일 〈논설〉.

장지연(위)과 「시일야방성대곡」(아래). 을사조약 체결 후 장지연이 쓴 「시일야방성대곡」은 민족적 항거를 일으키는 기폭제가 되었다.

조약에 서명한 을사오적을 통렬하게 규탄했다. 이로써 학부대신 이완용, 내부대신 이지용, 군부대신 이근택, 외부대신 박제순, 농상공부대신 권중현이 명예롭지 못한 이름을 세상에 드러내게 되었다. 또한 이토 히로부미의 침략성을 규탄하면서 국권을 회복하기 위해서는 2천만의 생령들이 떨치고 일어나야 함을 뜨겁게 호소했다. 이 사건으로『황성신문』은 정간되고, 장지연 등은 경무청에 투옥되었다.

을사조약이 체결된 후 정부 고위관료들의 죽음도 잇따랐다. 특진관 조병세, 주영공사 이한응과 윤두병, 시종 무관장 육군 부장 민영환, 법부주사 안병찬, 학부주사 이상철과 송병준…. 이들은 죽음으로써 일제에 항거했다. 전국 각지에서 유생들의 항쟁도 이어졌다. 1906년 2월에는 충청남도 정산군의 민종식이 유지들과 함께 봉기하여 홍주를 점거했다. 유생 최익현도 전국의 유생들에게 배일운동에 동참할 것을 호소했다. 이들은 황제로부터 거병을 촉구하는 밀지를 받은 후, 재야세력을 규합하여 조직적으로 군사행동을 전개했다.

고종은 각계각층의 저항운동에 자극받으며 적극적인 대일항쟁을 시도했다. 조약 체결을 앞두고 너무나 소극적인 침묵으로만 저항의 몸짓을 보여준 고종이었다. 뒤늦은 감도 있지만 국제법에 근거하여 강자의 약자에 대한 겁박과 부당함을 호소하고자 했다. 고종이 가장 먼저 떠올린 나라는 미국이었다. 그는 미국의 친절과 우호를 믿었다. 1905년 11월 22일 미국인 교사 헐버트(H.B. Hulbert)에게 밀서를 보내 미국 국무장관 루트(E. Root)를 면담하고 미국 정부에 호소하게 했다. 12월 11일에는 프랑스 주재 한국공사 민영찬을 보내 다시 한 번 미국에 호소하게 했다.

영일동맹 기념엽서(1905). 영국 소녀는 일본 천황을 상징하는 국화꽃을 들고, 일본 소녀는 영국 국화인 장미꽃을 든 채 손을 잡고 있는 모습이다.

전 주한 미국공사 알렌도 고종의 활동자금 1만 달러와 어새가 찍힌 백지 친서 등을 가지고 미국을 상대로 교섭을 벌였다.[196]

그러나 가쓰라-태프트 밀약으로 이미 일본과 한편이 된 미국이 고종의 부탁을 들어줄 리 만무했다. 일본에 머무르던 이용익도 유럽을 경유하여 러시아를 방문했다. 그는 러시아에서 이범진과 함께 러시아 외무대신을 면담하면서 한국의 보호를 요청했다. 당시 러시아는 러일전쟁에서 패한 후 일본의 한국 지배를 인정한 터였고, 사회주의 혁명의 파고 속에서 한국 문제에 개입할 여력이 없었다. 러시아 혁명은 1901년에 일어나 과격한 시위

[196] 『알렌 문서』, 1905년 12월 10일, 보스트윅이 알렌에게 보낸 편지; 『알렌 문서』, 1905년 12월 18일, 알렌이 전직 주미 영국대사 초트(Joseph H. Choate)에게 보낸 편지.

가 계속 이어지고 있었고 그로 인해 사회가 매우 불안정한 상태였다. 이런 정황은 외신보도를 통해 우리나라에도 간간이 전해지고 있었다.[197] 러시아 역시 한국에 별 도움을 줄 여건이 아니었던 것이다.

결국 이용익은 러시아에서 아무런 소득도 얻지 못하고 1907년 2월에 갑자기 사망했다. 그가 사망하자 고종은 전 의정부 참찬 이상설과 전 평리원 검사 이준을 헤이그에 파견하려 했다. 두 사람은 고종의 신임장을 가지고 러시아 수도 상트페테르부르크로 갔다. 그곳에 체류 중이던 전 러시아 주재 한국공사 이범진에게 부탁하여 니콜라이 2세에게 고종의 친서를 전달했다. 대한제국이 이유 없이 화를 입고 있는 점을 살펴서 평화회의에서 우리의 형세를 설명할 수 있도록 도와달라는 내용이었다. 포츠머스 조약으로 러시아와 미국, 영국이 일본의 한국 지배를 이미 인정하고 있는 상황에서 밀사들의 면회는 거절당할 수밖에 없었다. 이로써 고종의 노력은 아무런 성과도 없이 끝났다.

고종이 을사조약의 부당성을 호소하는 주장은 『대한매일신보』에 뒤늦게 보도되었다.[198] 신문지상을 통해 밝혀진 내용은 고종은 끝까지 보호조약을 인허하지 않았고 날인하지도 않았다는 점, 황제권을 양여한 적이 결코 없으며, 일본이 멋대로 조약을 반포하고 허락도 없이 통감을 주둔시켰다는 것이다. 더불어 세계 각국이 우리 외교권을 5년간 함께 보호해줄 것을 바란다는 것이었다. 주권을 수호하겠다는 고종의 의지가 매우 강경했음을 읽

---

197 『제국신문』 1901년 4월 8일, 4월 10일 〈외보〉.
198 『대한매일신보』 1907년 1월 16일 〈잡보〉.

을 수 있다. 동시에 외치는 물론 내치까지 그 어느 누구에게도 황제로서의 권리를 양도하려 하지 않았음을 알 수 있다.

그럼에도 불구하고 고종의 현실 인식은 많은 아쉬움을 준다. 일제의 강박이 거세질수록 고종은 외교활동을 적극적으로 전개했지만, 세계열강에 도움을 호소하거나 일본의 강압을 규탄하는 방법뿐이었다. 제국주의적 질서가 횡행하고 도덕과 윤리가 실종된 상황에서, 강자의 힘이 곧 법이자 새로운 질서가 되는 세계정세 속에서, 이를 뛰어넘을 돌파구를 마련하지 못하고 있었다. 보호조약이 체결되자 주한 영국공사와 미국공사가 앞다투어 일본에 축전을 띄우고 있는 상황에서[199] 여전히 열강에 기대려는 것 자체가 국제정세에 너무나도 무지한 발상이었던 것이다. 한국의 외교권 박탈과 곧이어 전개된 한일병합은 세계의 질서와 흐름을 읽지 못한 채 고종이 강력한 리더십을 전혀 발휘하지 못하고 소극적인 자세를 취하다가 맞이한 결과로 볼 수 있다.

---

199 『주한일본공사관기록』 26, 〈日韓協約成立에 대한 在韓英美公使 祝意表明 件〉, 128쪽.

글을 맺으며

고종이 국정의 최고 지도자로 재위하던 기간(1863~1907)은 서구를 비롯한 중국, 일본 등 이웃한 나라가 근대사회로 진입하여 발전을 모색해나가던 시기이다. 세계사의 흐름에 비춰볼 때 한국 역시 중세에서 근대로 전환하여 국가적 발전을 도모해야 하는 과도기를 맞이하고 있었다고 볼 수 있다. 한국보다 먼저 근대화를 이룬 열강의 세력다툼 속에서 자주독립국으로서의 지위와 면모를 지켜나가는 것은 이 시대의 중요한 과제였다.

이처럼 중요한 시대적 전환기에서는 국가를 이끌어가는 최고 지도자의 역할이 그 어느 때보다 막중하다. 전근대 국가에서는 국왕이 근대국가로의 변화와 발전을 위해 어떤 노력을 기울였으며, 어떤 통치이념과 철학으로 국정을 운영했는가에 따라 한 나라의 존폐 여부가 달려 있기 때문이다. 따라서 이 책에서는 이러한 부분에 주목하여 근대로 나아가는 과도기 속에서 고종이 국정 운영과 관련하여 어떠한 리더십을 발휘했는가를 살펴보고자 했다.

특히 정치사상과 이념에 따른 개혁론과 국정 위기에 대응하는 자세를 살펴보는 가운데 고종 리더십의 성격을 밝혀보고자 했다. 이 과정에서 고종의 인사정책이 안고 있는 특징을 추출해내고, 그에 따른 문제점이 리더십에 큰 영향을 끼쳤다는 점도 파악했다. 지금까지의 연구를 종합해보면 다음과 같이 정리할 수 있다.

첫째, 고종은 강학기(1863~1873)를 통해 국왕으로서의 왕도론을 익히고 성군의식을 성숙시켜나가면서 국가 운영에 대한 전체적인 구상을 준비했다. 고종이 유교적인 왕도론 안에서 성군의식을 수련하며 중시한 것은 국가를 경영하는 근본 요소로서 올바른 백성관을 가지는 것이었다. 백성을 바라보는 고종의 시각은 백성이 곧 나라의 근본이며 근본이 튼튼해야 나라가 편안하다는 전통적 인식의 연장선상에 있었다. 이러한 인식을 바탕으로 백성들이 각자의 위치에서 편안하고 즐겁게 생업에 종사할 수 있도록 여건을 만들어주는 것이 백성을 위해 존재하는 왕의 길이라고 생각했다.

왕도정치를 행하기 위해 고종은 경연과 서연을 통해 꾸준히 학문과 덕성을 함양해야 했다. 왕실제사를 비롯하여 각종 전례를 지키고, 교화사업을 전개하여 유교적 도덕성과 명분을 확립해야 했다. 왕위 계승 후보군에도 없던 상태에서 어린 나이에 즉위했기 때문에 강학을 통해 정통성의 결격 문제를 메워나가야 했던 것이다. 안동김씨 세도정권이 지속되던 시기였으므로 다른 어느 국왕보다 국왕 자리가 위태로울 수 있었다. 이 때문에 흥선대원군의 섭정은 필연적인 것이었다.

선대 왕조와 통치에 관한 역사서를 선호했던 고종은 자신보다 다섯 살 아래인 청나라 동치제와 자주 비교되곤 했다. 어린 나이에 즉위하여 강학기를 거치고 있다는 점에서 두 사람은 비슷한 점이 있었다. 당대인들은 황제가 강학에 힘쓰고 덕을 쌓으면 태평성세를 이룰 수 있다고 믿었고, 청의 태평성세는 곧 조선의 안정과 직결된다고 생각했다. 따라서 동치제가 강학을 하는 충실도와 강학에 임하는 열성의 정도는 늘 관심의 대상이었다. 신료들은 고종에게 학문에 성실히 임하고 근면할 것을 요구하며 동치제를 비교 준거로 삼았다. 고종은 자연스럽게 동치제의 강학 정도와 수준에 관심을 기울이며 그를 선의의 경쟁 대상으로 여겼다.

나아가 고종은 즉위 이후부터 선대 임금인 정조를 숭모하며 정치적 모델로 삼고 정조의 통치이념과 통치 방식을 따르고자 했다. 고종은 정조가 정약용을 비롯한 우수한 유생들과 학문을 장려한 일을 칭송하며 그 훌륭함을 본받으려 했다. 고종이 김옥균 등의 소장개화파를 가까이 두면서 신사조와 신지식을 빠르게 흡수한 것은 정조의 폭넓은 인재 등용에서 영향을 받은 것이라 할 수 있다.

성년이 된 고종은 강력한 권력의지를 표출하며 스승이자 현실정치에 밝은 실무가인 박규수, 안동김씨의 일원인 김병국, 대원군의 형 이최응 등을 요직에 앉히며 친정을 주도해나갔다. 강학기를 거칠 당시 고종의 대외인식은 왕권과 내정이 안정되어 있으면 척왜척양을 할 수 있다는 대원군의 해방론적인 인식과 동일한 것이었다. 그런데 친정 이후 개항 과정에서 일본을 통해 서양 문물의 우수성을 접한 후에는 그동안 교유할 수 없는 상대로 간주했던 서양 오랑캐 나라들을 통상 교역국으로 받아들이기 시작했다.

　대원군은 통상수교 거부 정책을 펼치며 자체적인 방어를 위해 수뢰포 등의 신무기를 개발했다. 반면 고종은 우리에게 부족한 기기와 함포 만드는 기술을 서양에서 도입하고자 했다. 대원군의 정책이 서양을 적과 오랑캐로 규정하고 이에 대한 방어를 주목적으로 서양 기술을 모방하는 수준에 머물렀다면, 고종은 서양문물의 우수성을 인정하고 적극 도입하려 했다는 점에서 차이가 있다. 이러한 고종의 대외인식은 동도서기적 개혁론으로 구현되었다. 즉 삼강오상과 효제충신으로 대변되는 우리의 정신적 가치인 유교는 동도로서 지키면서 우리에게 부족한 서기를 받아들여 부국강병을 도모하자는 정책론이다. 리더십의 관점에서 볼 때 사회 구성원들에게 새로운 정책 목표를 제시하고 실현 방책을 구상하여 정책론을 펼치려 한 것으로 평가할 수 있다.

　둘째, 고종이 채택한 동도서기 정책론은 1880년대 초에는 동도를 중심에 두고 서기나 서양문물을 제한적으로 받아들이는 정치개혁적 방법론이다. 이에 반해 대한제국기의 구본신참론은 동도서기론이 더욱 확장된 것으로서 옛것을 바탕에 두면서 새롭게 참작하는 서기를 더 강조하는 입장에 있다. 즉 서기의 변화와 수용에 더 큰 비중을 두었다.

　친정 초기 서기로부터 동도를 방어하려는 태도는 서방세계와의 교류를 차단함으로써 세계와 자연스럽게 혼효되는 길을 거부하는 것이다. 이는 개방보다는 부분적인 폐쇄를, 열린 세계로 나아가기보다는 자국의 틀과 현상을 유지하려는, 진보적이기보다는 보수적인 논리였다고 볼 수 있다. 따라서 고종의 개혁론은 조선의 틀과 체제를 유지하면서 제한적으로 서기를 도입하려는, 보수성을 지닌 논리였다고 하겠다. 그러나 서기 수용의 문제를 감히 입 밖으로 꺼낼 수도 없는 위정척사 사상이 공고한 사회 분위기 속에서 과감하게 서양문물과의 교류와 절충을 주장한 것으로 볼 수 있다. 이렇게 본다면 친정 초기 고종이 국가를 운영하는 노선과 방식은 개명적 판단의 결과였던 것으로 평가할 수 있다.

이처럼 동도서기적 개혁론은 동도를 중심에 놓고 볼 때와 서기를 중심에 놓고 볼 때의 해석이 완전히 다를 수 있다. 서기를 도입하려는 노력이 대한제국기 광무개혁으로 확대되었음을 놓고 볼 때 친정 초기 고종의 인식은 서기 수용에 방점이 찍혀 있던 것으로 풀이할 수도 있다. 친정 초기 서기를 중시하는 흐름 속에서 광무개혁의 폭과 깊이를 확대해나간 것으로 이해할 수 있는 것이다. 반면 독립협회와의 갈등 속에서 민의가 담긴 입헌군주제를 수용하지 않은 채 전제군주제를 더욱 강화해나간 역사의 흐름을 보면 고종은 친정 초기부터 대한제국기까지 동도를 중심적 요소로 중시하고 있었다고 해석할 수도 있다. 더욱이 '개혁'의 이름으로 인민에게 고통이 전가되는 상황에서도 왕조사회의 수성(守成)을 중시한 측면은 이러한 해석에 무게를 실어준다.

결국 고종이 개명군주의 모습과 보수적 군주의 양면성을 보인 것은 동도서기적 정치개혁론의 성격에 대한 해석과 이를 활용하는 방식에 대한 해석이 다소 중의적이며 양면성이 있기 때문이다. 또한 고종이 정치적 환경의 변화와 필요에 따라 때로는 동도를 중시하고, 때로는 서기 도입의 폭을 확대하는 등 다양한 모습을 보였기 때문에 이중적 해석이 가능하리라 여겨진다. 이는 곧 국왕으로서의 정치적 목표를 달성하기 위해 정치개혁론을 탄력적으로 구사한 적극적 리더십의 일단으로 평가할 수 있다. 아쉬운 점은 결과적으로 시대의 요구를 적절하게 담아내지 못하고, 황제 자신이 전근대적 관념 속에 머물면서 국제정세의 흐름과 유리된 길을 걸었다는 것이다.

셋째, 고종은 집권 시기마다 순수무인 출신, 민씨척족, 개화파, 근왕세력 등 다양한 인물군을 골고루 등용하며 인재를 활용했다. 그러나 집권 초기부터 대한제국기까지 고종의 배후에서 변함없이 정치적 활동을 이어간 최대의 정치세력은 여흥민씨 척족세력이다.

고종은 집권 초기에는 계파와 관계없이 무인 출신 인물들을 등용하여 권력기반을 강화하고자 했다. 친정을 시작하면서 궁궐을 숙위하고 방어하기 위해 특수부대인 무위소를 창설했는데, 이를 중심으로 등용한 인물들이 바로 순수무인 출신들이다. 이들은 고종의 처족인 민씨세력과 풍양조씨와 함께 집권 초반기 국왕이 정치적 기반을 강화하는 데 배경세력이 되었다. 이른바 신헌, 김기석, 임상준, 양헌수, 신정희, 이경우, 한규직, 이규원 같은 인물들이다. 이들의 약진과 대폭적인 기용은 고종이 친정 초기에 척족세력과 명문 세도가문에만 국한하지 않고 자신의 군사적 기반을 확대해나간 노력의 과정이자 결실로 볼 수 있다.

이처럼 집권 초기에는 무위소를 중심으로 순수무인 출신들이 두드러지게 진출했고, 개화운동이 전개될 때는 개화파가 약진했으며, 대한제국기에는 근왕세력이 고종 측근에서 일정한 세력을 형성했다. 이에 비해 고종의 처족인 여흥민씨 세력은 고종 집권 초기부터 집권 말기에 이르는 전 기간 동안 고종 주변에서 권력화해나간 특징이 있다. 이들은 명성황후를 매개로 하여 고종 친정 이후 빠른 속도로 정계에 진출하여 중앙 정계의 핵심 요직을 두루 차지했다. 이들은 자신의 학문적 능력으로 관직에 진출한 경우도 있지만, 왕후의 후원과 고종의 처족 집안이라는 점이 관직 진출을 용이하게 해준 측면도 있었다.

집권 초기부터 민시중, 민정중, 민유중 3형제, 즉 삼방파의 후손 중심으로 기용되던 민씨척족은 집권 후반기인 대한제국기에 이르면 삼방파뿐 아니라 민종묵, 민철훈 등 삼방파에 속하지 않는 방계혈족까지 관계에 진출했다. 이들은 대부분 고종 집권 초기부터 관직생활을 시작한 후 대한제국기에 이르러 더욱 폭넓게 권력을 확대해나갔다. 민씨척족의 구심점이던 명성황후가 사망한 후에도 광범위하게 관직에 진출했던 것이다. 이들은 정부의 주요 대신을 비롯하여 정권의 무력적 토대가 되는 원수부와 군부, 각 지방 관찰사, 외교 실무진 등에 다각도로 기용되어 활약했다.

이를 보면 고종 집권 초기부터 대한제국기까지 민씨척족의 광범위한 등용과 활약은 명성황후의 존재에만 기인한 것은 아니다. 이들이 왕후 사후까지 대거 등용될 수 있었던 이유는 고종이 처족세력을 전적으로 신뢰하고 정권의 배후세력으로 의지한 측면이 컸기 때문이다. 이는 곧 민씨척족이 고종 집권 44년 동안 변함없이 정권과 함께하며 고종의 배후역할을 한 최대의 정치세력이라는 의미이다. 그런 점에서 민씨척족에게는 고종 정권을 끝까지 뒷받침했어야 하는 역사적 책무가, 고종에게는 그러한 책무를 다할 수 있도록 국왕으로서의 리더십을 보여줄 필요가 있었다. 이후 한일병합을 맞게 된 것은 국왕을 포함한 관료세력이 본연의 책무를 다하지 못한 원인이 큰 것이다.

넷째, 고종의 인사정책의 특징은 다양한 인물을 교차적으로 등용하면서 재직 기간을 짧게 순환시켰다는 점이다. 이는 지지 기반의 폭을 넓힌다는 점에서 긍정적 효과로 이어질 수도 있으나, 재임 기간이 지나치게 짧아 정권에서 유리되거나 기반세력으로 제 역할을 하지 못한 채 외세에 휘둘리며 정권 불안을 야기하는 한계를 노정하게 되었다.

순수무인 출신들만 보아도 이들은 무위도통사직뿐 아니라 군영의 대장 자리를 돌아가며 맡았다. 무위소를 총괄 지휘하는 무위도통사 자리의 경우 신헌은 9개월, 김기석은 8개월 정도만 재직하고 후임자에게 곧 무위도통사직을 물려주었다. 다른 인물들의 경우에도 재직 기간은 1년 남짓이다. 군영대장의 재직 기간은 더 짧다. 가장 짧게는 4일만 복무하고 다른 대장으로 발령이 나거나 일주일 또는 12일 근무한 경우도 있다. 길어야 5~6개월에서 1년 남짓 복무하고 곧 다른 대장으로 교체되었다. 이는 정조 연간에 혁파된 수어청을 제외하고 나머지 4군영에서 흔히 볼 수 있는 현상이다. 이른바 '회전문 인사정책'으로서 집권 기간 내내 고종의 인사정책에서 나타나는 특징이다.

이러한 인사경영은 각 장수들로 하여금 4군영 전체의 업무를 두루두루 감독하고 지휘하는 역량을 키우는 데 도움을 줄 수는 있었을 것이다. 반면 군영 휘하 군인들의 훈련 실태와 군영의 문제점 등을 상세하게 파악하는 데는 한계가 있었으리라 여겨진다. 너무나 짧은 근무 기간과 인사 주기로 인한 업무 파악 미숙과 군영 지휘권의 약화는 결국 전체 군비의 문제와 군사력의 약세로 이어질 수 있다는 점에서 결코 바람직한 운영은 아니다.

고종의 이러한 인사경영 방식은 대한제국기에 들어와서 한층 심해지는 양상을 보인다. 1899년 황제가 전제군주권을 더욱 확실하게 법제화한 '대한국국제'를 선포한 이후부터 1907년까지 군부대신의 임용 기간은 길게는 14개월, 짧게는 이틀만 역임한 경우도 있었다. 이들은 9년 동안 총 34명이 교체됨으로써 한 명당 재직기간은 평균 96.6일이다. 거의 3개월마다 교체된 것이다. 군부의 상위에서 실질적인 군사지휘권을 가지고 있던 원수부 군무국 총장의 경우에도 평균 재직일은 91일 정도로 3개월을 겨우 채우는 수준이었다.

또한 고종의 인사경영은 내부의 권력쟁탈전 속에서 영향을 받았을 뿐 아니라 이와 연계된 외세의 영향에도 쉽게 좌우되었다. 즉 외세가 고종의 인사권에 막대한 영향을 미쳤고, 외세를 둘러싼 친미·친러·친일파 간의 대립과 갈등은 고종의 운신 폭을 좁게 만들었다. 황제는 인사권을 행사할 때 외세와 연결된 국내 정치세력을 의식하지 않을 수 없었다. 이는 주요 인물들의 재직 기간이 단기간에 그칠 수밖에 없었던 이유이면서 동시에 황제 권력의 불안 요소였다.

이처럼 어느 세력도 믿지 못하는 가운데 다양한 인물들을 교차적으로 등용하는 방식은 고종의 정국 운영상의 한 특징이 되었다. 그의 인사정책은 정국을 불안하게 하고 군통수권의 위기를 초래하는 단점으로 작용할 수 있었다. 반면 성공할 경우에는 다양한 정치세력의 충성을 이끌어낼 수 있는 통치전략이 될 수도 있었다. 그러나 이는 황제가 강력한 리더십을 발휘할 때에 가능한 일이다. 고종의 경우에는 국내 정치세력 간의 알력은 물론 외세, 그리고 외세와 연결된 정치세력이 실권을 행사하면서 오히려 인사권을 방해받는 수준에까지 이르렀다.

다섯째, 고종의 국정 운영의 특징은 의정부와 별개로 새로운 관서를 꾸준히 신설하고 신설아문 중심으로 개화정책을 추진하면서 독단적인 정국 운영을 도모했다는 점이다. 그에 따라 통리기무아문을 시작으로 통리군국사무아문, 내무부 등의 내아문이 연속하여 신설되었다. 이는 합의체인 의정부와 별도로 내아문을 중심으로 권력의 집중도를 높이는 통치 방식이었다. 외교 업무를 관장하는 외아문과 구분지어 군국사무와 내정을 주로 담당하면서 개화정책을 추진하는 중심 기관을 운영한 것이다.

내아문을 통해 군권의 체계화와 일원화를 비롯하여 영선사 파견, 일본 무기 도입, 외교 업무, 관리 선발, 교육 업무, 재원 개발, 세금 관리, 군제 개편, 근대적인 전신과 기선 도입 및 관리 등의 분야에서 중추적 역할을 수행하도록 했다. 그러나 신설아문 단독으로 추진한 것이 아니라 세금 관리, 사회 기강, 군진 설치와 관련된 분야에서는 의정부와 공조하여 활동했다. 다만 내아문 설치 초기에 정해진 의정부와 내아문 간 역할 분담과 공조체제가 점차 원활하게 유지되지 못했다. 이는 결국 고종의 국정 운영에 부담을 주는 요인이 되었다.

고종이 내아문을 운영한 목적은 의정부가 국가를 유지하는 국정의 중심처라면, 내아문은 개화자강 업무를 맡은 긴요하고 중요한 기관으로서 역할을 분담하여 두 기관이 조화롭게 보완되도록 하는 데 있었다. 그런데 내아문의 비중이 점차 커지면서 내아문이 국가의 중대사를 도맡아 처리하다시피 하는 상황이 되었다. 결국 두 기관 간 갈등이 커지면서 내아문 관리의 월권행위에 대해 의정부가 문제 제기를 하며 파직을 요구하는 사건까지 생겨났다.

고종이 국정을 잘 운영해나가려면 내아문에 비해 상대적으로 위축된 의정부의 위상에 대해 불만을 제기하는 의정대신들을 달래면서 내아문의 운영을 둘러싼 불협화음을 해소해나가야 했다. 이는 곧 국정 운영을 안정적으로 해나갈 수 있는 국왕의 역량과도 관계가 있다. 그런데 고종은 의정부와 협의하는 과정을 생략한 채 거의 독단적으로 국정을 운영했다. 중비를 통해 민씨척족을 손쉽게 관리로 등용하는 인사행정의 문제, 신료들과의 논의나 소통 없이 국정을 운영하는 문제, 의정부와의 상의 없이 내아문 위주로 명령을 하달하고 집행하는 내아문 중시 문제, 의정부 대신들을 멀리하며 차대를 성실하게 하지 않는 문제 등을 드러냈다. 최고 권력자인 국왕에게 응당 요구되는 조정과 화합을 바탕으로 한 국정 통솔력을 제대로 발휘하지 못한 결과이다.

여섯째, 역사의 전환점마다, 중대한 사건의 고비마다, 고종이 보여준 리더십의 전형은 현실을 회피하거나 방관하거나 인내하는 등 소극적인 자세를 취했다는 점이다. 이는 국가가 태평하고 안정된 시기라면 부드럽고 예의 바르며 겸손한 리더로서의 품격으로 비춰질 수도 있지만, 역사의 격동기에는 전혀 어울리지 않는 리더십이라 할 수 있다.

국왕이 의정부와 내아문 간의 불협화음을 제대로 해소하지 못하면서 내적 불만이 쌓이는 가운데 개화정책과 이를 둘러싼 대립으로 일어난 대표적 사건들이 임오군란과 갑신정변이다. 두 사건은 고종이 친정 이후 개방과 개화정책을 추진하는 과정에서 발생한 것으로, 이에 대한 해결과 수습은 향후 국정 운영 능력을 헤아려볼 수 있는 시험대였다. 또한 고종 집권 중·후반기에 진행된 갑오개혁과 을사조약은 한국이 성공적으로 근대사회로 진입할 것인가, 식민지로 전락할 것인가의 기로에서 전개된 사건들이다.

　이러한 역사의 전환점마다 고종은 현실 회피적 인내와 방관자적 모습을 보였다. 여러 차례 왕권의 위기를 겪으면서 가까스로 전제군주권을 회복하긴 했으나 변화를 요구하는 시대의 흐름을 읽지 못한 채 독단적인 군주의 길을 걸었다. 빠르고 정확한 판단력과 강력한 결단력을 요구하는, 나라의 운명이 달려 있는 중차대한 을사조약 체결의 사안에서조차 침묵이라는 매우 소극적인 저항 방식을 택했다.

　고종의 인사정책을 비롯한 국정 운영 자세와 리더십은 때로는 탐색하고 인내하면서 적절한 시기를 기다리는, 조용하고 온유한 리더십의 전형이 될 수 있다. 이는 평화로운 정세에서는 얼마든지 원만하게 국정 수행을 해나갈 수 있는 외유내강형 리더십으로 분류될 수 있다. 그러나 20세기 초 제국주의 침략의 파고를 넘으며 근대사회로 전환, 발전해나가기 위해서는 변화의 시대에 걸맞은 탁월한 리더십이 요구되었다. 여러 관료세력을 조정하면서 국가의 당면과제를 인식시키고, 적합한 위치에서 일을 할 수 있도록 조직하며, 위기가 도래할 때는 설득하며, 국왕의 통치행위가 영향을 미칠 수 있도록 보다 적극적인 리더십을 발휘했어야 한다. 불행하게도 국가적 위기로 이어질 수 있는 절체절명의 순간에 표출된 고종의 방관적·회피적·소극적 리더십은 급변하는 시대의 조류와 조응하지 못함은 물론, 실패로 귀결될 수밖에 없는 요인이 되었다. 국정 운영에 있어서 일말의 개명성과 한때 적극적 개혁성을 지녔던 요소마저 '실패'로 귀결되는 역사의 흐름 속에서 빛을 낼 수 없었던 것은 아쉬운 점이다.

참고문헌

『慶尙南北道各郡訴狀』(奎19154)
『고종실록』
『舊韓國官報』
『舊韓國外交文書』美案, 日案
『舊韓末條約彙纂』(국회도서관 입법조사국, 1965)
『국조방목』
『內藏院各道各郡訴狀要約』(서울대학교 규장각, 1998)
『대한매일신보』
『獨立新聞』
『武衛所提調都統使將官將校軍兵總數』(藏書閣 2-4858)
『備邊司謄錄』
『西京豊慶宮營建役費會計冊』(奎16886)
『璿源系譜紀略』(奎2348)
『성종실록』
『숙종실록』
『순종실록』
『承政院日記』
『알렌문서』
『列聖朝繼講冊子次第』(奎3236)

『列聖誌狀通紀』(한국정신문화연구원 한국학자료총서, 2003)
『인조실록』
『日本外交文書』
『日省錄』
『정조실록』
『제국신문』
『駐韓日本公使館記錄』
『統理機務衙門 軍務司 記錄』(藏書閣 2-3387)
『韓末近代法令資料集』(宋炳基 外, 1970~1971)
『漢城旬報』
『한성신보』
『현종실록』
『皇城新聞』
『효종실록』

金綺秀, 『日東記游』(국사편찬위원회, 1958)
金玉均, 『甲申日錄』(『金玉均全集』, 아세아문화사, 1979)
金允植, 『陰晴史』, 『續陰晴史』(『金允植全集, 아세아문화사, 1980)
朴珪壽, 『朴珪壽全集』(아세아문화사, 1978)
朴泳孝, 『使和記略』(국사편찬위원회, 1958)
申箕善, 『申箕善全集』(아세아문화사, 1981)
魚允中, 『魚允中全集』(아세아문화사, 1978)
兪吉濬, 『西遊見聞』(경인문화사, 1969)
尹致昊, 『尹致昊日記』(국사편찬위원회, 1975; 『국역 윤치호일기』, 연세대학교 출판부, 2001·2003·2015·2016)
尹孝定, 『風雲의 韓末秘史』(교문사, 1995)
鄭喬, 『大韓季年史』(국사편찬위원회, 1971)
黃玹, 『梅泉野錄』(교문사, 1994)

강상규, 『19세기 동아시아의 패러다임 변환과 한반도』, 논형출판사, 2008.
강재언, 『한국의 근대사상』, 한길사, 1985.
교수신문 기획, 『고종황제 역사청문회』, 푸른역사, 2005.

權錫奉, 『淸末 對朝鮮政策史硏究』, 일조각, 1986.
김경태, 『근대한국의 민족운동과 그 사상』, 이화여자대학교 출판부, 1994.
김대준, 『고종시대의 국가재정연구』, 태학사, 2004.
金道泰 편, 『徐載弼博士 自敍傳』, 首善社, 1949.
김도형, 『대한제국기의 정치사상연구』, 지식산업사, 1994.
김영수, 『미쩰의 시기-을미사변과 아관파천』, 경인문화사, 2012.
김종준, 『한국 근대 민권운동과 지역민』, 유니스토리, 2015.
김현숙, 『근대한국의 서양인 고문관들』, 한국연구원, 2008.
노대환, 『동도서기론 형성 과정 연구』, 일지사, 2005.
데이비드 거겐 지음, 서율택 옮김, 『CEO 대통령의 7가지 리더십』, 스테디북, 2002.
박은숙, 『갑신정변 연구』, 역사비평사, 2005.
박찬승, 『한국근대정치사상사연구』, 역사비평사, 1992.
방광석, 『근대 일본의 국가체제 확립과정-이토 히로부미와 제국헌법체제』, 혜안, 2008.
사회과학원 력사연구소 편, 『김옥균』(역사비평사, 1990), 1964.
서영희, 『대한제국 정치사 연구』, 서울대학교 출판부, 2003.
서재필, 『회고 갑신정변』, 1947.
신용하, 『초기개화사상과 갑신정변연구』, 지식산업사, 2000.
앙드레 슈미드 지음, 정여울 옮김, 『제국 그 사이의 한국』, 휴머니스트, 2007.
연갑수, 『대원군정권의 부국강병정책 연구』, 서울대학교 출판부, 2000.
오영섭, 『한국근현대사를 수놓은 인물들(1)』, 경인문화사, 2007.
왕현종, 『한국 근대국가의 형성과 갑오개혁』, 역사비평사, 2003.
유영익, 『갑오경장 연구』, 일조각, 1990.
陸軍士官學校 韓國軍事硏究室, 『韓國軍制史』, 육군본부, 1968.
이광린, 『개화당연구』, 일조각, 1973.
＿＿＿, 『한국개화사상연구』, 일조각, 1979.
＿＿＿, 『개화파와 개화사상연구』, 일조각, 1989.
李能和, 『朝鮮基督敎及外交史』, 學文閣, 1968.
李迎春, 『朝鮮後期 王位繼承 硏究』, 集文堂, 1998.
이완재, 『초기개화사상 연구』, 민족문화사, 1989.
이태진 편저, 『일본의 대한제국 강점-"보호조약"에서 "병합조약"까지』, 까치, 1995.

이태진, 『고종시대의 재조명』, 태학사, 2000.
장영숙, 『고종의 정치사상과 정치개혁론』, 선인, 2010.
_____, 『고종 44년의 비원』, 너머북스, 2010.
조일문·신복룡 편역, 『갑신정변 회고록』, 건국대학교 출판부, 2006.
조재곤, 『그래서 나는 김옥균을 쏘았다』, 푸른역사, 2005.
_____, 『전쟁과 인간 그리고 '평화': 러일전쟁과 한국사회』, 일조각, 2017.
최덕수 외, 『조약으로 본 한국근대사』, 열린책들, 2010.
한철호, 『친미개화파연구』, 국학자료원, 1998.
_____, 『한국 근대 개화파와 통치기구 연구』, 선인, 2009.
현광호, 『대한제국과 러시아 그리고 일본』, 선인, 2007.

菊池謙讓, 『近代朝鮮史』 上, 鷄鳴社, 1938.
_____, 『大院君傳』, 日韓書房(『大院君·閔妃 2』明治人による 近代朝鮮論 제7권, ぺりかん社, 1998), 1910.
近藤吉雄, 『井上角五郎先生傳』, 東京: 大空社, 1943.
內閣官房, 『內閣制度七十年史』, 內閣官房, 1955.
山辺健太郎, 『한일합병사』, 범우사, 1982.
森山茂德 지음, 김세민 옮김, 『근대한일관계사연구』, 현음사, 1994.
杉村濬 지음, 한상일 옮김, 『在韓苦心錄』, 건국대학교 출판부, 1993.
西四辻公堯, 『韓末外交秘史』.
鈴木正幸, 『近代日本の天皇制』, 1998.
遠山茂樹, 『明治維新と現代』, 岩波新書, 1968.
魏源, 『海國圖志』.
陸奧宗光, 『蹇蹇錄』, 岩波書店, 1933.
林明德, 『袁世凱與朝鮮』, 臺北: 中央研究院 近代史研究所, 1969.
林泰輔, 『朝鮮近世史』, 吉川半七, 1902.
_____, 『朝鮮通史』, 富山山房, 1912.
田保橋潔, 『近代日鮮關係の硏究』, 조선총독부, 1940.
井上角五郎 지음, 한상일 옮김, 『漢城之殘夢』, 건국대학교 출판부, 1993.
존 가드너 지음, 김교홍·이재석 옮김, 『의사소통의 리더십』, 선인, 2016.
黃遵憲, 『朝鮮策略』.
『韓國族譜大典』, 1989.

『韓國人의 族譜』, 日新閣, 1977.
반남박씨 대종중 족보편찬위원회, 『潘南朴氏世譜』 5권, 2012.
F. A. Mckenzie 지음, 申福龍 옮김, 『大韓帝國의 悲劇』(The Tragedy of Korea, 1908), 평민사, 1985.
H. B. Hulbert 지음, 申福龍 옮김, 『대한제국멸망사』(The Passing of Korea, 1907), 평민사, 1984.
H. P. 홀랜디 지음, 원종철 옮김, 『리더십은 무엇인가?』, 신학과사상학회, 1998.
Isabella. B. Bishop 지음, 이인화 옮김, 『한국과 그 이웃 나라들』(Korea and Her Neighbours, 1897), 살림, 1994.

강만길, 「동도서기론이란 무엇인가?」, 『마당』 9, 1982.
高錫珪, 「19세기 농민항쟁의 전개와 변혁주체의 성장」, 『1894년 농민전쟁 연구 1』, 역사비평사, 1991.
具仙姬, 「開化期 朝鮮의 初期開化政策 형성과 淸의 영향」, 『사학연구』 55·56합집호, 1998.
_____, 「고종의 서구 근대 국제법적 대외관계 수용과정 분석」, 『동북아역사논총』 32, 2011.
권석봉, 「임오군란」, 『한국사』 16, 국사편찬위원회, 1975.
權五榮, 「申箕善의 東道西器論研究」, 『청계사학』 1집, 1984.
_____, 「東道西器論의 構造와 그 展開」, 『한국사 시민강좌』 7집, 1990.
김경태, 「개항과 불평등조약 관계의 구조」, 『한국근대경제사연구』, 창작과비평사, 1994.
김문용, 「동도서기론의 논리와 전개」, 『한국 근대 개화사상과 개화운동』, 신서원, 1998.
김성혜, 「고종시대 군주권 위협 사건에 대한 일고찰」, 『한국문화연구』 18, 2010.
김세은, 『고종 초기(1863~1876) 국왕권의 회복과 왕실행사』, 서울대학교 박사학위논문, 2003.
김윤희, 「고종황제는 왜 황실재산을 만들었나?」, 『내일을 여는 역사』 9호, 2002.
金正起, 「청의 조선정책(1876~1894)」, 『1894년 농민전쟁연구 3』, 역사비평사, 1993.
김태웅, 「〈대한국국제〉의 역사적 맥락과 근대 주권국가 건설 문제」, 『역사연구』 24, 2013.

도면회, 「정치사적 측면에서 본 대한제국의 역사적 성격」, 『역사와 현실』 제19호, 1996.

_____, 「황제권 중심 국민국가 체제의 수립과 좌절(1895~1904)」, 『역사와 현실』 제50호, 2003.

박은숙, 「개항기(1876~1894) 군사정책 변동과 하급군인의 존재 양태」, 『한국사학보』 제2호, 1997.

박현모, 「'왕조'에서 '제국'으로의 전환-'경국대전체제'의 해체와 대한제국 출범의 정치사적 의미 연구」, 『한국정치연구』 제18집 제2호, 2009.

송병기, 「고종 초기의 외교」, 『한국독립운동사 I』, 국사편찬위원회, 1987.

愼鏞廈, 「독립협회의 활동」, 『한국사 41』, 국사편찬위원회, 1999.

안외순, 「大院君 執政期 人事政策과 支配勢力의 性格」, 『東洋古典硏究』 1, 1993.

양상현, 『대한제국기 내장원 재정관리 연구』, 서울대학교 박사학위논문, 1997.

오영섭, 「화서학파의 대서양인식-이항로·김평묵·유인석의 경우를 중심으로」, 『화서학파의 사상과 민족운동』, 국학자료원, 1999.

왕현종, 「대한제국기 고종의 황제권 강화와 개혁논리」, 『역사학보』 208, 2010.

유바다, 『19세기 후반 조선의 국제법적 지위에 관한 연구』, 고려대학교 박사학위논문, 2016.

李光麟, 「春皐 朴泳孝」, 『개화기의 인물』, 연세대학교 출판부, 1993.

李玟源, 「대한제국의 역사적 위치」, 『충북사학』 11·12합집, 2000.

이영학, 「대한제국의 경제정책」, 『역사와 현실』 제26호, 1997.

李榮昊, 「대한제국 시기의 토지제도와 농민층 분화의 양상-京畿道 龍仁郡 二東面 '光武量案'과 '土地調査簿'의 비교분석」, 『한국사연구』 69, 1990.

이원택, 「개화기 '禮治'로부터 '法治'로의 사상적 전환-미완의 '大韓國國制體制'와 그 성격」, 『정치사상연구』 제14집 2호, 2008.

이윤상, 「대한제국기의 재정정책」, 『한국사 42-대한제국』, 국사편찬위원회, 1999.

李泰鎭, 「1894년 6월 청군 조선 출병 결정 과정의 진상-조선정부 자진 요청설비판」, 『한국문화』 24, 1999.

장영숙, 「내무부 존속년간(1885년~1894년) 고종의 역할과 정국동향」, 『상명사학』 제8·9합집, 2003.

_____, 「서양인의 견문기를 통해 본 명성황후의 정치적 위상과 역할」, 『한국근현대사연구』 35집, 2005.

_____, 「동도서기론의 정치적 역할과 변화」, 『역사와 현실』 제60호, 2006.

_____, 「고종의 軍統帥權 강화시도와 무산과정 연구-대한제국의 멸망원인과 관련하여」, 『군사』 66, 국방부 군사편찬연구소, 2008.

_____, 「대한제국기 고종의 정치사상연구」, 『한국근현대사연구』 51, 2009.

_____, 「고종정권하 여흥민문의 정치적 성장과 내적 균열」, 『역사와 현실』 78, 2010.

_____, 「김윤식, 시대를 읽고 시대에 답한 인물」, 『현실주의자를 위한 변명』, 동녘, 2013.

_____, 「메이지유신 이후 천황제와 「大韓國國制」의 비교-전제군주권적 측면에서」, 『한국민족운동사연구』 85, 2015.

_____, 「박영효의 가풍과 초기 개혁사업의 실상」, 『숭실사학』 38, 2017.

_____, 「〈한성신보〉의 명성황후시해사건 보도 태도와 사후조치」, 『한국근현대사연구』 제82집, 2017.

_____, 「명성황후와 진령군-문화콘텐츠 속 황후의 부정적 이미지 형성과의 상관관계」, 『한국근현대사연구』 제86집, 2018.

_____, 「알렌이 포착한 기회의 나라, 대한제국」, 『이화사학연구』 제59집, 2019.

_____, 「한성신보의 김홍집 살해사건 보도와 한국인식」, 『역사와 현실』 제114집, 2019.

_____, 「대한제국기 고종의 豊慶宮 건립을 둘러싼 제 인식」, 『한국민족운동사연구』 103, 2020.

장필구·전봉희, 「풍경궁과 화성행궁의 자혜의원 전용에 관한 연구」, 『대한건축학회논문집』 제28권 12호, 2012.

조계원, 「'대한국국제' 반포(1899년)의 정치·사상적 맥락과 함의」, 『한국정치학회보』 49집 2호, 2015.

曺敏, 「高宗의 徒黨政治-왕권유지를 위한 독주」, 『동양정치사상사』 제2권 제1호, 2003.

趙誠倫, 「19세기 서울의 상비군 제도와 하급군병」, 『연세사회학』 10·11집, 1990.

조재곤, 「전통적 국가체제의 위기와 재편(1863~1880)」, 『역사와 현실』 제50호, 2003.

주진오, 「개화파의 성립과정과 정치사상적 동향」, 『1894년 농민전쟁연구 3』, 역사비평사, 1993.

崔文衡, 「列强의 對韓政策과 韓末의 情況-특히 1882년~1894년의 美·英·露의 態度를 中心으로」, 『淸日戰爭을 前後한 韓國과 列强』, 한국정신문화연구원, 1984.

崔炳鈺, 「조선말기의 무위소연구」, 『軍史』 21, 1990.

하원호, 「강화도 조약과 개항의 역사적 의미」, 『일본의 한국침략과 주권 침탈』, 한일관계사연구논집 7, 경인문화사, 2005.

韓哲昊, 「閔氏戚族政權期(1885~1894) 內務府의 組織과 機能」, 『한국사연구』 90, 1995.

_____, 「閔氏戚族政權期(1885~1894) 內務部 官僚硏究」, 『아시아문화』 제12호, 1996.

한희숙, 「구한말 순헌황귀비 엄비의 생애와 활동」, 『아시아여성연구』 제45집 2호, 2006.

許東賢, 「어윤중의 개화사상 연구-온건개화파 내지 친청사대파설에 대한 비판적 검토」, 『한국사상사학』 17, 2001.

洪順敏, 「19세기 왕위의 계승과정과 정통성」, 『國史館論叢』 40輯, 1992.

奧村周司, 「李朝高宗の皇帝卽位ついて-その卽位儀禮と世界觀」, 『朝鮮史硏究 會論文』 33集, 1995.

原田環, 「1880年代前半の閔氏政權と金允植」, 『朝鮮史硏究會論文集』 22集, 1985.

月脚達彦, 「大韓帝國成立前後の對外的態度」, 『東洋文化硏究』 1號, 日本學習院大學, 1999.

趙景達, 「朝鮮における大國主義と小國主義の相克-初期開化派の思想」, 『朝鮮史硏究會論文集』 22集, 1985.

_____, 「朝鮮における實學から開化への思想的轉回」, 『歷史學硏究』 678號, 1995.

糟谷憲一, 「閔氏政權上層部の構成に關する考察」, 『朝鮮史硏究會論文集』 27集, 1990.

_____, 「閔氏政權後半期の權力構造-政權上層部の構成に關する分析」, 『朝鮮文化硏究』 제2호, 도쿄대학교 문학부 조선문화연구실, 1995.

靑木功一, 「朴泳孝の民本主義·新民論·民族革命論(一)」, 『朝鮮學報』 제80집, 1976.

平木實, 「朝鮮史の展開における王權-朝鮮王朝時代を中心に」, 『朝鮮學報』 138集, 1991.

河宇鳳, 「朝鮮後期對外認識の推移」, 『歷史學硏究』 678號, 1995.

찾아보기

ㄱ

가쓰라 타로(桂太郎) 307
가야산 26
가파도(加波島) 74
『갑신일록』 111, 247
갑신정변 18, 34
갑오개혁 171
갑오을미개혁기 18
강로(姜㳣) 37, 55
개국기원절 289
개명군주 6
개항 12
개화 14
개화파 6
『갱장록(羹墻錄)』 33
거문도 사건 132
검서관 41, 180
게이오기주쿠(慶應義塾) 117
견청사절단 43

경기감영 221
경기도 관찰사 107
경무사 148
『경성일보』 229
경연 48
경우궁 225
계동궁 253
고대수(顧大嫂) 251
고무라 주타로(小村壽太郎) 307
고부민란 268
고석현(高奭鉉) 28
공작사(工作司) 200
곽기락(郭基洛) 80
관물헌 256
관왕묘 230
관우 230
광무개혁 5, 16, 140
광무학교 16
광산김씨 164

광지문 88
광지영(廣智營) 88
교련병대 96, 179
『교우론(交友論)』 74
교정청 272
구니토모 시게아키(國友重章) 291
구본신참(舊本新參) 16
국민국가 17
『국조보감(國朝寶鑑)』 32, 33
군국기무처 273
군무사 93, 198
군부대신 148
군산진 89
궁내부 특진관 163
권강관(勸講官) 31
권일신(權日身) 51
권중현 159, 326
권형진 280
규장각 16
근왕 세력 6
금위영 88
금호문(金虎門) 88
기메박물관 150
기연해방사무독판(畿沿海防事務督辦) 108
기자조선 309
기정진(奇正鎭) 46
기호산림 75
길영수(吉永洙) 141
김가진 210, 280
김귀주(金龜柱) 90
김규홍 310

김기석 93
김기수(金綺秀) 69
김낙현 264
김병국(金炳國) 31, 62
김병기(金炳冀) 31, 92, 205
김병학(金炳學) 31
김보근(金輔根) 31
김보현 107, 221
김상순(金相順) 94
김세균 97
김영진(金永振) 156
김옥균 105
김윤식 102
김정희(金正喜) 94
김조순 24
김학성(金學性) 31
김학우 210, 212
김홍집(金弘集) 69
김화원(金華元) 115

ㄴ

나가사키(長崎) 258
남궁억 293
남로선유사(南路宣諭使) 292
남연군 24
내무부 16
내아문 16, 107
내장원 141
노륙법 149
『논어』 33
농무사 196

찾아보기   351

『농정신편(農政新編)』 78
니콜라이 2세 328

ㄷ

다보하시 기요시(田保橋潔) 63
다카하시 마사노부(高橋正信) 117
다케조에 신이치로(竹添進一郎) 247
당오전 246
대원군존봉의절(大院君尊奉儀節) 237
대정현(大靜縣) 74
『대학』 33
대한국국제 146
『대한매일신보』 321
대한제국 5, 161
더글러스 스토리(Douglas Story) 321
도봉소(都捧所) 220
『독립신문』 155
독립협회 140
돈의문 221
돈화문(敦化門) 88
『동국통감(東國通鑑)』 33
동대문 126
동도서기적 개혁론 5
동로선유사(東路宣諭使) 292
『동몽선습(童蒙先習)』 32
동별영 221
동부승지 54
동지돈녕부사 46
동청철도 306
동치제(同治帝) 16

동학농민항쟁 266

ㄹ

라디겐스키(Ladygensky) 188
러시아 14
로버트 W. 슈펠트 119
로젠(R.R. Rosen) 308
루트(E. Root) 326
류큐(琉球) 69

ㅁ

마건상(馬建常) 182
마건충(馬建忠) 181
만동묘 62
『만물진원(萬物眞源)』 51
『맹자』 33
메이지유신 129
명성황후 12
묄렌도르프(穆麟德) 182
묘청 310
무쓰 무네미쓰(陸奧宗光) 275
무예청 90
무위도통사 93
무위소 90, 93
미우라 고로(三浦梧樓) 290
민겸호 92
민관식 136
민규호 92, 101
민병석(閔丙奭) 108, 133
민병승(閔丙承) 133

민상호 289
민시중 101
민씨척족 6
민영규 136
민영기 165
민영돈 165
민영목(閔泳穆) 102, 108
민영위(閔泳緯) 108
민영주(閔泳柱) 138
민영준(閔泳駿) 108
민영찬 165
민영환(閔泳煥) 108
민유중 101
민정중 101
민종묵(閔種默) 133, 162
민창식(閔昌植) 107
민철훈(閔哲勳) 162
민치구 103
민치록 103
민치상(閔致庠) 100
민치서 136
민치오(閔致五) 104
민치헌 136
민태호 101
민형식(閔亨植) 138, 165

ㅂ

박명화(朴命和) 115
박영교 102, 258
박영원(朴盈源) 51
박영효 102
박유굉(朴裕宏) 115
박정양 155
박제순 322
박지원 110
발틱함대 318
백낙관 223
백련교도 51
백성기(白性基) 172
베트남 248
『벽위신편(闢衛新編)』 75
변수(邊燧) 257
변옥(卞鋈) 80
별기군 105
병인양요 38
부사과(副司果) 61
북묘 257
비변사 181

ㅅ

사도세자 23
『산학관계서(算學關係書)』 74
삼국간섭 284
삼군부 180
삼방파 165
상공학교 16
상트페테르부르크 328
『서경』 33
서경영건소(西京營建所) 310
서광범 111, 212
『서양국풍속설(西洋國風俗說)』 74
선혜청 92

『성교천설(聖敎淺說)』 51
성균관 100
『성학집요(聖學輯要)』 33
송규헌(宋奎憲) 158
수문사(修文司) 195
수신사 69
수어청 88
숙종 28
순명효황후 104, 154
순종 12
숭례문 235
스페에르(Speyer) 186
승선원 284
『시경』 33
시어도어 루스벨트(T. Roosevelt) 318
「시일야방성대곡(是日也放聲大哭)」 324
식민사학 15
식민지근대화론 17
신기선 78
신미양요 38
신병휴 284
신복모 256
신사척사운동 217
신유사옥 52
신정왕후 26
신정희(申正熙) 98
신해박해 50
신헌(申櫶) 66
신홍주 94
심상학 213

심상훈 157
심순택 223
쓰시마 188

ㅇ

아관파천 149
아다치 겐조(安達謙藏) 291
아사히신문사 150
아청조약 307
안경수 280
안기영 218
안종수(安宗洙) 78
안휘군 209
양광총독 77
양전지계사업 16, 82
양헌수(梁憲洙) 98
양호 초토사 268
어영청 88
엄상궁 152
엄순비(嚴淳妃) 152
엄주익(嚴柱益) 156
엄황귀비 152
여서창(黎庶昌) 234
여흥민씨 6
역둔토 143
연경당 257
연무공원 134
연안김씨 107
『연암집』 110
연융대(鍊戎臺) 184
연좌법 149

연행사 43
『열성조계강책자차제(列聖朝繼講冊
　子次第)』 33
영돈녕부사 55
영선사 72
영종진 65
영친왕 154
영혜옹주(永惠翁主) 23
오경석(吳慶錫) 111
『오륜행실도』 48
오익환 91
오장경 132
오토리 게이스케(大鳥圭介) 270
오페르트 38
오희상(吳熙常) 102
왕석창(王錫鬯) 182
외아문 107
용호영 89
우범선 170
우시바 다쿠조(牛場卓造) 116
우정국 251
운요호 15
운현궁 14
원경왕후 28
원세개 119
원수부 148
위원(魏源) 77
위정척사 5
유길준 117, 170
유대치(劉大致) 111
유도수(柳道洙) 62
유신환(兪莘煥) 102

유재현 252
유혁로 282
윤덕영 158
윤선학(尹善學) 80
윤용선 156, 158
윤자덕 92
윤종의(尹宗儀) 75
윤지충(尹持忠) 50
윤치호 115
윤태준 118, 127
은신군 23
은언군 23
은전군 24
을미사해사건 160
을사오적 148
을사조약 7
의금부 58, 223
의병 15
의정부 17, 135
의정소 129
의화단 사건 306
이경우(李景宇) 98
이경하 93, 221
이구(李球) 24
이규완 282
이근택 141, 156
이기동(李基東) 141
이노우에 가오루(井上馨) 115
이도재 292
이동인(李東仁) 113
이만손(李晩孫) 71
이범진 284

찾아보기　355

이승훈(李承薰) 50
이완용 285
이용익 141
이용직(李容直) 200
이우 40
이운호(利運號) 267
이원회 179
이유원(李裕元) 57
이윤용 285
이재긍 179
이재면 212
이재선 218
이조연 118, 127
이준 328
이준용 212
이지용 156, 157, 313
이채연 289
이천 142
이최응(李最應) 62
이토 히로부미 307
이풍래 218
이하영 159
이학균 315
이항로 75
이홍장 69
이휘림(李彙林) 61
익종 26
인평대군 24
인현왕후 28, 101
임상준(任商準) 98
임오군란 34
『임오유월일기』 148

입헌군주제 16

ㅈ

자경전(慈慶殿) 61
『자치통감(資治通鑑)』 33
자혜의원 311
장수성(張樹聲) 234
장용대(壯勇隊) 90
장용영 88
장지동 307
장지연 324
장희빈 154
전봉준 293
전양묵 210
전의이씨 164
전주이씨 93, 164
전헌사(典憲司) 199
접견대관 66
정기세(鄭基世) 31
정동파 284
정범조 205
정약용 50
정여창(丁汝昌) 181
정조 16
정족산성 98
정후겸(鄭厚謙) 90
『제국신문』 155, 309
제물포 234
제주도 57, 218
조독수호통상조약 242
조러수호통상조약 243

조미수호통상조약 242
조병세(趙秉世) 207
조병식 155
조사시찰단 71
『조선책략(朝鮮策略)』 71
조성하 236
조영수호통상조약 242
조영하 87
조일통어장정(朝日通漁章程) 133
조존두 210
조청상민수륙무역장정(朝淸商民水陸貿易章程) 118, 241
조희복 99
조희순 99
조희연 170
주복(周馥) 234
주석면(朱錫冕) 172
『주자어류(朱子語類)』 33
주찰조선총리교섭통상사의(駐紮朝鮮總理交涉通商事宜) 210
죽산 88
중명전 321
『중용』 33
중추원 82
지계아문(地契衙門) 298
직제사(職制司) 193
진령군 229
진하겸사은사 60
집춘문(集春門) 88

ㅊ

창경궁 88
창덕궁 88
『천문략(天文略)』 74
『천주실의(天主實義)』 74
철도 16
철종 23
청수관 107, 223
청일전쟁 284
체스터 아서 242
초상국(招商局) 267
총융청 88
춘당대 184
『춘추』 62
치토세마루(千歲丸) 249
친위대 148

ㅌ

탁지부 141
통리교섭통상사무아문 107
통리군국사무아문 16, 107
통리기무아문 16, 93
통명전(通明殿) 251
『트리뷴(The Tribune)』 321

ㅍ

『포삼이정절목(包蔘釐政節目)』 97
포츠머스 318
푸챠타 294
푸트(Lucius H. Foote) 242

풍경궁 310
풍도 해전 272
풍양조씨 26

ㅎ

하나부사 요시모토(花房義質) 234
하도감 223
하세가와 요시미치(長谷川好道) 320
하야시 곤스케(林權助) 157, 316
한계원(韓啓源) 55
한규설 99
한규직(韓圭稷) 98, 127
『한성순보』 246
『한성신보』 291
한성조약 132
한일병합 5
한일의정서 159
『해국도지(海國圖志)』 77
해평윤씨 164
헌종 23
헐버트(H.B. Hulbert) 326
헤이그 밀사 사건 12

현상건 312
현익호(顯益號) 267
혜상공국 128
호러스 알렌(Horace N. Allen) 146
호리모토 레이조(掘本禮造) 179
홍계훈 226
홍순목(洪淳穆) 38, 55, 150
홍영식 105
홍원식(洪遠植) 37
홍인한(洪麟漢) 90
『홍재전서(弘齋全書)』 47~49
홍재학(洪在鶴) 79, 80
홍종우(洪鍾宇) 141
홍화문(弘化門) 88
화륜선 60
『황성신문』 155, 309
황준헌(黃遵憲) 71
황토현 전투 268
황현 138
『효경』 31
후쿠자와 유키치(福澤諭吉) 113
훈련도감 88, 219
흥선대원군 12

고종의 인사정책과 리더십
망국의 군주, 개혁군주의 이중성

초판 1쇄 발행   2020년 10월 21일

지은이   장영숙

펴낸이   주혜숙
펴낸곳   역사공간
등록   2003년 7월 22일 제6-510호
주소   04000 서울특별시 마포구 동교로 19길 52-7 PS빌딩 4층
전화   02-725-8806
팩스   02-725-8801
이메일   jhs8807@hanmail.net

ISBN   979-11-5707-412-9 93910

· 책값은 뒤표지에 있습니다. 잘못된 책은 바꾸어 드립니다.
· 이 도서의 국립중앙도서관 출판예정도서목록(CIP)은 서지정보유통지원시스템 홈페이지 (http://seoji.nl.go.kr)와 국가자료공동목록시스템(http://www.nl.go.kr/kolisnet)에서 이용하실 수 있습니다.(CIP제어번호: CIP2020042625)
· 이 저서는 2014년 대한민국 교육부와 한국학중앙연구원(한국학진흥사업단)의 한국학 총서사업의 지원을 받아 수행된 연구임(AKS-2014-KSS-1230006).